CDRF 中国发展研究基金会
China Development Research Foundation

RESEARCH ON THE DEVELOPMENT
OF COMMERCIAL HEALTH INSURANCE FOR THE PERIOD
OF THE 14th FIVE-YEAR PLAN

“十四五”时期
商业健康保险发展研究

中国发展研究基金会 著

中国发展出版社
CHINA DEVELOPMENT PRESS

图书在版编目（CIP）数据

“十四五”时期商业健康保险发展研究 / 中国发展研究基金会著. —北京：中国发展出版社，2022.8

ISBN 978-7-5177-1308-1

Ⅰ. ①十… Ⅱ. ①中… Ⅲ. ①商业保险—健康保险—研究—中国 Ⅳ. ①F842.625

中国版本图书馆CIP数据核字（2022）第124975号

书　　名：“十四五”时期商业健康保险发展研究
著作责任者：中国发展研究基金会
责 任 编 辑：吴　佳　张　楠
出 版 发 行：中国发展出版社
联 系 地 址：北京经济技术开发区荣华中路22号亦城财富中心1号楼8层（100176）
标 准 书 号：ISBN 978-7-5177-1308-1
经　销　者：各地新华书店
印　刷　者：北京市密东印刷有限公司
开　　本：787mm × 1092mm　1/16
印　　张：22.75
字　　数：362千字
版　　次：2022 年 8 月第 1 版
印　　次：2022 年 8 月第 1 次印刷
定　　价：88.00元
联 系 电 话：（010）68990625　82097226
购 书 热 线：（010）68990682　68990686
网 络 订 购：http://zgfzcbs.tmall.com
网 购 电 话：（010）68990639　88333349
本 社 网 址：http://www.develpress.com
电 子 邮 件：15210957065@163.com

课题组成员

课题组顾问

方　晋　中国发展研究基金会副理事长兼秘书长

俞建拖　中国发展研究基金会副秘书长

课题负责人

邱　月　中国发展研究基金会研究二部主任

总报告作者

邱　月　中国发展研究基金会研究二部主任

李　阳　中国发展研究基金会研究二部博士后

专题报告作者

《专题一　商业健康保险与医药产业的融合发展》

宋瑞霖　中国医药创新促进会执行会长

冯　岚　中国医药创新促进会秘书长

张志娟　中国医药创新促进会政策研究中心副主任

刘子钰　中国医药创新促进会政策研究中心助理研究员

《专题二　商业健康保险与医疗服务的融合发展》

张毓辉　海南省卫生健康委员会副主任（挂职），国家卫生健康委卫生发展研究中心副主任、研究员

万　泉　国家卫生健康委卫生发展研究中心健康经济与费用研究部副主任（主持工作）、研究员

郭　锋　国家卫生健康委卫生发展研究中心健康经济与费用研究部副研究员

王荣荣　国家卫生健康委卫生发展研究中心健康经济与费用研究部助理研究员

柴培培　国家卫生健康委卫生发展研究中心健康经济与费用研究部副研究员

《专题三　商业健康保险与健康管理服务的融合发展》

张　琳　湖南大学金融与统计学院教授、湖南大学保险精算与风险管理研究所所长、第十三届全国人大代表

刘坤坤　长江证券股份有限公司总监

沈建美　湖南大学金融与统计学院讲师

徐晓婷　湖南大学金融与统计学院研究生

刘　阳　湖南大学金融与统计学院研究生

《专题四　商业健康保险对医疗服务效率的影响》

朱铭来　南开大学金融学院养老与健康保障研究所所长、教授、博士生导师，南开大学卫生经济与医疗保障研究中心主任

鲁一鸣　南开大学金融学院博士生

《专题五　商业健康保险的经济效益评估》

锁凌燕　北京大学经济学院副院长、风险管理与保险学系教授

完颜瑞云　西南财经大学中国保险发展研究中心讲师

杜　霞　北京大学经济学院风险管理与保险学系博士生

项目成员

李　阳　中国发展研究基金会研究二部博士后

王起国　中国发展研究基金会研究二部项目主任

序 言

PREFACE

健康是立身之本，全民健康是立国之基。保持良好的健康水平，需要政府、社会、个人共同努力。对世界多数国家而言，政府主导的基本医疗保障是健康筹资的主渠道，承担着促进健康公平的基础性作用。与此同时，随着人民的收入水平提高和健康意识提升，越来越多的人正寻求通过商业健康保险等方式获得更高水平的健康保障，以获得更高质量的医疗服务，降低医疗支出负担，为个人和家庭的正常生活护航。商业健康保险与基本医疗保障相互补充、协同发展，形成多层次的医疗保障体系，有利于满足多样化的健康保障需求、拓宽健康筹资来源、扩大医疗服务资源供给以及改善医疗卫生治理。近些年来，商业健康保险在发达国家、新兴市场国家都有了长足的发展，也受到我国政府和人民群众的高度关注。在“十三五”期间，政府有关部门出台了一系列政策来促进商业健康保险发展，创新和探索频现，商业健康保险对健康保障、健康服务的支撑作用有所提升。

在上述背景下，中国发展研究基金会于 2021 年成立“面向‘十四五’的商业健康保险发展”课题组，开展专题研究、案例分析、国际比较、综合测算以及大规模的需求侧和供给侧调查，分析需求侧发生的变化，探究商业健康保险与医药行业、医疗服务以及健康管理服务的融合发展，并对商业健康保险在医疗保障、经济增长方面产生的影响做出测算。负责各专题的专家团队均出色地完成了研究报告，包括:《专题一 商业健康保险与医药产业的融合发展》(宋瑞霖、冯岚、张志娟、刘子钰)、《专题二 商业健康保险与医疗服务的融合发展》(张毓辉、万泉、郭锋、王荣荣、柴培培)、《专题三 商业健康保险与健康管理服务的融合发展》(张琳、刘坤坤、沈建美、徐晓婷、刘阳)、《专题四 商业健康保险对医疗服务效率的影响》(朱铭来、鲁一鸣)、《专题五 商业健康保险的经济效益评估》(锁凌燕、完颜瑞云、杜霞)。基金会研究二部牵头完成了需求侧和供给侧调查的问卷设计、调查方案设计和数据分析等工作。

在上述5个领域的专题研究及实际调研的基础上，课题组进一步完成了本项研究的总报告，回顾总结“十三五”时期我国商业健康保险的发展与变化，剖析不足及原因，并在此基础上指出“十四五”时期的发展方向。此次出版的《“十四五”时期商业健康保险发展研究》，汇总了总报告以及上述专题报告的最终成果。

本课题的顺利完成，依赖课题组全体成员的辛勤付出、众多专家与单位的鼎力支持。感谢美国药品研究与制造企业协会(PhRMA)为本课题研究提供了捐赠支持。雪莉·格莱德(Sherry Glied)(纽约大学公共服务学院院长)、阿肖克·巴塔查亚(Ashoke Bhattacharjya)(强生集团全球卫生政策执行主任)、乔尔·阿里奥(Joel Ario)(马纳特医疗董事总经理)、凯文·汉宁格(Kevin Haninger)(美国药品研究与制造企业协会国际政策副总裁)、珍妮弗·欧思嘉(Jennifer Osika)[美国药品研究与制造企业协会国际事务(亚洲)副总裁]、夏文杰(John Sullivan)(美国药品研究与制造企业协会中国区首席代表)、詹怡和(Irene Chan)(美国药品研究与制造企业协会中国区副代表)、高山(美国药品研究与制造企业协会中国区高级总监）等专家为课题提供了研究支持。中国统计信息服务中心（国家统计局社情民意调查中心）的杨璐璐（高级统计师）、姜琳（高级统计师）、郭烨頔（统计师），中国保险行业协会的商敬国（党委委员、秘书长）、王琴（人身险二部副部长）、王未（人身险二部室主任），中国卫生信息与健康医疗大数据学会健康保险工作委员会办公室主任陈诗雨为课题提供了调查支持。在课题组内部的工作中，中国发展研究基金会副秘书长俞建拖对课题的研究设计给予了宝贵建议，研究二部主任邱月负责课题推进，与项目组成员王起国、李阳共同完成了研究及组织协调工作。

希望这项研究成果，能够为国家在商业健康保险领域的政策制定提供科学的依据与有价值的参考。同时，也期待能引起更多的专业人士、政府部门、行业企业与社会公众就此进行研究和讨论。每一道声音，都是推动商业健康保险发展的力量。

值本书付梓之际，我谨代表中国发展研究基金会，对课题组全体成员以及为课题顺利完成提供支持、帮助的单位与个人，表示诚挚的感谢。

中国发展研究基金会副理事长兼秘书长 方晋

目 录
CONTENTS

总报告 面向“十四五”的商业健康保险发展

一、研究背景和意义 / 1
二、“十三五”以来的发展与变化 / 4
三、目前的短板和不足 / 18
四、需要应对的关键问题 / 23
五、“十四五”时期的发展方向 / 29

专题一 商业健康保险与医药产业的融合发展

一、我国医药产业发展回顾与趋势 / 40
二、我国商业健康保险发展现状和机遇 / 47
三、我国商业健康保险与医药产业融合发展现状 / 55
四、商业健康保险与医药产业融合发展国际经验借鉴 / 74
五、商业健康保险与医药产业融合发展的政策建议 / 86

专题二 商业健康保险与医疗服务的融合发展

一、商业健康保险在医疗服务支付与供给中发挥的作用 / 99
二、我国商业健康保险与医疗服务融合发展现状 / 105
三、商业健康保险与医疗服务融合发展国际经验借鉴 / 118
四、商业健康保险与医疗服务融合发展形势分析 / 122

五、商业健康保险与医疗服务融合发展政策建议 / 126

专题三　商业健康保险与健康管理服务的融合发展

一、研究背景与意义 / 132
二、社会转型过程中的商业健康保险与健康管理服务及其发展 / 136
三、商业健康保险与健康管理服务融合的推动力量分析 / 162
四、国外健康保险与健康管理服务的经验借鉴 / 170
五、商业健康保险与健康管理服务融合发展的政策建议 / 209

专题四　商业健康保险对医疗服务效率的影响

一、健康的效率论：基于投入产出的分析 / 221
二、医疗服务效率：国际分析 / 247
三、医疗服务效率：我国各省份分析 / 265
四、商业健康保险提高医疗服务效率的条件探讨及建议 / 278

专题五　商业健康保险的经济效益评估

一、引言 / 290
二、商业健康保险影响经济发展的机理与路径 / 296
三、中国商业健康保险经济效益评估：基于经济高质量发展的视角 / 305
四、商业健康保险发展的国际经验 / 325
五、结论与政策建议 / 337

参考文献 / 341

总报告

面向“十四五”的商业健康保险发展*

一、研究背景和意义

健康是促进人全面发展的必然要求，是经济社会发展的基础条件，是国富民强、民族振兴的重要标志，也是广大人民群众的共同追求。2016 年，中共中央、国务院印发《“健康中国 2030”规划纲要》，强调“推进健康中国建设，是全面建成小康社会、基本实现社会主义现代化的重要基础，是全面提升中华民族健康素质、实现人民健康与经济社会协调发展的国家战略”。其中，健康保障是人民群众享有医疗卫生服务的资金基础和物质前提，也是推动健康产业持续发展的根源动力，在国民经济和社会发展中发挥的作用愈发关键和重要，近年来受到我国政府和人民群众的高度关注。

一方面，伴随疾病谱转变、人口老龄化、收入和消费结构升级、群众健康意识增强和医药卫生技术的持续进步，人民对于健康服务、健康保障的消费需求日益提升。一是恶性肿瘤、心脑血管疾病等慢性非传染疾病日益蔓延，已成为人民生命健康的第一杀手。据统计，2019 年，我国因慢性病导致的死亡占总死亡的 88.5%，其中心脑血管病、癌症、慢性呼吸系统疾病死亡比例为 80.7%，

---

* 本部分作者为中国发展研究基金会研究二部邱月、李阳。

慢性病患者基数还将进一步扩大①。二是我国的老龄化进程加快，带动健康服务和健康保障需求提升。2010年至2021年，我国60岁以上人口占比从13.3%提升到18.9%，65岁及以上人口占比从8.9%提升至14.2%②。伴随老龄化持续深化，人群患病水平将继续上升，带动对健康服务需求的提升。研究表明，人口患重疾概率与人口年龄呈正相关。60岁前男性累计罹患至少一种重大疾病的概率约为16%，至80岁时该概率达到58%；女性在60岁前患至少一种重大疾病的概率约为14%，至80岁达到45%③。三是收入水平和收入结构变化促使消费结构变化，健康消费增长。2021年我国居民人均可支配收入为35128元，人均消费支出为24100元，其中人均医疗保健支出达2115元，相较2016年“十三五”初期分别提升47.4%、40.8%和61.8%，医疗保健支出增速明显高于收入和消费水平的增长，消费结构也从温饱型向发展和享受型转变④。诸多有关收入水平与健康消费的研究均指出，随着居民收入水平的提高，人群倾向于追求更高质量、更具个性化的健康服务和保障，带动更大幅度的健康消费增长。四是新冠肺炎疫情对全球产生深刻影响，人群健康意识快速提升，对健康服务和保障的需求也相应增加。五是医药卫生技术持续进步带来了疗效改善和人类寿命的不断延长，同时也伴随着医疗卫生费用的持续增长。

另一方面，医疗卫生费用呈快速上涨趋势，基本医保面临可持续挑战。“十三五”期间，我国卫生总费用（图1）从2016年的46344.89亿元上涨至2020年的72306.4亿元，增速一直保持在10%左右，高于我国GDP增长率，占GDP比重从6.2%提高至7.1%。其中个人卫生支出占卫生总费用的比重达

① 《监测覆盖近6亿人口！〈中国居民营养与慢性病状况报告（2020年）〉出炉》，中国疾控中心，2020年12月25日。

② 《中华人民共和国2021年国民经济和社会发展统计公报》，国家统计局，2022年2月28日。

③ 《国民防范重大疾病健康教育读本》，中国精算师协会，2020年12月。

④ 《2021年居民收入和消费支出情况》，国家统计局，2022年1月17日。

27.7%，相较世界卫生组织（WHO）提倡的15%~20%个人支出占比目标仍有一定差距，相比经济合作与发展组织（OECD）国家（14%）和欧盟（16%）也较高①。在医疗费用持续上涨的态势下，如果以提升基本医保保障水平来降低个人支付负担，医保基金可持续性挑战将进一步加大。据推算，假设未来医保实际补偿水平提高到60%，在2030年会出现当年医保基金缺口；如果未来医保实际补偿水平提高到70%，在2025年就会出现当年医保基金缺口②。

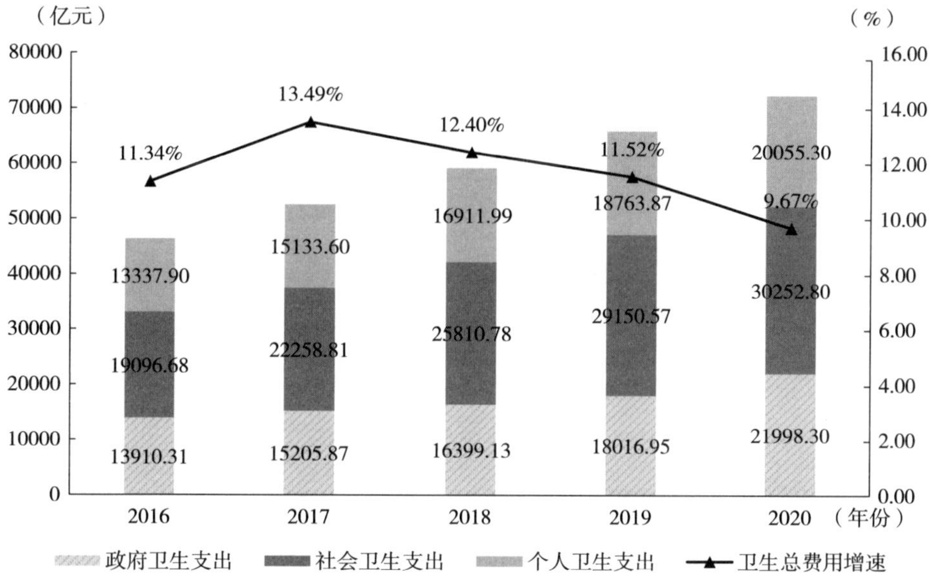

图1　2016—2020年卫生总费用构成及增速

资料来源：《中国卫生健康统计年鉴》

健康需求的快速增长与健康保障体系能力不足、筹资水平有限之间的矛盾愈发突出，人民群众对健康保障的要求已从“有没有”转向“好不好”，需求

① 郑秉文：《“十四五”时期医疗保障可持续性改革的三项任务》，《社会保障研究》2021年第2期。

② 中国发展研究基金会：《中国国家医保药品管理政策研究》，中国发展出版社2022年版。

日益多元化、多层次化。商业健康保险对于满足多样化需求、完善多层次医疗保障制度具有重要作用，在新形势下面临新的机遇和挑战。为此，中国发展研究基金会于2021年启动了“十四五”时期商业健康保险研究课题，开展大规模的需求侧调查[①]、供给侧调查[②]，并结合专题研究、案例分析、国际比较、综合测算，回顾总结“十三五”时期商业健康保险的发展与变化，剖析不足及原因，并在此基础上指出“十四五”期间的发展方向，希望通过政策环境的完善推进商业健康保险助力健康保障水平提升、健康服务质量改善以及全面建设健康中国的根本目标的实现。

二、“十三五”以来的发展与变化

“十三五”时期，习近平总书记提出“没有全民健康，就没有全面小康”[③]，将保障人民健康放在优先发展的战略地位。“十三五”以来，商业健康保险迎来了一系列发展与变化，政策环境持续向好、保障水平迅速提升、保险需求稳中有变、产业融合逐步拓展，对于满足群众多样化健康保障需求、促进健康产业发展逐步发挥出更重要的作用。

（一）政策环境持续向好

“十三五”时期我国鼓励发展商业健康保险的政策基调不变，并通过完善立法和行业规范、出台行业指导意见和规划、税收优惠等措施持续促进商业健

① 中国发展研究基金会在2016年和2021年开展了对于商业健康保险需求的问卷调查，该调查以电话调查方式开展，覆盖20000余个城乡居民样本。

② 中国发展研究基金会在2021年开展了对于商业健康保险供给侧的问卷调查，对开展商业健康保险的133家公司进行调查，其中专业健康险公司6家、寿险公司64家、养老险公司3家、财险公司60家。

③ 习近平：《推进健康中国建设》，《习近平谈治国理政》第二卷，外文出版社2017年版。

康保险发展。早在2014年，《国务院办公厅关于加快发展商业健康保险的若干意见》中明确提出，扩大健康保险产品供给，丰富健康保险服务，使商业健康保险在深化医药卫生体制改革、发展健康服务业、促进经济提质增效升级中发挥“生力军”作用。2016年《“健康中国2030”规划纲要》指出，到2030年，现代商业健康保险服务业进一步发展，商业健康保险赔付支出占卫生总费用比重显著提高。2019年9月，《促进健康产业高质量发展行动纲要（2019—2022年）》将“健康保险发展深化工程”列为十个重大工程之一，倡导增加新型健康保险供给、促进健康保险与健康服务融合。2019年颁布并实施的《健康保险管理办法》鼓励保险公司开发医疗保险产品，对新药品、新医疗器械和新诊疗方法在医疗服务中的应用支出进行保障，支持保险公司开展健康管理服务，推动保险与医疗行业、健康服务合作深化。2020年1月，中国银行保险监督管理委员会（以下简称银保监会）等相关部门出台《关于促进社会服务领域商业保险发展的意见》，提出力争到2025年商业健康保险市场规模超过2万亿元的目标。2020年2月《中共中央 国务院关于深化医疗保障制度改革的意见》明确指出，到2030年，全面建成以基本医疗保险为主体，医疗救助为托底，补充医疗保险、商业健康保险、慈善捐赠、医疗互助共同发展的医疗保障制度体系。2021年9月，《“十四五”全民医疗保障规划》强调，鼓励商业健康保险发展，鼓励产品创新、完善支持政策、加强监督管理。这些政策的出台，显示了国家对商业健康保险功能作用的充分认可，一方面应积极提升对健康服务费用的补偿作用，加强与基本医疗保险的衔接；另一方面应在推动产业合作、促进产业发展方面发挥更大力量，并形成合力以促进医药卫生体制改革、助力健康中国建设。

（二）保障水平迅速提升

保费收入与支出同步增长，支出增速快于收入增速。2020 年全国商业健康保险保费收入 8173 亿元（图 2），相较 2016 年增加约 1 倍，“十三五”期间年均增长率约 19.2%，远高于同期卫生筹资总额（卫生总费用）12.4% 的年均增速。商业健康保险赔付支出由 2016 年的 999.6 亿元增长至 2020 年的 2921.2 亿元，年均增长率约30.7%，高于同期保费收入增速①，占2020 年全国卫生费用的 4.04%，占个人卫生支出的 14.57%，比 2016 年占比翻番（图 3）。同时，健康险密度②由2016 年的292 元增长至2020 年的579 元；健康险深度③则由2016 年的 0.54% 增长至 2020 年的 0.8%④。

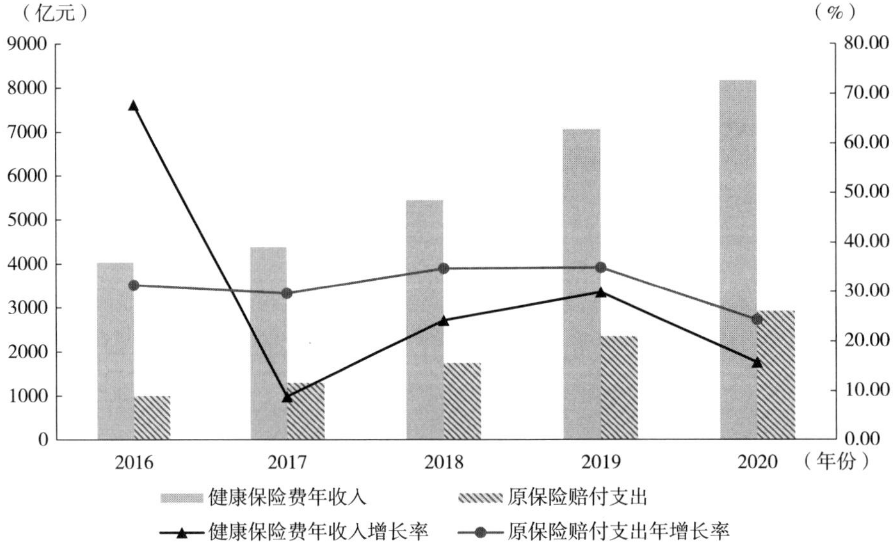

图 2 2016—2020 年健康保险保费收入、赔付支出及增长率

资料来源：《中国统计年鉴》

① 中国银行保险监督管理委员会官方网站，增长率均按当年价格计算。

② 保险密度是指按当地人口计算的人均保险费，反映该地国民参加保险的程度。

③ 保险深度是指某地保费收入占该地国内生产总值（GDP）之比，反映了该地保险业在整个国民经济中的地位。

④ 中国银行保险监督管理委员会官方网站。

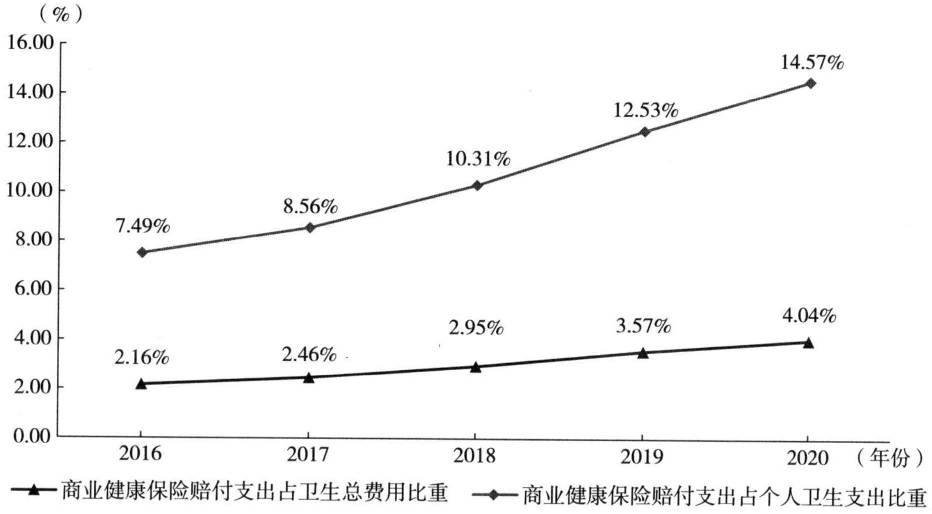

图 3　2016—2020 年商业健康保险占卫生总费用及个人卫生支出的比重

资料来源:《中国统计年鉴》

(三)保险需求稳中有变

一是实际购买水平持续增长[①]。整体来看,2021 年居民中拥有商业健康保险的比例为 34.1%,相比 2016 年的 26.3% 提升了 7.8 个百分点。18 ~ 49 岁青年、中年群体(图 4)购买商业健康保险的比例较高,是购买主力,随着年龄上升,购买比例逐步下降。相比于“十三五”初期的 2016 年,“十四五”初期的 2021 年,各年龄组购买商业健康保险的比例都有提升。分地区而言,5 年以来,各地区居民购买商业健康保险的比例(图 5)都有所提高。2021 年,直辖市仍是实际购买商业健康保险水平最高的地区(41.3%),而东北部地区则在 5 年中上涨最快,涨幅达到 8.8 个百分点。

① 如未做说明,本文中对于需求的相关数据皆来自中国发展研究基金会 2021 年和 2016 年中国城乡居民商业健康保险需求调查。

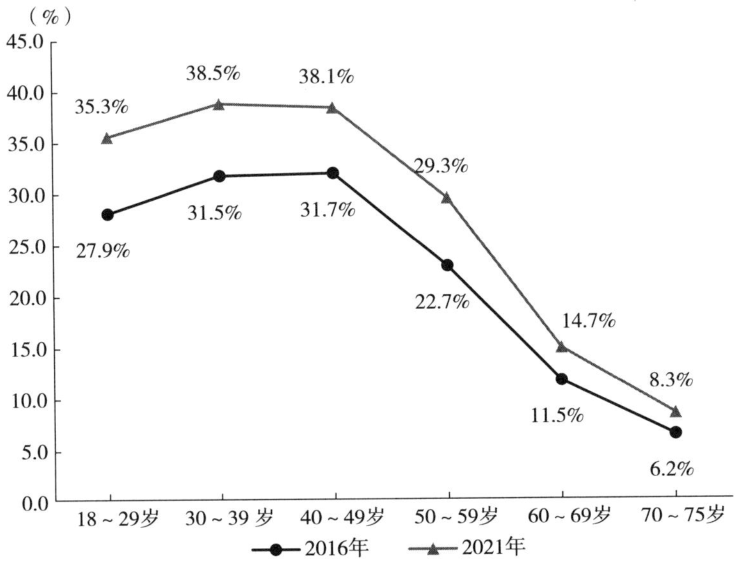

图 4　2016 年和 2021 年不同年龄水平居民拥有健康保险的比例

资料来源：中国发展研究基金会需求侧调查数据

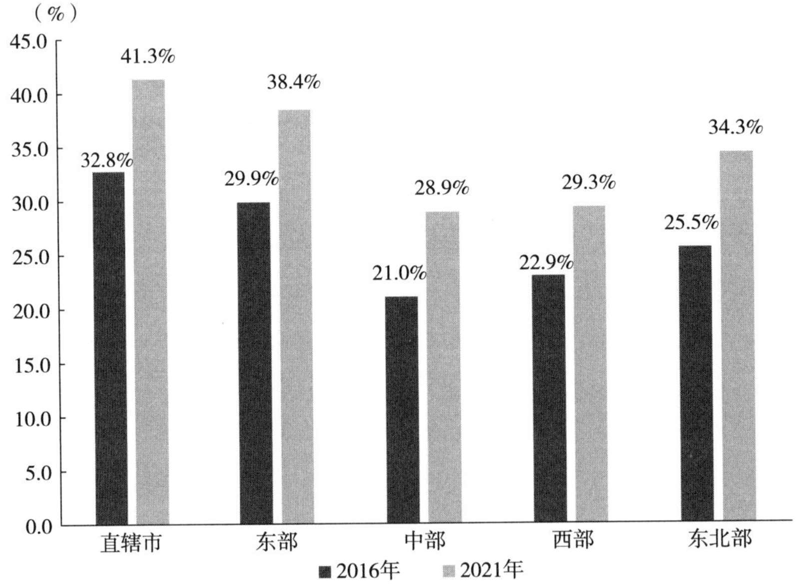

图 5　2016 年和 2021 年各地区居民商业健康保险拥有情况

资料来源：中国发展研究基金会需求侧调查数据

二是未来需求水平稳中有升。2021年认为未来有必要购买商业健康保险的居民比例达到了60.6%，相较2016年提升了4.7个百分点。与实际购买水平的结构相类似，各年龄段（图6）、各区域（图7）居民的未来需求水平都有所提升，50～59岁居民（14.7个百分点）和中部居民（8.8个百分点）的提升比例最高。需要注意的是，2021年中西部地区居民未来需求水平已经超过直辖市，接近东部经济发达地区程度。分收入水平（图8）来看，未来一年需求水平依然保持了随收入水平提升而上升的趋势。相比于2016年，2021年各收入群体的未来一年需求水平都有提升，个人年收入10万～25万元的群体提升幅度相对较大，超过10%。

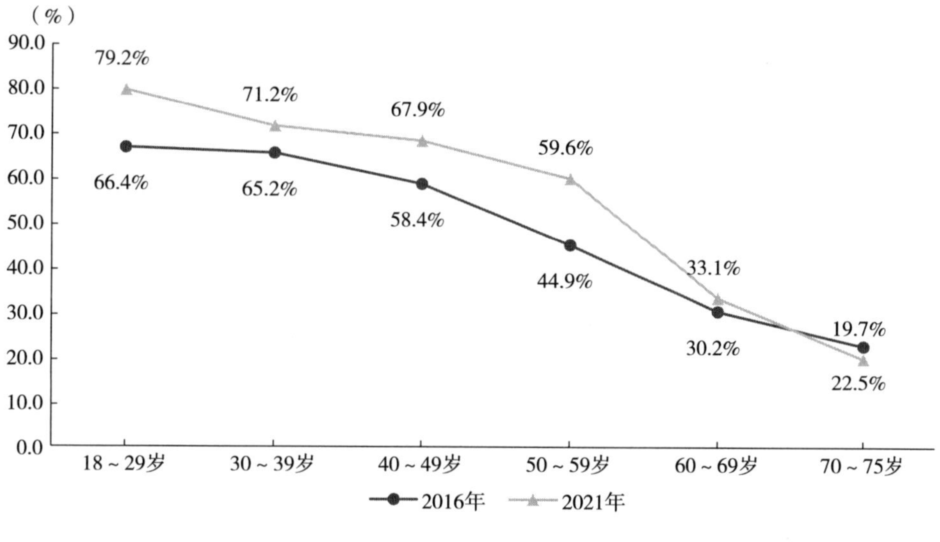

图6　2016年和2021年不同年龄段居民认为未来有必要购买商业健康保险的比例

资料来源：中国发展研究基金会需求侧调查数据

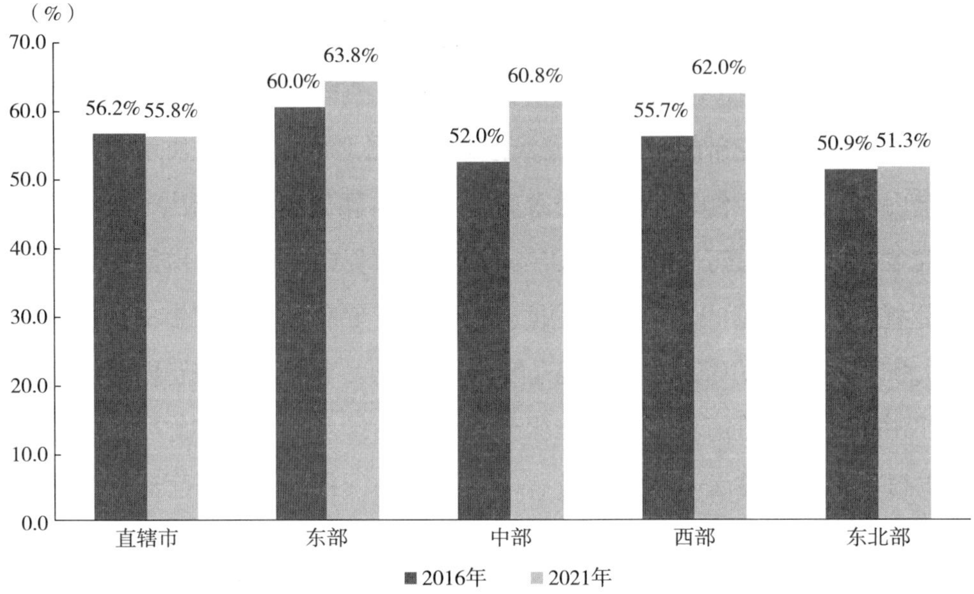

图 7　2016 年和 2021 年不同地区居民认为未来有必要购买商业健康保险的比例

资料来源：中国发展研究基金会需求侧调查数据

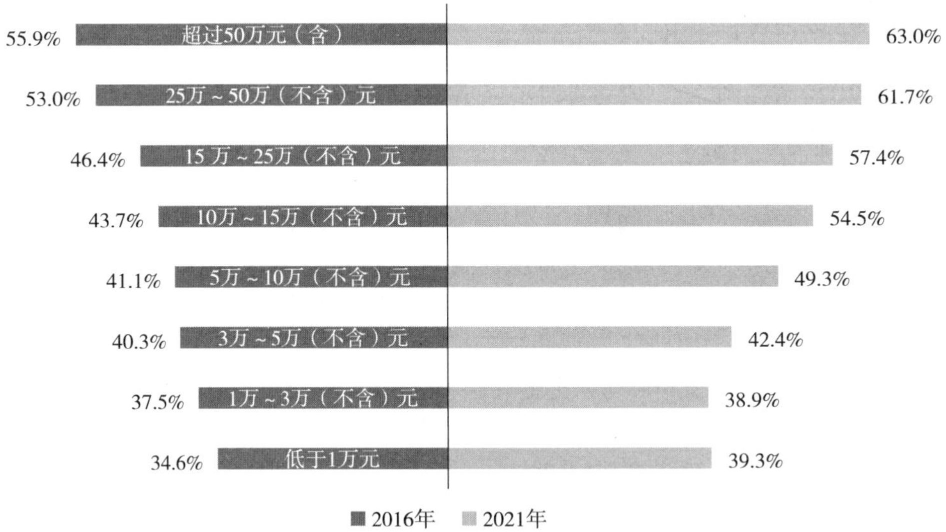

图 8　2016 年和 2021 年不同收入水平居民认为未来一年会购买商业健康保险的比例

资料来源：中国发展研究基金会需求侧调查数据

三是支出水平趋于增长。3000 元以下的年支付额仍是居民对商业健康保险的支出额度主体（图 9），占比超过 50%。相比于 2016 年支出水平结构，2021 年居民花费在 5001 ~ 10000 元及 1 万元以上的占比分别增加了 0.9 个百分点和 1.9 个百分点，花费在 1000 元及以下、1001 ~ 3000 元这两个档次的样本占比分别下降了 0.7 个百分点和 2.4 个百分点。居民对商业健康保险的年度支出水平趋于增长。

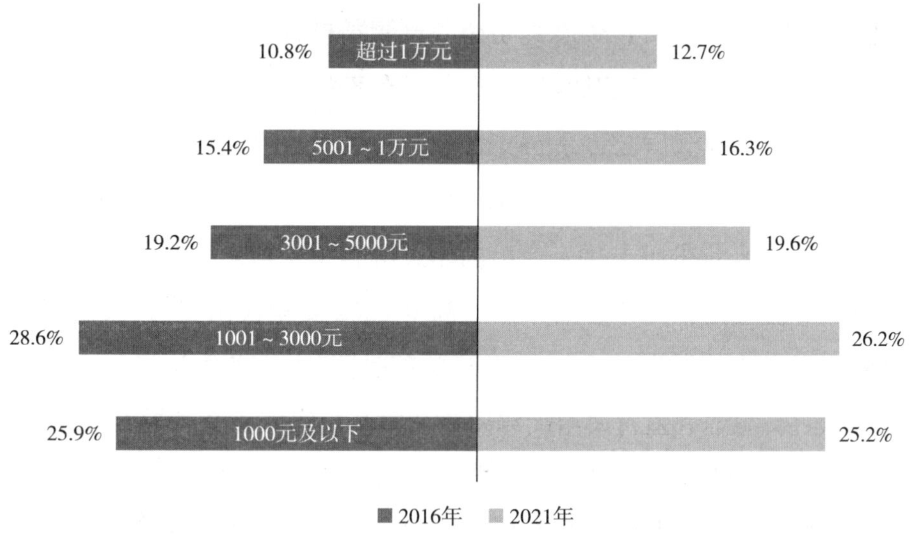

图 9　2016 年和 2021 年居民过去一年投入在商业健康保险中的花费对比

资料来源：中国发展研究基金会需求侧调查数据

四是满意度基本稳定。2021 年非常满意及比较满意占比（图 10）接近 60%。相比于 2016 年，非常满意的占比上升 1 个百分点，比较满意的占比下降 2.6 个百分点，认为一般的占比上升了 1.8 个百分点，总体而言基本稳定。

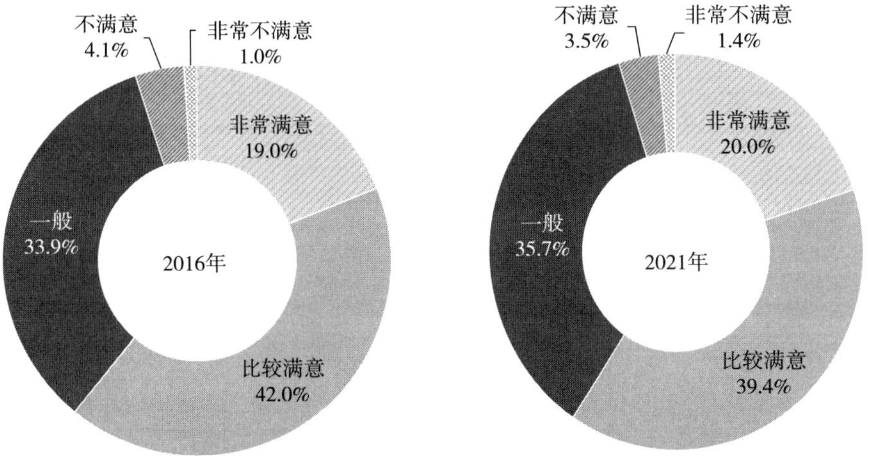

图 10　2016 年和 2021 年居民对自有商业健康保险的满意度评价

资料来源：中国发展研究基金会需求侧调查数据

五是保障范围和水平的核心价值愈发凸显。影响居民选择商业健康保险的因素分布情况（表 1）有所变化。就排序而言，无论 2016 年还是 2021 年，居民最看重的 3 项因素均为产品覆盖范围和报销比例、理赔方便快捷、特色健康服务。但相比于 2016 年而言，居民对产品覆盖范围和报销比例的重视程度进一步提升，选择比例超过 60%；理赔方便快捷依然为次要因素，但占比与产品覆盖范围和报销比例相距甚远；除产品覆盖范围和报销比例之外，产品价格、保险公司知名度、理赔方便快捷和特色健康服务占比都出现了下降，其中保险公司知名度、理赔方便快捷下降幅度最大。对于居民来说，保险产品保障质量的核心价值愈发凸显。

表1　2016年和2021年居民选择商业健康保险的影响因素

影响因素	2016年	2021年
产品覆盖范围和报销比例	49.3%	60.8%
产品价格	6.3%	5.0%
保险公司知名度	9.2%	4.4%
理赔方便快捷	21.5%	17.2%
特色健康服务（预约挂号、VIP医疗服务等）	13.7%	12.6%

资料来源：中国发展研究基金会需求侧调查数据

（四）产业融合逐步拓展

“十三五”以来，商业健康保险发挥产业链整合功能，与医药产业、医疗服务、健康管理呈现融合发展态势，出现了一系列新变化。

一是加强与基本医保衔接，增强与医药产业联动。近年来，商业健康保险在政策的支持鼓励下开展了一系列新探索，出现了诸如税优险、特药险、百万医疗险、城市定制型商业医疗保险（惠民保）等广受社会关注的新型产品，保障范围逐步从自付保障扩展到基本医保范围外保障，对创新药、创新疗法等的支付力度有所增强，启动了新一轮与医药产业的联动发展。涉及商保、药企、第三方平台等多方的创新支付方式在一定程度上有助于满足患者的临床需求、增强用药可及性、提升商业健康险与医药产业合作水平，是现阶段推进融合发展的有益探索。

税优健康险于2016年试点运行，并于2017年全面推广，主要产品特征是税前抵扣和与基本医保补充衔接，保险公司不得因既往病史拒保；保障范围包括医保范围内自付部分和医保范围外的部分费用；但目前体量较小，2020年税优健康险保费收入占健康险行业保费收入比例不足0.1%[①]。特药保险聚焦于医

① 冯鹏程：《完善商业健康保险个人所得税政策的建议》，《上海保险》2021年第2期。

保外高价药品尤其是抗肿瘤创新药的支付，从2019年开始呈现快速发展，截至2021年9月30日在售特药保险62种。虽然纳入了医保目录外药品，但绝大多数特药险不纳入带病体投保，因此实际保障水平不高。百万医疗险于2016年开始迅速发展，对基本医保外的保障范围具有补充保障作用，具有免赔额较高、保额较高、保费较低以及保障范围较广等特点，2020年，百万医疗险的用户规模突破9000万，市场渗透率为7.4%①。惠民保的雏形为深圳市政府2015年推出的“重特大疾病补充医疗保险”，2020年之后呈现井喷式发展，核心优势是在低价基础上衔接基本医保并允许既往症参保，保障范围一般是医保目录内费用和指定的目录外特效药，如多地将无缘医保目录的CAR-T疗法药物纳入其“特药清单”，包括“苏惠保2022”“北京京惠保”“湖南爱民保”“山西晋惠保”“太原万户健康保”等，有些城市的惠民保已经与药企合作进行“特药清单”更新迭代。保险行业对惠民保的参与率较高，2021年约一半公司已开始经营惠民保（47.4%）②。截至2021年底，已有20余省份的200多个地级市，推出了140余款惠民保产品，保费规模超80亿元，参保人群近9000万人，其中参保率较高的产品通常具有政府部门支持③。

二是深化与医疗服务融合，助力提升服务质量和效率。在“十三五”期间，商业健康保险以自建、投资、参股、并购、战略合作等多种形式参与医疗服务，与多元医疗服务提供方展开更加紧密的合作。合作模式以协议合作和股权投资为主体。这类合作一方面以增强保障的方式提升服务可及性、释放有效需求、助推新技术研发使用，另一方面探索提高医疗服务质量和效率。

---

① 《2020年百万医疗险的用户规模突破9000万 到2025年保费规模将达到2010亿元》，南方都市报，2021年1月8日。

② 中国发展研究基金会2021年供给侧调查数据。

③ 《20余省9000万人参保惠民保：要“流量”更要“留量”》，经济参考报，2021年12月15日。

协议合作模式是商业保险机构根据业务需求，选择并和一家或数家医疗机构签订合作协议，作为参保人群的定点医疗服务提供机构。比如对特需医疗服务的保障，被保险人相关的医疗费用发生时，保险理赔部分由医院和保险公司直接结算，剩余部分由被保险人自费，复旦大学附属华山医院国际医疗中心、北京协和医院国际部和中日友好医院国际医疗部等均有涉及。又如人保健康与北京大学人民医院合作构建的医疗卫生服务共同体项目。相关报道显示，截至2018年初，人保健康已经与近3000家医疗机构、7万余家药店建立了合作关系；在56个城市的92家三甲医院设立了VIP诊室；签约医生达到6.7万名。股权投资模式是由一家或多家保险公司联合以自建、收购或参与股权形式，介入健康保险定点医院，共同参与管理。该模式中，客户购买健康保险保障，在医疗体系获得健康服务，探索形成健康闭环。目前国寿、平安、人保健康、泰康等保险公司都在进行股权投资模式的尝试，如泰康集团旗下在核心区域建设五大医学中心，探索医疗服务与健康保险产品的深度结合。

三是探索与健康管理融合，向管理式服务转变。“十三五”时期是健康保险与健康管理融合探索的开端，体现了健康保险定位从传统支付向管理型的转变。2019年底施行的《健康保险管理办法》首次将健康管理以专章写入，对健康管理的主要内容、与健康保险的关系定位、费用列支等予以明确。风险控制是健康保险与健康管理服务融合的内生动力，商业保险有动机控制经营成本、降低赔付支出、控制道德风险和逆向选择。

健康保险与健康管理结合的方式主要有两种。一种是保险公司将健康保险与健康管理结合在一起销售，以附加险、增值服务或者健康服务回馈活动的形式提供给客户，如太平养老推出的太平附加盛世健享人生意外医疗保险，以附加险的形式为团体人身险客户提供多项可选健康管理服务。另一种是保险公司销售健康保险，通过会员健康服务来提高客户的健康水平，将健康保险与健康管理分开进行管理，如平安健康推出“尊享健康卡”，会员可享受医疗问诊、挂号协助、重疾住院协助、健康管理、意外险、健康体检等服务权益。前者通常只能选择特定的专项服务，无法做到全周期管理，后者未与健康保险真正融合，健康管理服务缺乏支付端。此外，部分保险公司已经启动健康管理资源布局，包括自建机构和合作管理。

四是“互联网+”保险飞速发展，新技术融合不断扩展。“互联网+”模式在“十三五”时期蓬勃发展，商业健康险开始进入数字化和智能化的发展阶段，与新技术的融合主要体现在3个方面。第一，互联网、大数据分析等新技术为商业健康保险公司提供了产品设计的依据，有助于开发适合不同人群、不同地区的健康保险产品和服务。第二，互联网的发展拓展了商业健康保险产品销售渠道。第三，新技术给商业健康保险与医疗健康服务融合带来了更多机会。大数据、物联网等技术可以帮助保险公司实时掌握客户的健康状况和生活行为，帮助保险公司从支付向健康管理服务延伸，实施个性化健康管理，有助于消减逆向选择和过度医疗。

互联网健康险保费持续增长。2020年互联网健康保险规模保费达374.8亿元，相较于2015年的10.3亿元增长35倍，实现连续6年稳定增长。其中，2020年费用报销型医疗保险累计实现规模保费229.2亿元，占互联网健康保险总规模保费的61.1%；重大疾病保险规模保费87.5亿元，占比23.3%；护理保险和防癌保险增长幅度较大，同比增长分别为257.9%和138.9%[①]。互联网已成为商业健康险重要销售渠道。公司中开展网络销售的参与率（图11）为70%以上，其中专业健康险公司全部开展网络销售。

① 《2020年互联网人身保险同比增13.6%》，中国保险行业协会，2021年3月3日。

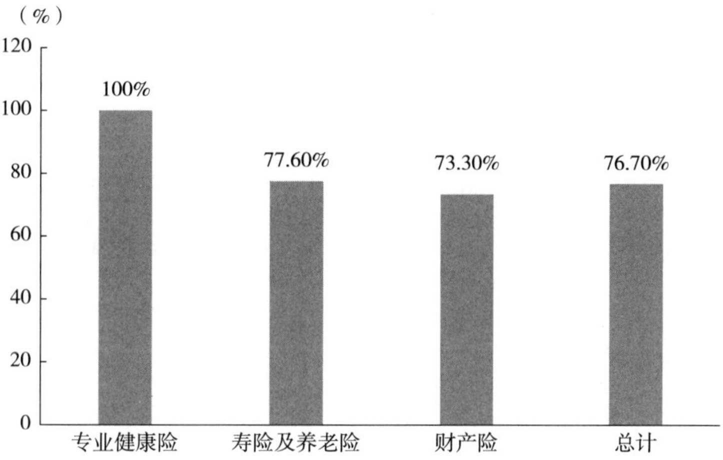

图 11　开展网络销售公司占比

资料来源：中国发展研究基金会供给侧调查数据

（五）与经济发展相互促进作用初步显现

商业健康保险与经济发展相互促进。课题组基于中国 2007—2019 年数据，构建商业健康保险发展指数和经济高质量发展指数。实证研究发现，商业健康险的发展对中国经济高质量发展进程有显著的积极作用，但是在不同地区的显著程度有所不同，经济越发达的地区商业健康保险所起到的作用越明显，具体表现为东部地区的显著水平高于中部和西部地区。这说明商业健康保险对经济的影响受到经济环境本身的制约，经济越发达，这种效应就会越明显。既往国内外研究也表明，商业健康保险可以降低家庭财务脆弱性，释放居民预防性储蓄；能够引导居民健康行为，促进医疗费用合理化，推动健康产业融合发展；通过汇集资金、创造附加值促进资本积累，推动国民收入增长。

三、目前的短板和不足

在“十三五”期间，中国商业健康保险取得了诸多进展，创新和探索频现，对健康保障、健康服务的支撑作用有所提升。总体而言，中国商业健康保险仍处于发展的初级阶段，保障能力不足，对健康服务、健康产业的促进作用较弱，区域发展差异较大。

（一）健康保障能力不足

赔付支出水平较低。2020年健康保险赔付支出2921亿元，占个人卫生支出和全国卫生总费用比例分别为14.6%和4%，虽然较之前已经有较大提高，但与OECD国家相比仍有一定差距，如德国、加拿大、法国等发达国家的平均水平在10%以上，美国高达37%。从商业健康保险密度来看，OECD国家2019年商业健康保险的密度在2.8～2522.2美元之间，而我国同期商业健康保险的密度仅为72.64美元[①]。从商业健康保险赔付支出与健康保险规模保费收入比值（图12）来看，大多数年份均为30%左右，最高水平尚未超过40%。与国际水平比较，法国的补充保险、德国的全面健康保险、澳大利亚的补充健康险等商业健康险最终的赔付率在70%～80%左右[②]，美国公共医疗保障中Medicare Advantage计划的赔付率不低于85%，皆远高于我国赔付率水平。

---

① 数据来源：《中国统计年鉴2020》，中国银保监会网站。2019年我国人口总数为14.1008亿人，商业健康险保费收入为7065.97亿元。根据国家统计局数据统计，2019年美元对人民币的汇率为6.8985元，因此，2019年我国商业健康保险密度为72.64美元/人。

② PhIRDA、RDPAC：《构建中国医药创新生态系统系列报告第三篇：多层次医疗保障体系，助力人民健康和产业高质量发展》。

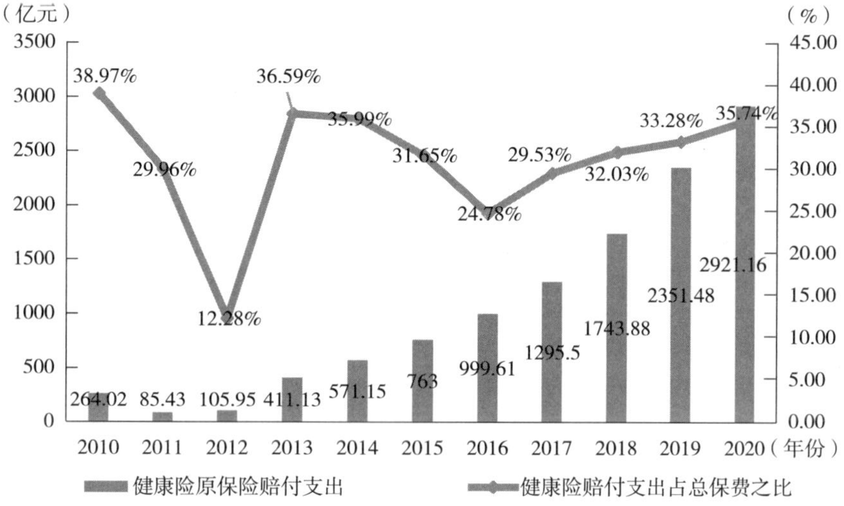

图 12　2010—2020 年健康险赔付支出占健康险总保费比例

资料来源：中国统计年鉴

未满足需求普遍存在。2021 年，实际购买比例与未来一年预期购买比例差值为 12.2%，实际购买比例与未来计划购买比例差值为 26.5%（表 2），存在一定体量的未满足需求。分收入水平考虑，随着收入水平上升，未满足需求比例逐步降低，但就长远而言，绝大多数收入阶层都存在未满足需求，个人年收入 25 万元及以下各人群的未满足需求比例均超过 10%，5 万元以下的较低收入人群对应比例在 30% 左右（表 3）。

表 2　2016 年和 2021 年居民已购和未来一年预期购买和未来需求的变化

	2016 年	2021 年
当前实际购买比例	26.2%	34.1%
未来一年预期购买比例	41.3%	46.3%
未来计划购买比例	55.9%	60.6%

资料来源：中国发展研究基金会需求侧调查数据

表 3　不同收入水平居民已购和未来计划购买商业健康保险比例

	低于 1 万元	1 万～3 万（不含）元	3 万～5 万（不含）元	5 万～10 万（不含）元	10 万～15 万（不含）元	15 万～25 万（不含）元	25 万～50 万（不含）元	超过 50 万（含）元
目前已购	20.49%	20.91%	31.30%	40.87%	50.22%	57.17%	65.50%	61.16%
未来计划购买	58.38%	54.42%	59.48%	64.07%	65.27%	69.08%	68.78%	65.63%
差值	37.89%	33.51%	28.18%	23.20%	15.05%	11.91%	3.28%	4.47%

注：差值 = 未来计划购买 – 目前已购。
资料来源：中国发展研究基金会需求侧调查数据

理赔、结算效率不高。理赔时效、结算方式是衡量保险服务质量的重要指标。根据供给侧调查数据，70% 的公司平均理赔时间超过 24 小时，近一半公司超过 48 小时，与基本医保的即时性结算相距甚远，其中专业健康险公司理赔时间相对较短，财产险公司理赔时间较长（图 13）。绝大部分公司在与基本医保的一站式结算方面并无建树，仅 13.5% 的公司部分实现了一站式结算（图 14）。

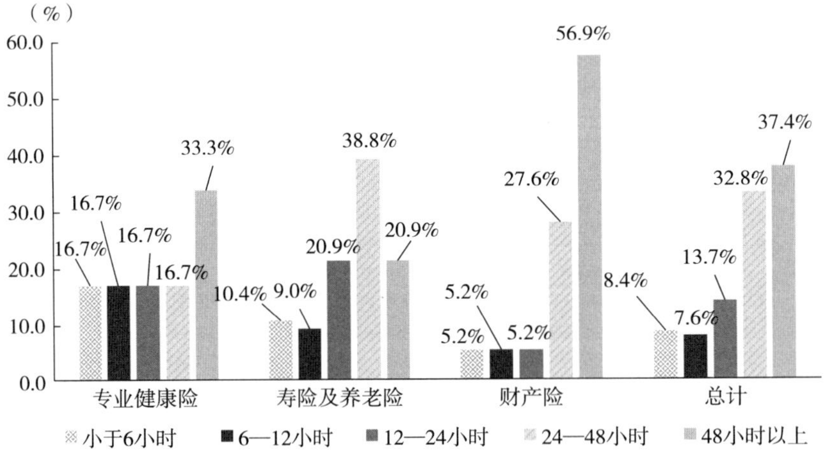

图 13　理赔时效比例

资料来源：中国发展研究基金会供给侧调查数据

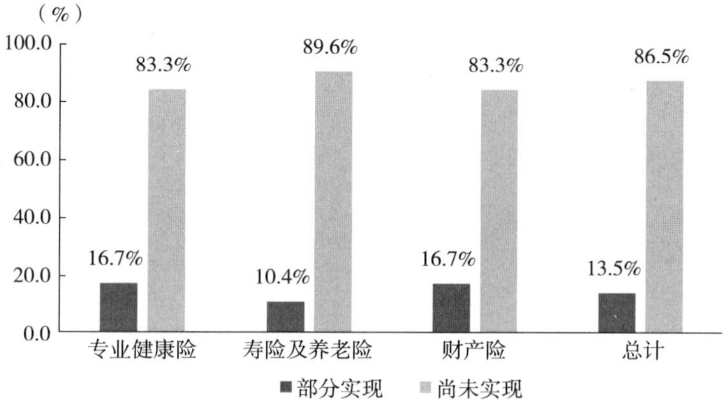

图 14　医保一站式结算比例

资料来源：中国发展研究基金会供给侧调查数据

（二）对健康服务支撑能力较弱

与服务机构的合作内容单一、层次较浅。当前商业健康保险与医疗机构合作的内容主要集中在特需医疗服务，较少涉及普通医疗服务。与机构合作密切的阶段集中在销售与承保过程，对于保险客户患者的预防性服务和后续服务合作相对薄弱，面临服务割裂挑战，难以实现对患者的全流程一体化管理。

提升医疗效率效果欠佳。课题组分析我国各省份医疗服务效率的影响因素后发现，地区老年人口比例、城镇化水平显著影响医疗服务效率，而商业健康保险对我国各省份医疗服务效率的影响并不显著。这表明虽然目前商业健康保险积极地参与到健康管理、药品供应、医疗费用控制等健康服务方面，但其影响力仍然十分有限。

（三）区域发展差异较大

商业健康保险在地区间发展失衡。课题组构建商业健康保险的发展指数

（PHIDI）进行分析后发现，2007—2018 年各地区商业健康保险的发展指数差距（图 15）逐年扩大，发展水平最高的是北京市，历年来均值达到 55.56，最低的是西藏地区，这些年来均值只有 6.38。医疗卫生服务可及性较低、经济发展水平相对较低的地区，商业健康保险发展的基础更为薄弱。各地市场规模、保险深度的差异较大，不利于整体商业健康保险行业的发展。

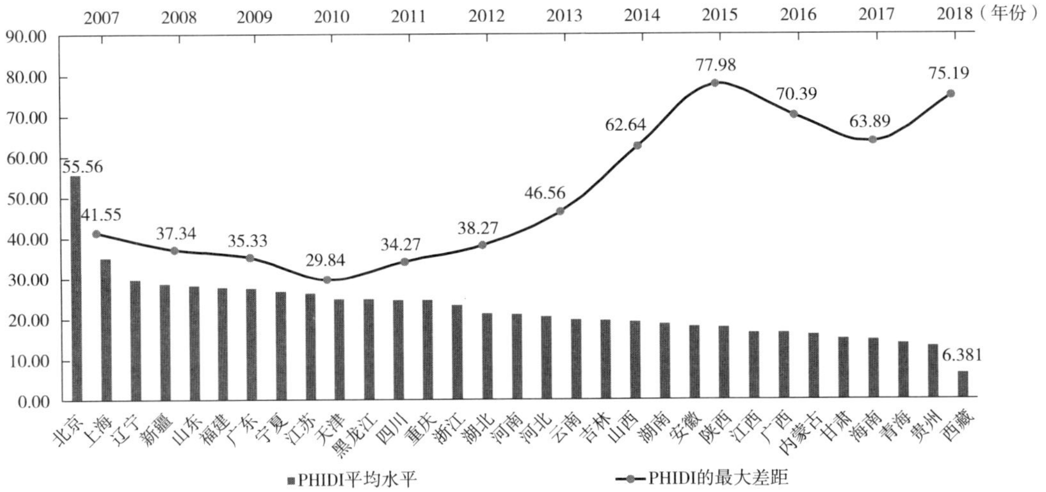

图 15　2007—2018 年各地区 PHIDI 平均水平对比

资料来源：课题组自制

未满足需求的区域差异较大。根据需求调查数据，全域的实际购买比例与未来一年预期购买比例差值为 12.2%。分地区比较发现（表 4），西部地区对应差值最大，达到 20.8%；中部其次，为 14.2%；东部和直辖市约为 8%；东北部最低，为 2.3%。健康保险发展相对滞后的中西部地区，未满足需求相对较大。

表 4 不同地区居民已购和未来一年预期购买健康保险需求比例

	直辖市	东部	中部	西部	东北部
目前已购	41.3%	38.4%	28.9%	29.3%	34.3%
预期购买	50.0%	46.8%	43.1%	50.1%	36.6%
差值	8.7%	8.4%	14.2%	20.8%	2.3%

注：差值 = 预期购买 – 目前已购。
资料来源：中国发展研究基金会需求侧调查数据

四、需要应对的关键问题

商业健康保险的核心短板是保障能力不足，而保障能力不足使得健康险对健康服务、健康产业的影响更小。导致上述现况的原因与商业健康保险行业自身有关，也与所处的宏观生态环境、制度政策构架相关。研究分析发现，商业健康保险产品保障范围较小、保障对象较少、保障期限较短，虽然维持了风险可控，但也导致了保障水平较低的现状。行业自身能力不足，盲目聚集性竞争、渠道费用高昂抬高综合成本率，进一步导致赔付空间被挤占。需求端有效转化不足、激励措施不够，使得商业健康保险无法通过广覆盖构建可持续的风险资金池。与基本医疗保障制度联动水平较低、跨行业协同环境尚未完善，影响了商业健康保险的风险控制和管理水平。这些原因最终共同形成了商业健康保险面临的核心矛盾：提升保障能力与确保风险可控、产业可持续之间的矛盾。具体分析如下。

（一）产品保障范围狭小

一是保障范围与基本医保重叠性高。商业健康保险产品更倾向于自付费用保障或二次报销，大多数仅针对医保内的药品，医保外药品保障部分仅占总健康险赔付额的5%左右[①]，对基本医保政策范围外的保障不足。如城市普惠险、百万医疗险均主要针对一定免赔额以上的个人自付部分，仅部分个人健康险、高端险及惠民保可支付医保外的药品。就创新药支付而言，因目前商业健康保险保障范围较为狭窄，因此创新药或是经谈判进入医保，或是以自付为主，缺乏稳定多元的支付体系。

二是缺乏对老年人、带病体等高风险人群的保障。市场上现存的疾病险产品通常不允许既往症投保，大多数产品投保年龄上限为50 ~ 55岁。医疗险中企业补充医疗险由企业团体购买，允许既往症投保，通常为在职员工投保，仅少数企业为退休员工投保。个人医疗险以个人购买为主，大部分不允许既往症投保，大部分产品的年龄上限为55 ~ 65岁。最需要得到保障的高风险人群如老年人、带病体以及亚健康人群（如肥胖、体检检出无症状结节等）很难参保商业健康险并得到理赔，市场失灵问题初显。最终，个人参保人群主体为健康人及年轻人，赔付率较低，导致对医疗保障体系的贡献有限。

三是以短期险为主，缺乏长期保障。无论是疾病险还是医疗险，都存在缺乏长期保障的问题。就重疾险而言，投保人一旦确诊保险合约中保障范围内的疾病，通常会获得一次性定额赔付，同时终止合约。但身患重疾的患者需要接受长期的治疗，如果无法续约，患者将得不到长期的健康保障。医疗险如百万医疗险，保障期以一年为主，缺乏能够保长期甚至保终身的医疗险。虽然2020年4月，中国银保监会发布《关于长期医疗保险产品费率调整有关问题的通知》，保险公司可以开发经营长期医疗保险产品，但2020年全年的长期医疗险整体保费规模仅约28.2亿元，仍处于探索阶段。

① PhIRDA、RDPAC：《构建中国医药创新生态系统系列报告第三篇：多层次医疗保障体系，助力人民健康和产业高质量发展》。

（二）行业自身能力不足

一是产品同质化水平高。导致产品同质化的原因很多，包括数据获取难度大导致产品设计难、对医疗行为风险控制能力较弱等客观原因，也包括健康险行业本身自主创新意识、能力较弱，缺乏开创精神等主观原因。因此可以看到，较高的产品同质化水平常常伴随着行业中蜂拥而上的赛道抢占和盲目竞争，与高质量发展的目标方向背道而驰。当前健康险产品不仅保障范围、保障对象高度相似，很多产品还都设置了较高的免赔额和一定的自付比例，以减少理赔，如“十三五”期间发展迅速的百万医疗险和惠民保。在产品同质化竞争的情况下，若要追求利润只能压缩理赔空间，这也是导致理赔低、理赔难的原因之一。

二是经营模式成本较高。虽然我国商业健康险保费收入逐年快速上升，但以 2020 年来看多数商业健康险公司并没有实现盈利。商保行业面临着渠道费高昂、赛道竞争激烈等挑战，收入中很大部分用于营销、管理而不是赔付。保险代理人渠道是主要销售渠道之一，占比约 50%[①]。保险公司需要向代理人支付较高佣金，且代理人员流动性大，增加了保险公司的培训和运营成本。快速发展的网络营销渠道主要依靠第三方流量平台，如支付宝、微信、水滴保险等，获客渠道被控制在第三方手中，渠道费昂贵、获客成本高，不仅提升了综合费用率，还可能挤压理赔空间，甚至造成承保亏损。有研究对 26 家产险公司 2020 年健康险综合成本率进行统计发现（图 16），综合费用率高达 61.58%，综合赔付率只有 42.31%，综合成本率接近 104%。美国健康保险在过去 10 年里，费用率维持在 11% ～ 14% 之间，赔付率在 84% ～ 86% 之间，综合成本率大概在

① 《中国人寿保险行业市场前瞻与投资战略规划分析报告》，前瞻产业研究院，2020 年 3 月 17 日。

96% ~ 99% 之间，存在着几个点的盈利空间[①]。相比于美国，我国的保险收入用来支付相关费用和成本的占比过高。

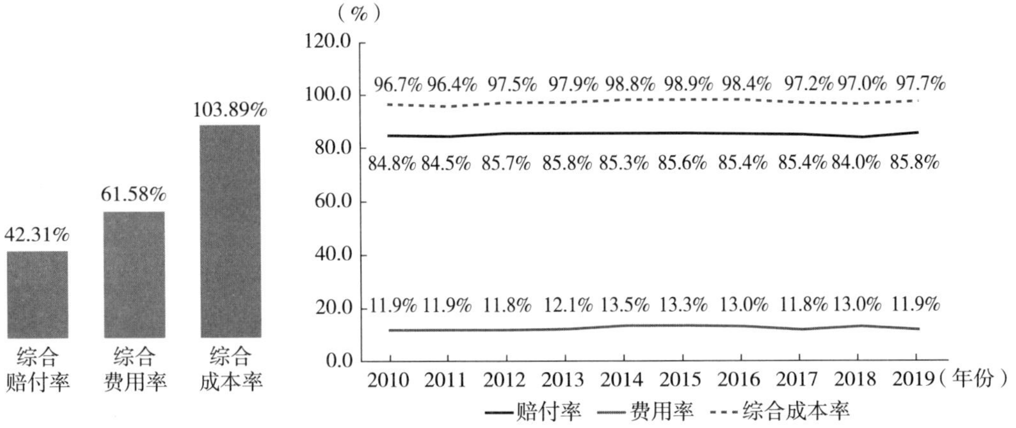

图 16　2020 年 26 家产险公司健康险综合成本率 & 美国健康保险经营绩效

资料来源：朱俊生，清华大学五道口金融学院

（三）有效需求转化不足

一是存在认识水平和支付能力的客观限制。认识水平和支付能力与受教育程度、收入水平高度相关。依照世界银行标准，我国已迈入中高收入国家行列，但我国发展不平衡不充分问题仍然突出，城乡区域发展和收入分配差距较大，广大人群保险意识和支付能力的提升依然需要一个过程。而且近年来随着我国医疗保障制度改革不断深化，部分创新药通过国家医保谈判纳入基本医保支付范围，在客观上提升了人民群众对基本医保的期待水平，人们对基本医保的依赖程度可能加深，在一定程度上对商业健康保险形成了挤压，影响了有效需求

① 朱俊生在“2021 中国健康产业和健康保险高端研讨会”上的发言《以有效供给挖掘健康险潜在需求》。

的转化。

二是倡导鼓励的措施不足、力度不够。税收优惠是国际领域普遍采取的商业健康保险鼓励措施之一，也是我国目前采用的主要措施。自 2016 年试点、2017 年全国推广至今，税优健康险由于优惠力度、产品设计、操作复杂等原因体量依然极小。截至 2018 年底，税优健康险行业累计承保 31.9 万件，累计保费收入 9.4 亿元，而当年健康险的原保费收入为 5448.13 亿元[①]，差距巨大。根据 2021 年供给侧调查数据，商保公司中参与了税优健康险的比例为 18%，远低于惠民保的参与率（47%）。公司参与率很低，市场反应冷淡，远没有实现政策预期。

（四）与基本制度联动水平较低

商业健康保险与国家基本医疗保障制度的联动水平较低。我国医疗保障的基本制度包括基本医疗保险、补充医疗保障和医疗救助。在过去 20 年中，尤其是在 2015 年全面实施城乡居民大病保险制度之后，商业健康保险通过承办、经办等方式广泛参与基本医疗保障制度建设，尤其是大病保险制度。商保承办、经办基本制度的初衷是政府购买服务，强化政府在政策制定、组织协调、监督管理等方面的作用，发挥市场机制作用和商业保险机构的专业优势，提高基本制度的运行效率、服务水平和质量，推动制度之间的联动发展。但以大病保险为例，多年来大病保险对受益人群的保障效果稳定，而赔付比例较高，资金使用效率有待改善。而且在参与制度建设的过程中，商业健康保险公司更像是行政指令的“执行者”、医保基金的“出纳”，对于医保管理、新产品开发等，商业健康保险公司的协议能力都十分有限，也很少能在承办、经办基础上提供新

① 《“惠民保”时代税优健康险谁来买单》，金融时报，2020 年 11 月 18 日。

的保障产品和服务，制度联动水平较低、效果不明显，未达到当初制度设计的初衷。

（五）跨行业协同环境尚未完善

一是数据协同基础不完善。数据是商业健康保险定价、风控、理赔和管理的基础。数据联通、数据共享是商业健康保险发展面临的长期问题，在过去5年中有一些探索和改善，但依然处于打基础阶段。一方面数据基础建设不完善，普遍而言医院、医保和商保数据孤岛林立，行为数据、信用数据没有纳入，历史数据记录不规范，以往业务信息缺失。另一方面，已有数据之间缺乏数据共享机制。保险公司和医疗机构的数据化运行基本依赖于自己的单方数据库，在产生数据交互需求时依然倾向采用传统方式，效率较低，也难以形成数据的优势互补。虽然《中华人民共和国网络安全法》《中华人民共和国数据安全法》《中华人民共和国个人信息保护法》等数据治理领域的法律法规相继颁布实施，但健康领域确有其特殊性和敏感性。如何在安全的前提下发挥健康数据和保险数据的最大效能，依然需要进一步探索和尝试。

二是医疗机构合作动力不足，商保难以深度介入。我国医疗卫生服务体系以公立医院为主体，公立医院具有强大的资源控制能力和议价能力。一方面，有的医院出于合规性考虑，在没有强力、明确的政策推动的情况下不愿意与商保公司深入合作，以规避可能出现的风险。另一方面，即使医院与保险公司合作，公立医院占据主导地位，保险公司居于被动地位，商保公司没有定价权、采购选择权，在信息不对称的条件下也难以监督和约束医院可能出现的过度医疗行为。商业健康保险仅是片面的支付方，仅负责支付，在后付制的支付方式下很容易诱导需求，无法和医院形成“风险共担、利益共享”的利益联系纽带。

三是自建产业生态进展缓慢。自建医疗体系是健康保险融合健康服务的主体模式之一。比如美国的管理式医疗，凯撒医疗集团采用基于自建医疗体系的健康管理模式，英国保柏公司通过自建和收购私立医院、诊所、健康管理公司、养老院等医疗保健机构来构建网络。这类模式能够对健康服务机构形成较大的控制力，从而有效地配置医疗资源，提高医险合作运行效率。但实际上由于保险公司控制的医疗资源数量、质量不足，使很多患者难以得到便利的医疗服务，导致对人群的吸引力下降。根据国外相关经验，重资产模式可能导致保险公司扩张缓慢，面临的风险也更大，若自建医院经营效益差，成本难以挽回。

五、“十四五”时期的发展方向

提升保障能力与确保风险可控是现阶段商业健康保险行业面临的核心矛盾，也是阻碍商业健康险在完善多层次医疗保障体系、推动深化医改中发挥更大作用的关键障碍。解决上述矛盾，单独依靠行业自身难度较大，还是要由国家做好政策引领，通过一揽子措施，明确与基本医保制度联动的发展定位，支持人群普惠、基本补充的发展方向，建设多方共赢的跨行业合作环境，培养积极有为的健康险行业能力，达成并畅通商业健康保险与“三医”之间的正向反馈和循环，最终以商业健康保险助力健康保障水平提升、健康服务质量改善以及全面建设健康中国根本目标的实现。

（一）明确与基本保障制度联动的发展定位

商业健康保险的定位和功能应围绕公共医疗保障体系展开。一国医疗保障体系的“顶层设计”决定了商业健康保险的定位和主体功能。政府主导的公共医疗保障制度是实现公平的基本手段，商业健康保险则可以提升保障效率、避免泛福利化，并满足公共保障外需求和多层次需求。我国以基本医保为医疗保障体系的主体，但仍面临着基金压力大、个人支付较高的挑战，需要商业健康险在基本医保基础上发挥更多作用。多项政策早已明确支持商业健康保险与基本医疗保障制度衔接发展，但就现况而言，落实的路径尚不清晰，商业健康保险与基本制度联动水平较低、补充效果较弱。建议从保障范围、支付方式和发展路径入手，进一步落实商业健康保险与基本医疗保障制度的联动发展，具体措施如下。

一是基本医保坚持合理边界，引导群众合理预期。2021 年初，国家医保局、财政部印发《关于建立医疗保障待遇清单制度的意见》，强调确定基本保障内涵，厘清待遇支付边界，已经在明确边界上走出了关键一步。保基本和可持续是基本医疗保障制度的基本原则，基本医疗保障制度应坚持保障范围和水平明确、可预期。为了避免泛福利化，基本制度的保障范围和保障水平应科学适宜，引导群众形成健康保障个体职责意识，避免“等靠要”、放大群众预期。基本医疗保障制度的保障范围越明确，商业健康险的保障范围就越明确。

二是商业健康保险切实转向医保范围外费用保障。保障范围狭窄是导致商业健康保险保障功能偏弱的关键原因。因欠缺对医疗费用的风险管控能力，担心出现敞口风险影响运营的可持续性，商业健康保险公司有动机收窄保障范围，以基本医保为依据设计产品，将保障范围限定在基本医保范围内的自付费用。但是，综观国际实践，医保外保障是商业健康险的重要业务范畴之一，包括对医保未覆盖药品的支付（如美国 Medicare 的 Part D 对门诊处方药的覆盖）和较高自付负担的支付（如法国补充医疗险）。而且，商保狭窄的保障范围与我国人民需求和制度体系并不匹配。从前文论述可见，我国基本医保以保基本为原则，在医保报销后，个人自付水平依然不低；人群对健康保障的未满足需求广泛存在，且对产品覆盖范围和报销比例的重视程度进一步上升，成为六成人群的首要关注点。在此情况下，商业健康保险行业应明确自身发展方向，深化研究、积极探索、提升能力，着力扩展至医保范围外保障。

三是医保、商保共同支付，风险共担。建议以创新药为切入口，探索对适宜药品的医保、商保共付机制。创新药品价格高昂，其中一些对疾病治疗具有显著效果，能有效提升人民群众生命和生活质量，但仅依赖基本医保难以承担。我国目前创新药的费用占比并不高。从2018年处方药的销售数据来看，专利原研药仅占中国药品费用9%，欧美国家这一比例在40%以上，即使在土耳其、俄罗斯、墨西哥、巴西、印度尼西亚、南非等人均GDP与中国相近或低于中国的国家，这一比例也都超过了20%①。为了更好地保障人民生命和健康安全，提升创新药品可及性，并保障基本医保体系的可持续性，有必要构建“医保有限支付，商保随后理赔”的风险共担模式，形成多元支付格局。建议相关部门及研究机构开展研究，明确原则，界定覆盖人民群众迫切需求的创新药范畴，对划归该范畴的药品设立商保共付机制，探索医保、商保共付，药企部分出资，个人少量承担的新支付模式。

四是探索“替代+补充”的协同式发展路径。制度联动发展不仅包括保障范围和支付方式的衔接，发展路径上的协同也非常关键。建议探索推进在替代型商保之上叠加补充型商保产品，发挥制度协同作用。替代型商保指商保产品成为个体的主要医疗保障计划，替代公共健康保障，而不是补充。公共医疗保障计划中存在替代型商保的，常以此为基础提供补充型产品，比如德国、荷兰在法定医疗保险之上的补充商保，以及美国老年和残障健康保险（Medicare）之上的Part D计划。这种制度的协同使得商保更容易有数据基础和能力开发适宜产品，更便捷地触及客户群体，且可能具有一定的医疗费用管控能力，如荷兰2006年改革后保险公司参与部分医疗服务定价。上述制度协同模式具有可

① PhIRDA、RDPAC：《构建中国医药创新生态系统系列报告第三篇：多层次医疗保障体系，助力人民健康和产业高质量发展》。

行性，截至2016年，美国Part D计划的参保率在Medicare参保人中达到60%，荷兰在医疗改革后，2006年92%的参保者拥有补充型商保。我国医疗保障的基本制度框架包括基本医疗保险、补充医疗保险和医疗救助，商业健康保险承办了大部分区域的补充医疗保险，如城乡居民大病保险和职工大额医疗费用补助，具有在基本医疗保障制度框架下发挥“替代+补充”协同作用的潜力。建议以补充医疗保险为基础，对商保有条件开放数据和获客渠道，鼓励在承办基础上提供以医保范围外费用为重点的产品。

（二）支持人群普惠、基本补充层的发展方向

支持普惠的基本补充层发展具有现实意义。综观国际实践，商业健康保险并不仅仅满足高收入群体的特殊需求，在公共医疗保障之外的商保补充层可以按保障内容分为两个部分，普惠的基本补充层和针对少数人群的高端保障层。前者保障范围在基本医保之外，但依然是多数人希望获得的偏向基本的需求，且赔付水平较高，需要普惠地纳入人群以调节风险。普惠与基本补充相辅相成，约半数OECD国家商业健康保险的人口覆盖率超过50%[①]，可以在一定程度上说明普惠层的现实价值和可行性。我国群众对商业健康保险的需求普遍存在，2021年各收入水平人群购买意愿皆高于50%，在低发展水平地区、低收入人群、老年人等弱势群体中未满足需求尤其明显，这些需求中大部分属于基本补充层。支持普惠的基本补充层发展，有助于商业健康险提升赔付水平、增强保障力度，并能促进中西部等欠发达地区的健康险发展，缩小区域发展差距。建议采取一揽子政策措施构建支持性环境，让风险人群具有参保能力，年轻人群、高收入人群具有参保动力，并由政府主导构建风险调节机制，平抑人群普惠后

① 来源于OECD数据库。

的风险差异，保障产业可持续。具体措施如下。

一是政府积极参与，实现对高风险人群的覆盖。法国、德国、澳大利亚等国的主流商业健康险基本都实现了对高风险人群和带病参保人的覆盖，最终赔付率在70% ~ 80%左右[①]，有效地为患者提供了多元支付的保障。结合国际实践，建议政府积极参与，探索建立以人群为基础的非风险定价机制，使区域/团体内不同健康状况的个体获得相似价格。德国采取“均衡保费”政策，保费仅可根据参保时的年龄及健康状况确定，不可根据参保后的健康状况或年龄改变。法国依托互助组织，以行业、工会为基础，执行非风险定价，且政府出台相关法案推广企业团险，要求法国企业强制出资确保所有员工参保附加型健康险。澳大利亚采取“社区定价”，要求保险公司不考虑投保人的性别、健康状况、职业或其他因素，向所有受同一类型健康保险覆盖的人收取相同的保费，保险公司根据区域人口的健康状况及具体保单要求来确定保费。建议对低收入人群参保商业健康险提供补贴，实现人群相对公平普遍覆盖。法国2000年通过的《全民医疗补充险（CMU-C）》法案为家庭年收入低于一定水平的人群免费提供附加型商业健康险保障，该项目于2020年成功覆盖大约6%的法国人口。澳大利亚对低收入及老年投保人给予税收补贴，收入越低、年龄越大，折扣补偿越大。从我国需求数据来看，低收入人群的未满足需求尤其巨大，政府可以给低收入人群提供补贴，鼓励这部分人群参保，帮助获得较为基本的保障，提升整个社会获得感、促进健康公平性提升，同时扩大保险池。

二是通过长期保险、保费优惠、税优和惩罚措施等政策工具倡导年轻人、高收入人群参保，以分担赔付风险。建议探索终身制长期保险结合以年龄分层的保费优惠政策，促进年轻群体投保。澳大利亚政府2000年实施《终身健康保

---

① PhIRDA、RDPAC：《构建中国医药创新生态系统系列报告第三篇：多层次医疗保障体系，助力人民健康和产业高质量发展》。

障方案》(*Lifetime Health Cover*，*LHC*)，鼓励个体在相对年轻的时候投保商业健康保险，若投保人在 31 岁后投保，每延迟一年需额外缴纳每年 2% 的费用；自 2019 年 4 月 1 日起，要求对 18 ~ 29 岁人群，以年龄分层给予不同的商保购买折扣，最高折扣可达 10%。建议加大税优力度与适度惩罚相结合，以促进高收入人群投保。例如对未投保的高收入人群征收额外税收，对其购买一定额度健康险的支出提升税优力度，促进获得稳定保费收入、降低整体赔付风险。

三是构建风险调节机制，保障产业可持续性。基本补充层商保定位于偏向基本的需求，承担较高的赔付风险。为了支持此类商保产品实现长期可持续发展，需要在国家或区域层面设计风险调整机制。参考国际实践，建议研究设立全国或区域性的风险调剂金，以平抑各商业保险公司因承保对象年龄、健康状况等个体差异而引起的风险差异及财务风险。荷兰基本健康保险计划设立了国家风险平准基金，按照各保险方的风险程度重新分配保费定额。澳大利亚建立再保险池为特定类型的高额赔付提供再保险，并在此基础上形成了风险均衡项目，包括以年龄为基础的风险池和以高额医疗索赔费用的风险池，以平抑社区统一费率给保险公司带来的风险不均衡。德国法律规定，投保人在年轻时需为将来缴纳老年疾病风险储备金(Ageing Reserve)，以避免实施“均衡保费计划”后年龄增长导致的医疗风险增大和保费提高，储备金可随同转保。

(三)建设多方共赢的跨行业合作环境

商业健康保险天然与“三医”紧密相关，它是医疗及医药的支付方和风险监督管理方，也是基本医保的协作者。为了更好发挥商业健康保险的功能和作用，尤其是为了促进商业健康险发挥基本补充性职责，应下大力气构建有利于协作的跨行业合作环境。我国在产业融合方面处于起步阶段，需要着眼长远、徐徐图之、久久为功，从数据共享、激励和约束机制，以及开拓第二市场等方面促进实践落地。

一是夯实数据共享的基础。继续深化对健康大数据共享的立法研究，明确对数据安全、数据归属权、使用权、责权利的划分，明确健康数据共享的界限，制定保护数据安全、数据隐私的健康数据共享、开放、开发的规则与标准，从根本上消除“三医”对数据共享的顾虑，促进健康大数据合法、合规使用。进一步明确政府部门在推进健康数据共享和激发数据价值方面的主体责任，搭建数据提供者、使用者、开发者等多方组成的全国分级的健康数据整合、开放、开发、运行体系，明确时间表。持续推动基本医保与商业保险的数据共享，以经办、承办及政企合作的产品为切入点，如城乡居民大病保险、职工大额医疗费用补助、惠民保，研究既有共享机制和途径、取得的效果和收益，解决现存问题、消弭隐患，尝试在区域和更广范围内推广。建立双向乃至多向的数据共享共赢机制，不仅仅是医保、医疗、医药单向为商业健康保险提供脱敏数据，也要将商保数据一并整合至综合性数据平台，挖掘数据联通带来的效益改善、质量提升，让多方共赢。

二是与医疗服务体系之间建立合理激励和约束机制。我国基本医保正在逐步发挥医保基金的战略购买作用，医药卫生体制改革持续深化，加快推进三医联动，协同建设优质高效的服务供给体系。此时，医疗服务体系的收入结构、补偿机制正在调整重构，应以此为契机，着力启动医疗健康服务与商保之间的激励和约束机制建设，进而深化合作，以发挥商保在医改中的更大作用。一方面，厘清医疗机构对于合规性的顾虑，以及对补偿结构调整的诉求，在政策层面明确医院可做什么或不可做什么，扫除医疗机构对合作的担忧、提供合作动力。另一方面，进一步发挥行业协会力量，建立对合作医院的资质审核制度，代表行业合理利益与医院、药企等相关主体谈判，通过商保目录、协议定价、支付方式改革等方式构建适宜的风险共担机制，增强对医疗行为和风险的管控能力，帮助提升医疗效率和质量，增进医疗机构补偿方式的多元化。

三是积极开拓健康服务第二市场。相比于医疗服务，预防性服务、健康管理服务是更加容易深化的合作领域。目前该领域的主要支付来源是基本公共卫生服务经费，但基层同时承担基本公共卫生服务和基本医疗服务职责，工作量、激励机制等多项因素导致未满足的需求还有很多。基础的健康体检虽然对老年人免费，但仍存在大部分人群的多层次需求仅依靠个人支付。建议以预防性服务为主体，开拓“第二健康市场”。通过与小型诊所、远程医疗、康复护理、慢性病管理等非传统医疗机构签约、与医院共同成立健康管理公司、开发预防性健康保险产品等方式，结合对机构和个体的激励，建立“风险共担、利益共享”的合作机制和多种有效的结算方式，实现保险与预防服务的融合，并以此延长产业链，形成服务闭环。德国健康保险股份公司（DKV）将发展战略确定为健康保障、健康服务和医疗护理相互促进的“三角战略”，积极开拓“第二健康市场”，以 miCura 品牌在全国范围内提供门诊服务，在柏林、不来梅等 9 个城市提供护理服务，打造了德国最大牙科网络，有 330 多家牙科诊所。又如德国 MedWell 公司专门致力于开发预防性健康保险产品，创立了病人与医生之间健康预防的新平台，对骨质疏松症、动脉粥样硬化、宫颈癌风险等方面提供检查，满足了客户对健康服务的需求。

（四）培养积极有为的健康险行业能力

虽然健康险的发展与宏观环境高度相关，但健康险行业始终是发展商业健康保险的主体方和落地方，应驱动行业发挥主观能动性，在政策支持下，通过调整成本结构、完善行业评级、应用数字技术等手段，积极主动培养行业能力，千方百计提升发展质量。

一是消减渠道费用，改革支付方式，提高保险效能。一方面，调整原有营销渠道的费用结构，提升代理人专业能力和代理人营销模式效率，以减少额外的不合理的费用支出，治理过高网络平台渠道费，结合与基本保障制度联动来消减中间渠道，提升获客便捷性，降低营销成本。另一方面，加强研究，提前布局，逐步探索由后付式支付方式向定额预付以及按疗效付费、基于价值的新型支付方式等转变，减少过度医疗，避免无谓浪费，提高保险产品的效能，促进消费者增加购买。

二是以用户为核心完善行业评级机制，激励保险公司提升能力。当前，已有机构对商保公司给出服务水平评价等评级结果，但对用户而言，评价结果的信息适配性和可及性不足，对帮助用户决策保险购买的价值不大。建议围绕用户最为关注的产品覆盖范围和报销比例，结合理赔服务水平等因素，以产品为维度，定期开展公司和产品评级。对于评级结果，一方面及时公开信息、加强宣传，给予投保人对商业保险公司的更多知情权和选择权，便利用户投票，激励保险公司提升产品设计能力和服务能力；另一方面，可以评级结果为依据，对评级较高的保险公司予以奖励，激励其进一步提升能力。

三是数字技术助力能力提升。打造创新型保险方式，将数据挖掘、可穿戴技术和移动技术整合到健康保险计划中。一方面，利用数据科技和网络化手段以优化、评估、迭代的方式获得具有针对性的健康干预手段，提高用户健康水平。如美国 Clover Health 为联邦医疗保险优势计划（Medicare Advantage Plan）覆盖的老年客户提供健康保险服务，为了消减老年人慢性病复发反复入院的次数，该公司对用户的健康数据（包括电子病历、药物处方、病理检验数据、影像数据等）进行收集、清洗、标准化、建模和机器学习，根据模型结果提供有效且及时的护理管理，结果证明这种护理模式有效地降低了老年人的住院率与返院率。另一方面，构建基于可穿戴设备的新型交互式保险，获取健康数据，增加用户与保险的互动赔率，增强体验感，并通过奖励政策激励用户养成良好的健康生活习惯。恒康人寿已与苹果公司和英国健康生活方式公司 Vitality 联手，通过苹果手表和 Fitbit 智能手环来提取健康数据。投保人购买保险后，将进行在线活力健康测试获取其活力年龄、健康状况和个性化的健康改善计划，并得到一个免费的 Fitbit 手环，用以追踪其活跃程度。客户只要按照在线健身专家或营养师的建议，根据自己设置的健康目标完成关键指标后，就可以获得高达 15% 的保费折扣、礼品卡、酒店折扣和健康装备等奖励。

专题一

商业健康保险与医药产业的融合发展*

过去5年间，在创新驱动战略的落实指引下，中国医药创新产业蓬勃发展。在政策引领、资本助力、产业主体创新能力大幅度提升的作用下，2015—2020年，国内共上市200多个创新药产品，聚焦在疾病负担最大和增速最高的疾病领域，以满足国内迫切的临床需求。面临健康产业快速发展，作为中国最大的健康产业支付方，基本医保基金对创新药的保障力度极其有限，商业健康险将成为推动"多层次医疗保障体系"的主要增长动力。商业健康保险作为我国医疗保障制度的重要内容，应与中国医药创新产业发展水平相适应，在提高人民用药支付保障水平、降低个人医疗负担方面发挥重要的积极作用。

为此，本专题研究将聚焦中国创新医药产业与商业医疗保险行业融合发展的必要性，从我国医药产业创新成果和未来趋势出发，在我国全民医疗保障制度的基础下，分析现阶段商业健康险存在的问题，同时借鉴国际案例和经验，对我国健康保险行业的发展提出建议，助力我国多层次医疗保障体系建设。

---

* 本专题作者为中国医药创新促进会宋瑞霖、冯岚、张志娟、刘子钰，中国药科大学药品监管科学研究院张帆参与部分资料收集整理和报告撰写。

一、我国医药产业发展回顾与趋势

医药产业的发展能够为人民群众的生命健康和社会经济持续发展保驾护航，在国民经济中占据着特殊的战略性地位。大力发展医药创新是创新驱动发展的国家战略；是从仿制药到创新药、从医药大国到医药强国转型的必要条件；是实现“健康中国 2030”宏伟目标、患者获益的保障手段。

2008 年国家启动了“重大新药创制”科技重大专项，投入数百亿元人民币支持新药创新；2012 年，生物医药被列为国家七大战略性新兴产业之一；2015 年，国家首次将生物医药产业提升至支柱性产业的高度。面向“十四五”时期的新形势、新任务，我国新药研究以创新驱动生物医药新跨越，向着研制“同类第一”或“同类最优”的创新药目标努力奋进。

（一）中国医药产业发展现状

1. 医药产业规模增速高于 GDP 增速，GDP 占比逐年提高

医药产业的发展事关人民健康，是实现全面小康的物质基础。作为国民经济的重要组成部分，在过去十几年我国医药产业规模占 GDP 比重逐年增长，一方面是源于国家引导和支持，市场主体加大投入促进医药产业创新发展；另一方面是随着社会经济迅猛发展、人民健康意识和消费水平提高，民众对医疗卫生的需求不断增长。

根据国家统计局数据显示，2000—2020 年我国医药工业总产值规模逐年提高，2020 年产值约 4.42 万亿元，占国内生产总值（GDP）的 4.35%。同时自 2011 年以来，中国医药产业年规模增速均高于 GDP 增长速度，尤其是在 2021 年第三季度增速达到 29.2%（图 1–1），高于其他产业对 GDP 的增长贡献，突出了医药产业在新冠肺炎疫情背景下对中国经济发展的重要支柱作用。

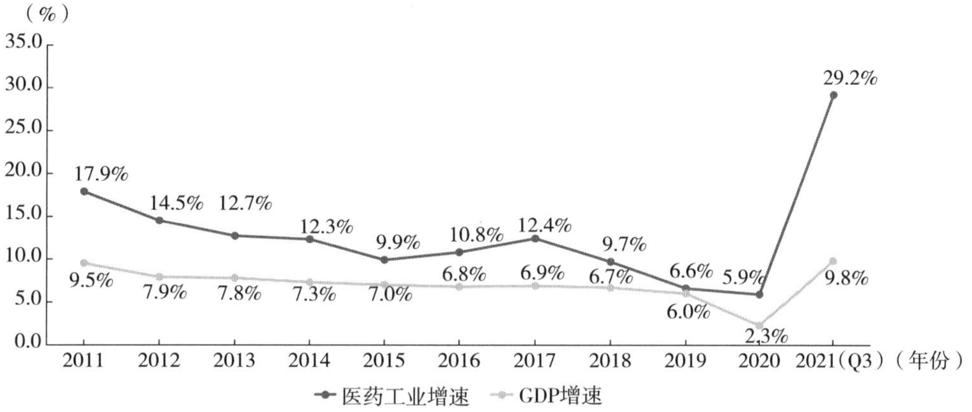

图 1-1 中国医药工业增速与 GDP 增速

资料来源：国家统计局、《中国医药工业经济运行报告》

2. 医疗卫生支出占 GDP 比例较低，医疗消费不足

国家、社会对卫生健康事业的持续投入，是实现更高水平的人民健康的重要支撑。过去 10 年，随着中国的经济增长，卫生支出占 GDP 比例也显著提升，从 2009 年的 5.0% 提升到 2019 年的 6.6%[①]。但与世界中等收入以上的主要国家以及部分金砖国家相比，如韩国、意大利、日本、巴西、南非等，我国卫生医疗支出占 GDP 比例仍然较低，还有很大的提升空间。

如图 1-2 所示，中等收入以上的主要国家和地区卫生支出与经济发展水平密切相关。因此，我们可以预见，未来我国卫生支出占 GDP 的比重将随着经济水平持续增长而不断提升，经济发展和医疗健康需求的增加将会被不断满足。

① PhIRDA、RDPAC：《构建中国医药创新生态系统系列报告第三篇：多层次医疗保障体系，助力人民健康和产业高质量发展》。

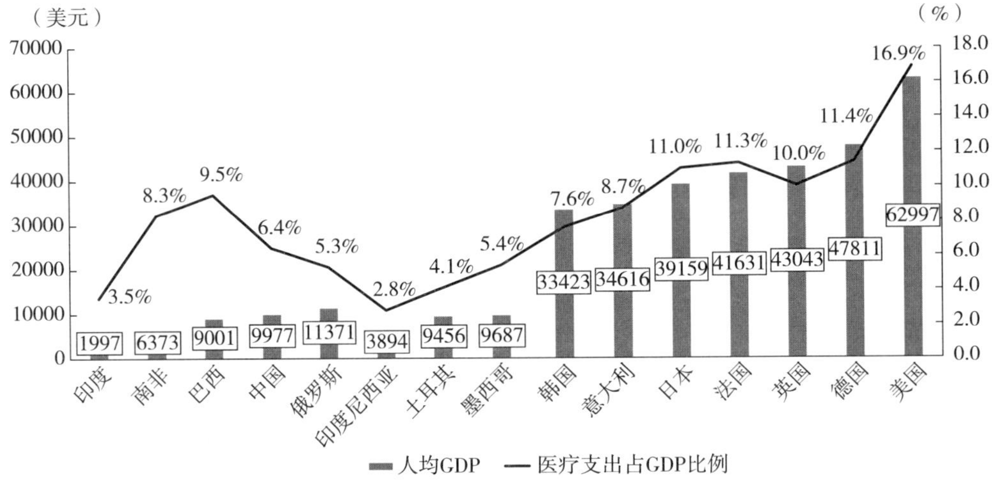

图 1-2　2018 年各个国家或地区人均 GDP（美元）与医疗支出占 GDP 比例（%）

资料来源：世界银行、《构建中国医药创新生态系统系列报告第三篇：多层次医疗保障体系，助力人民健康和产业高质量发展》

（二）中国医药创新能力显著提升

2015 年中国医药创新面临着历史性的机遇、升级的全球竞争和相对薄弱的基础。国家对促进医药产业创新发展的顶层设计到一系列具体政策出台与实施，包括药品审评审批制度的改革、临床试验机构管理、加大药品支付保障、鼓励基础研究、加强药品知识产权保护等，统筹考虑医药创新发展各要素。经过多部门协同联动和各项政策有序落实，中国医药创新的政策环境明显改善，激发了医药创新热情，在资本投入的助力下，我国医药创新成果显著。

1. 顶层设计明确，多部门联动，创新政策环境显著改善

2015 年《国务院关于改革药品医疗器械审评审批制度的意见》和 2017 年中共中央办公厅和国务院办公厅《关于深化审评审批制度改革鼓励药品医疗器械创新的意见》（以下简称《两办文件》）对医药产业创新发展具有里程碑意义。文

件明确了顶层战略，统筹考虑医药创新各环节所需要的支持，确保跨部委协作和法律法规的系统性和一致性，为一系列的理念转变和机制创新指明了方向。

药品审评端，着力推进药监体制改革，完善审评审批机制与能力建设，提质增效，引导创新。（1）加快药品审评审批制度改革，新药审批时间大大缩短。依据2016—2017年出台的优先审评审批政策得以加快批准上市的品种由2016年的7个增加到2019年的82个[①]。（2）监管制度逐步与国际接轨。国家食品药品监督管理局[②]加入国际人用药品注册技术协调会（ICH）将近4年时间，推动中国药品注册技术要求与国际要求的协调和统一。（3）加强审评能力，推进监管科学发展。

药品支付端，优化医保目录调整机制，改善创新药支付报销机制。2017年纳入医保目录的31个西药药品，从上市到纳入医保平均时间为7.8年[③]；而2021年谈判纳入医保目录的64个西药药品，从上市到纳入医保平均时间降为一年零两个月，其中27个药品是2021年当年在中国获批上市。经过这几年的实践，医保目录调整机制的优化使得创新药得到更广覆盖和更快纳入，患者可及性得以提升。

2. 得益于国家重大新药专项的支持，创新产出持续升温

随着创新发展驱动战略的深入实施，“重大新药创制”科技重大专项对于推动中国研发跨越式发展，实现由医药大国向医药强国转变起到了重要的引领和促进作用。2008年国家启动了“重大新药创制”科技重大专项，从开始实施到2020年收官，中央财政共投入233亿元，对3000多个课题提供了支持，针对

①③ PhIRDA、RDPAC：《构建中国医药创新生态系统系列报告第一篇：2015—2020年发展回顾及未来展望》。

② 2018年机构调整，该部门不再保留。

10 类重大疾病的自主创新品种成果斐然[①]。

过去 5 年，针对中国患者未满足的临床需求，主要是中国负担最大和增速最高的疾病领域，中国共上市 200 个创新药产品，包括肿瘤、消化道及代谢、呼吸、心脑血管等慢性病领域创新药物（图 1–3）。我国医药产业创新能力快速提升，自主创新进程显著加快，一批批创新成果竞相涌现，以患者为中心，满足未满足的临床需求已成为医药产业创新发展的核心动力。

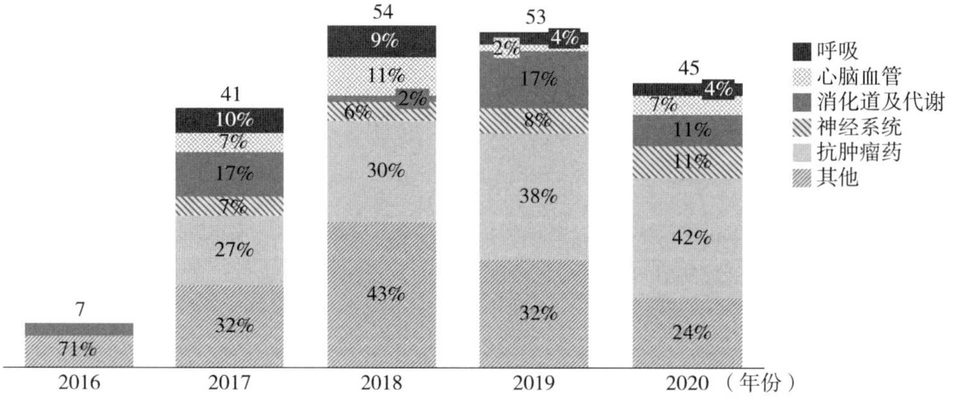

图 1–3　2016—2020 年中国上市的创新药[②]

资料来源：GBI、《构建中国医药创新生态系统系列报告第一篇：2015—2020 年发展回顾及未来展望》

根据药渡数据库整理，2021 年已有 63 个 1 类和 5.1 类新药获得批准上市，新药数量再创新高。

3. 中国医药创新能力显著提升

在多方利好因素的促进下，中国医药创新能力显著提升，"量"上获得显著

① PhIRDA、RDPAC：《构建中国医药创新生态系统系列报告第一篇：2015—2020 年发展回顾及未来展望》。

② 包括境内外均未上市的创新药和生物制品，和境外已上市、境内未上市的原研药品和生物制品。

突破，体现在对医药创新数量及对全球的贡献衡量包括研发管线产品数量和全球首发上市新药数量两个指标上。以研发管线产品数量衡量（根据 2020 年 2 月研发状态处于临床前、临床Ⅰ至Ⅲ期及上市注册前的分子数，按研发公司总部所在国分类），中国对全球贡献占比已达到 13.9%，而这一贡献比例在 2015 年只有 4.1%，2018 年为 7.8%①。2020 年中国已经稳居第二梯队之首，而且与第一梯队美国的差距有所缩小（美国 2020 年占比 49.3%）（图 1–4）。

再以全球首发上市新药数量（2015—2019 年，只计入新分子实体）衡量，中国在 12 个主要对标国家中位列全球前三，占比 6.0%，而这一贡献比例和历史水平比也有所提高（2007—2015 年只有 2.5%）②，在创新药数量贡献上中国发展势头良好。

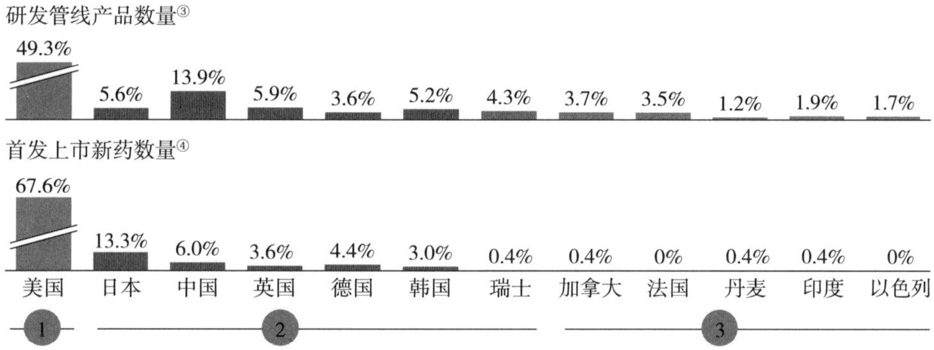

图 1–4　中国医药创新在研发管线和上市新药的数量指标上位居全球"第二梯队"前列

资料来源：Pharmaprojects、麦肯锡分析、《构建中国医药创新生态系统系列报告第一篇：2015—2020 年发展回顾及未来展望》

①② PhIRDA、RDPAC：《构建中国医药创新生态系统系列报告第一篇：2015—2020 年发展回顾及未来展望》。

③ 2020 年 2 月处于临床前、临床Ⅰ期至Ⅲ期，及注册前的管线数量，以公司总部所处国家分类：贡献比例仅考虑所列国家，总和为 100%。

④ 2015—2019 年全球首发市场占比，仅包括新分子实体：贡献比例仅考虑所列国家，总和为 100%。

（三）中国医药创新产业与商业健康保险协同发展的核心问题

在国家推动创新驱动发展战略和“十四五”规划确立建立战略性科技创新能力目标后，各个相关部门所担负的职责尚需与国家战略目标进一步匹配以形成良性闭环。《“十四五”规划和2035年远景目标纲要》中明确提出“坚持创新驱动发展”以及“健全全民医保制度”“积极发展商业医疗保险”。这就要求在我国全民医保制度不断完善的进程中，促进商业健康险的发展以助力“多层次医疗保障体系”的建设，同时提高以“患者获益”为核心的创新药物可及性，确保以“创新回报”为核心的产业可持续性发展。国家亟待建立多元化的医疗保障体系，引导建立商业保险和慈善赠药机制，实现以临床价值为基础确定创新药价格，以支付能力为依据制定医保支付比例。

在中国全民医保制度下，随着医疗技术的不断进步、创新产品临床使用按需增加，发挥商业健康保险对于满足群众多样化健康需求的作用，探索医药创新产业与商业健康保险的融合发展机制，是以合理回报促进医药创新持续投入的新思路、新方向。

中国医药创新产业与商业健康保险行业的共同诉求是什么？创新药临床使用按需增加，如何形成以临床价值为导向的创新药价格确定机制？急需的多层次医疗保障体系如何进一步落实？商业健康保险应该为人民群众带来哪些价值？

中国的商业健康保险应该如何助力多层次医疗保障体系？商业健康险（包括补充医疗保险）应该如何参与，是否从顶层架构留足了发展空间？对于人民高层次生活品质的需求，是否需要覆盖一些人民广泛迫切的，影响生命健康和生活质量、生产力的需求？

商业健康保险发展需要整合哪些资源？政府是否应参与商业健康险市场，应在哪些领域参与，如何参与？

二、我国商业健康保险发展现状和机遇

商业健康险作为多层次医疗保障体系的重要组成部分，在整个医疗保障体系中发挥着重要的补充作用。经过三十多年的探索与实践，商业健康险进入了快速发展时期，其背后是国民经济水平的不断提高、居民对健康需求与保险意识的提升以及医疗保障制度的持续完善。然而，商业健康保险仍受自身行业重销售轻理赔的经营模式的影响，导致行业存在保险收入与理赔支出不匹配、对高风险人群的保障有限制、产品多但同质化严重等问题，对人民健康的保障力度和水平有限。与此同时，国家政策的支持和鼓励、健康产业的蓬勃发展、新技术在保险行业的创新与应用，使商业健康险行业迎来良好的发展机遇。

（一）商业健康险发展概况

过去 10 年我国商业健康保险行业迎来高速发展时期，2020 年实现保费收入 8173 亿元，2015—2020 年复合年增长率达到 28%，整体赔付率 33%[①]（图 1-5）。不同于早期经营寿险和财险的粗放经营理念，商业保险机构对健康险的经营管理也开始跳出传统经营思维，开始出现专业健康险公司，如平安健康等；第三方保险平台，如镁信健康等。同时，商保产品也日益丰富，近年来积极探索百万医疗险、城市惠民保、长期医疗险等险种，提高了商业保险的可选择性和保障力度。

---

① PhIRDA、RDPAC：《构建中国医药创新生态系统系列报告第三篇：多层次医疗保障体系，助力人民健康和产业高质量发展》。

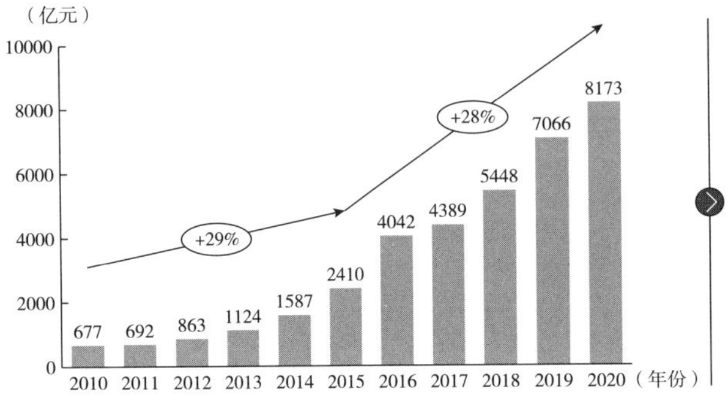

健康险组成	保费收入	赔付率	参保人数
疾病险	约4600亿元（64%）	约11%	约1.2亿人
大病保险	约800亿元（12%）	NA	>10亿人
医疗险	约1600亿元（23%）	约58%	约2亿人
护理险和失能险	约66亿元（1%）	NA	约4500万人
整体	7066亿元	33%	约3亿人

图 1-5　我国商业健康险保费收入和 2019 年商业健康险基本情况

资料来源：银保监会、公开信息整理、《构建中国医药创新生态系统系列报告第三篇：多层次医疗保障体系，助力人民健康和产业高质量发展》

（二）商业健康险面临的问题与挑战

1. 产品数量多，但同质化严重，对补充医疗层的保障不足

目前，商业健康险产品数量众多，以定额赔付为特征的疾病险和以医疗费用报销为特征的医疗险是商业健康险的主力产品。从产品设计上看，针对个人自付部分大部分医疗保险都高度重叠，如城市普惠险、百万医疗险，均主要针对一定免赔额以上的个人自付部分。企业团险在门诊、急诊的报销上与城镇职工医保个人账户支付部分重叠，产生了因个人账户套现导致医疗服务滥用的“道德风险”。以百万医疗产品为例，大多价格在 300 ~ 700 元，免赔额 1 万 ~ 2 万元，而且产品间保障限额、范围类似，因此造成了产品无差异化，保险公司营销费用高，客户难以理性选择保险产品等问题①。

由于产品同质化问题严重，导致无法提供多样化产品来满足多层次保障需求。大多数商业健康险仅保障医保内的药品，不保障医保外药品。目前部分个

① 李煜：《商业健康险发展的国际经验及启示》，《改革与战略》2018 年第 5 期。

人健康险（如百万医疗）、高端企业团险、城市普惠险可保障部分医保外的药品，但这部分产品加在一起也仅占总健康险赔付额的5%左右[①]，赔付水平低，对补充医疗层的保障不足。

2. 保期短，缺乏长期保障

从目前市场上商业健康险的保期方面看，无论是疾病险还是医疗险，都存在缺乏长期保障的问题。重疾险为疾病险的主要险种，投保人一旦确诊保险合约中保障范围内的疾病，通常就会获得一次性定额赔付并同时终止合约。对于身患重疾的患者来说，需要接受长期的治疗。如果无法续约，患者就得不到长期的健康保障。

医疗险保费比疾病险低得多，广受大众青睐，近几年也实现了快速发展。以百万医疗险为代表的医疗险，保障期以一年为主，缺乏能够保长期甚至保终身的医疗险。但对于大部分投保人，普遍担心的是“大病负担”发生在远期，这使得投保人更倾向购买有储蓄属性的一次性给付疾病险产品。

3. 缺乏对高风险人群与带病体的保障

市场机制失灵问题初显，最需要得到保障的高风险人群如老年人、带病体以及亚健康人群（如肥胖、体检检出无症状结节等）很难参保商业健康险，得到理赔。绝大多数个人购买的商业健康险广泛使用“风险选择”措施对高风险人群拒保，降低未来的赔付负担，或者收取高额的保费降低这部分人群的购买率。最终，个人参保人群主体为健康人及年轻人，赔付率较低，仅为约33%[②]，对整个医疗保障体系的贡献有限。

---

① PhIRDA、RDPAC：《构建中国医药创新生态系统系列报告第三篇：多层次医疗保障体系，助力人民健康和产业高质量发展》。

② PhIRDA、RDPAC：《构建中国医药创新生态系统系列报告第三篇：多层次医疗保障体系，助力人民健康和产业高质量发展》。

4. 对高端服务的保障不足

根据中国发展研究基金会于2021年进行的商业健康险需求侧的问卷调查：（1）2021年认为未来一年会购买商业健康保险居民的整体比重相较2016年提高了5%，特别是在年收入10万元以上的中高收入群体中，这一比重提高了约10%；（2）相较于2016年，居民在未来一年预计投入于商业健康保险的花费稳中有升。其中愿意投入1000~5000元的样本占比有所降低，但预计投入5001~10000元和投入10000元以上的样本占比分别提高了1.4%和1.1%。

调查从一定程度上表明，随着经济的不断发展和中高产阶级人群的壮大，对于高质量、高层次的商业健康险的需求也将提升，需要进一步丰富产品结构，以满足多层次的保障需求。但是，目前我国医疗资源仍集中在公立系统，大部分商业医疗险对私立医院、特需服务等高端服务仍存在保障不足的问题。

5. 以销售驱动为主的营销模式亟须改变

我国商业健康险在2020年实现了保费收入8173亿元，但多数商业健康险公司并没有实现盈利，归根到底还是受保险行业传统的经营模式影响。

我国商业健康保险营销主要依靠4种渠道，包括保险代理人渠道、银邮保险渠道、网络营销渠道以及中介平台，其中保险代理人渠道是主要的营销渠道，以不断发展新代理人的方式实现保费收入的增长。但是这种经营模式下，保险公司承担较高的管理成本，需要支付较高的佣金，而代理人受业绩考核压力、服务专业性欠缺等因素影响，流动性较大，对保险公司成本控制和后期服务形成极大的考验。以销售驱动为主的健康险运营模式依然显著，这与商业健康险的产品设计合理性、获客成本、核保理赔风险、与相关产业的联动等因素有关，从而导致了商业健康险行业整体陷入低价竞争、理赔率低但成本高，进而盈利困难。

根据对26家产险公司2020年健康险综合成本率的统计发现，综合费用率高达61.58%，综合赔付率只有42.31%，综合成本率接近104%。而美国健康险在过去10年里，费用率维持在11%～14%之间，赔付率在84%～86%之间，综合成本率大概在96%～99%之间（图1-6），存在着几个点的盈利空间[①]。从中美健康险的财务情况可以看出，我国的保险收入用来支付成本和相关费用占比过高，在产品同质化竞争的影响下，若要追求利润只能压缩理赔空间，这就是长期以来被我国民众诟病的保险理赔难的重要原因。

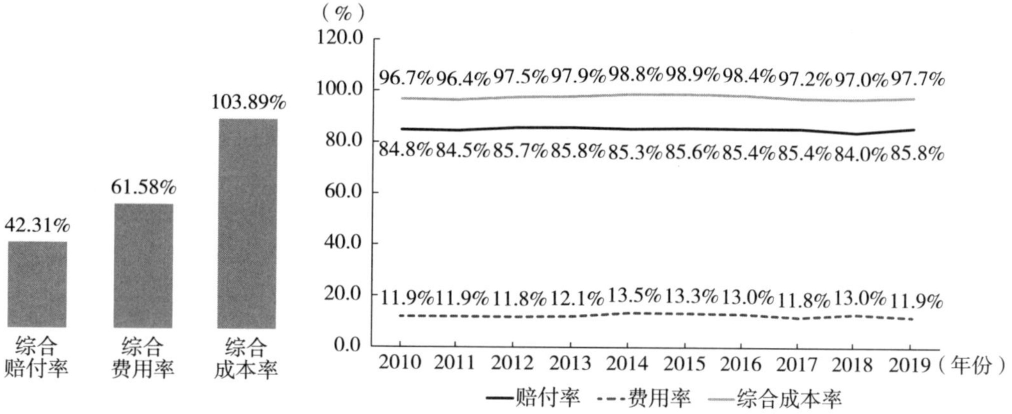

图1-6 2020年26家产险公司健康险综合成本率&美国健康保险经营绩效

资料来源：朱俊生，清华大学五道口金融学院

（三）商业健康保险行业发展迎来机遇

1. 健康产业供需增长，支付保障亟待完善

目前我国健康产业供给端、需求端与支付端不平衡，商业健康保险行业面

① 朱俊生在“2021中国健康产业和健康保险高端研讨会”上的发言《以有效供给挖掘健康险潜在需求》。

临重大发展机遇和空间。

供给端——中国医药产业取得长足进步，创新药陆续上市，给重大疾病和临床需求带来了创新解决方案。自2015年药品监管制度与药品审评审批机制改革以来，中国创新药品上市明显提速，中国批准上市的200多个创新药产品聚焦于中国患者急需的临床需求，显著提高了患者生存期和生存质量，使得中国患者在面临重大疾病时“有药可用”。

需求端——在人口老龄化加剧和国民经济水平提高的双重作用下，人民对健康产业尤为关注。人口患病率与人口年龄呈正相关，寿命越长，患重疾概率越高。根据相关研究，男性在60岁前累计罹患至少一种重大疾病的概率约为16%，至80岁时该概率将达到58%；同样，女性在60岁前该概率约为14%，至80岁将达到45%。此外，随着经济水平的提高，人们对健康需求的层次和保险意识也不断提高。

支付端——国家医保基金承压，对创新药、创新疗法的支付能力不足，与医药创新产业的快速发展矛盾突出。自2018年国家医疗保障局成立以来，坚持“三医”联动改革，通过药品招采机制以及改革医保支付制度，充分发挥了医保基金“战略购买者”作用。虽然我国基本医保的保障力度逐年提升，近两年国家基本医保基金的筹资水平与医保支出都在提高，但收入增长仍连续低于支出增长，基金结余率呈下降趋势，医保收支面临较大压力。由于国家医保的功能定位是“广覆盖、保基本”，医保基金对于临床价值较高的创新药支付力度有限。

2. 科技赋能，保险产业链创新协作

随着时代的进步，全域数字积累与应用促进了“互联网+”新技术与保险行业紧密结合。商业健康险从2018年开始进入数字化和智能化的发展阶段，以大数据、云计算、人工智能、区块链、物联网为代表的新技术逐渐应用于健康险行业的各个环节，优化流程，降本提效，也促进了健康险行业主体能力水平提升（图 1–7）。

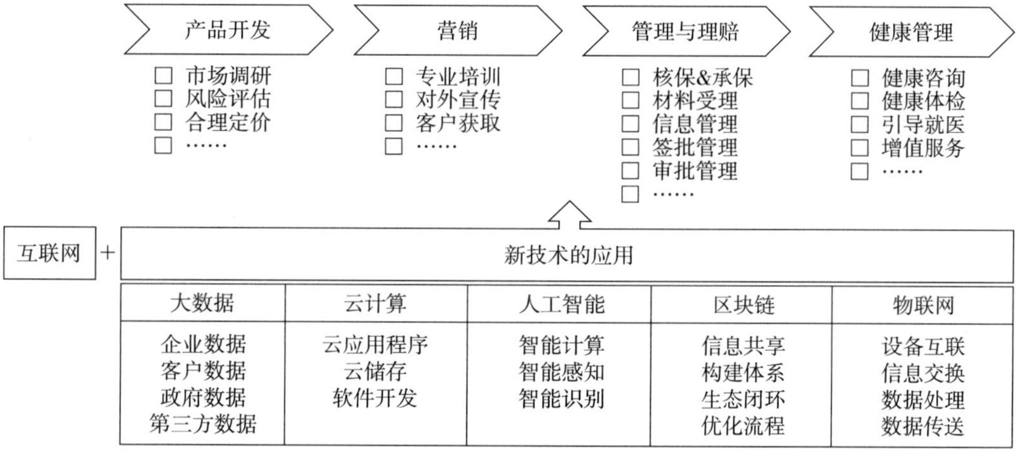

图 1–7　新技术应用于商业健康险的各环节

资料来源：课题组根据公开资料绘制

为推动渠道变革及行业专业化发展，中国银保监会大力推动探索“产销分离”改革。商业健康险三大主体——保险公司、保险中介和第三方机构各司其职，新技术的应用促进专业化发展，在各个环节中实现紧密配合协作，不断拓展新业务渠道和产品创新，提升自我能力。

在保险行业中，新技术的应用进一步赋能保险中介的销售职能和服务水平。互联网公司和创新技术公司的加入，使得保险公司可以通过线上流量渠道、大客户基础和技术服务，洞察潜在的市场需求，协助公司进行前期调研辅助产品设计，为客户提供便捷化、专业化、标准化服务，融合线上线下多渠道以降低成本。

第三方机构凭借自身技术、资源融入健康险行业，不断将新技术服务于产品业务。第三方委托管理机构（Third Party Administration，TPA）也不再是传统的单一审核赔付报销模式，除了优化赔付流程，还不断与外界合作实现价值增值。随着市场需求变化，越来越多的科技创新型公司、专业的健康服务型企业进入 TPA 领域，一些公司承担了药品福利管理（PBM）的职责，与医药企业合作，获取药品折扣为患者提供用药服务，也进一步加深了保险与医药行业的融合（图 1-8）。

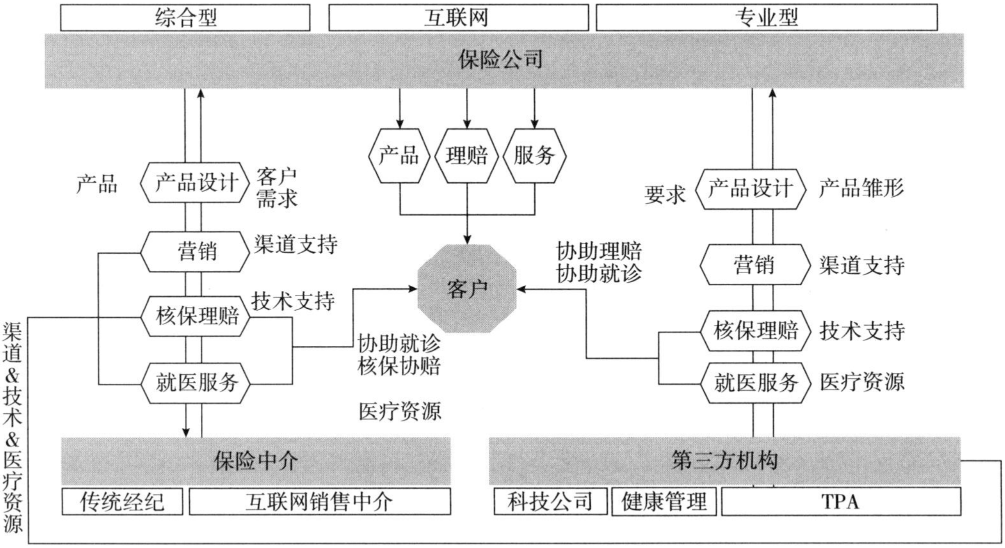

图 1-8　健康险产业链三大主体

资料来源：中国药促会根据公开资料绘制

商业健康险在我国尚未成为医疗保障体系的有力补充，这与我国社会经济发展形态和保险行业传统经营模式有关。商业健康险的发展对于中国医药产业创新发展来说相对滞后，商业健康险亟须改变传统的营销模式，由销售驱动走向产品驱动、需求驱动，去满足民众日益增长的健康保障多样性需求。现阶段，在政策、经济、技术的共同作用下，商业健康险的服务和产品创新能力得到了提升，但是未来商业健康险如何更好地发展，还需要借鉴其他国家的发展经验。

三、我国商业健康保险与医药产业融合发展现状

医药产业健康可持续发展是健康服务业高质量发展的基础和前提，人民群众健康水平的提高离不开医药产业的持续供给，若商业健康险能够与医药产业充分融合、协同发展，就能够在提升我国人民健康保障水平方面，特别是满足补充医疗层中最为迫切的需要方面发挥重要作用。为促进商业健康险的长期持续发展，首先，要认识到商业健康险与医药融合发展的必要性，进而明确人民群众对商业健康险的具体需求，准确定位商业健康险的功能价值，找到我国商业健康险与医药产业融合的方向。其次，积极推动商业健康险与医药产业融合发展实践，使得商业健康险与医药产业融合的创新符合当前人民群众最急迫的健康保障需求。

（一）商业健康险与医药产业融合发展的重要性和必要性

1. 创新药价值巨大，药品支出费用将急剧上升

追求健康长寿是生命的本能，且在经济不断发展的同时，这种追求达到了更高层次。近几年随着生命科学领域的发展进步，创新疗法、创新药物不断涌现，比如靶向治疗药物、活细胞提取药物、免疫疗法、CAR-T 细胞治疗以及基因编辑技术等为新药研发带来了新的机遇和挑战。先进的创新疗法和治疗药物对患者、卫生系统及社会的价值是多重的。对患者来说，能够显著改善生活质量，延长寿命；对于卫生系统来说，创新疗法和创新药的使用相比传统疗法或用药具有更好的经济性，如缩短患者的住院时间和原用药期限，从而降低医疗费用；对社会来说，创新药的普及降低了国民疾病成本，提高了社会生产力，

对社会经济具有重要的保障意义。

创新药价格高昂，其数量和使用量的增加将加速我国药品支出增长。但在整体产业持续创新、政策持续鼓励以及人们不断追求更高水平健康的背景下，创新药使用数量的增加是必然趋势（图 1–9）。根据药品支出统计来看，我国过去 10 年药品支出总体呈上升趋势，2015 年之前仿制药和 OCT 药品支出增长较快；从 2015 年开始，仿制药和 OTC 药品支出稳定在一定水平，非原研 / 原研品牌药品支出显著增长，这与我国药品监管改革鼓励创新相契合。艾昆纬（IQVIA）市场预测，随着本土企业和外资企业原研药的获批和上市，未来 5 年我国药品支出复合增长率将提升至 6.2%，原研药的使用仍然是提高我国药品支出的重要原因。

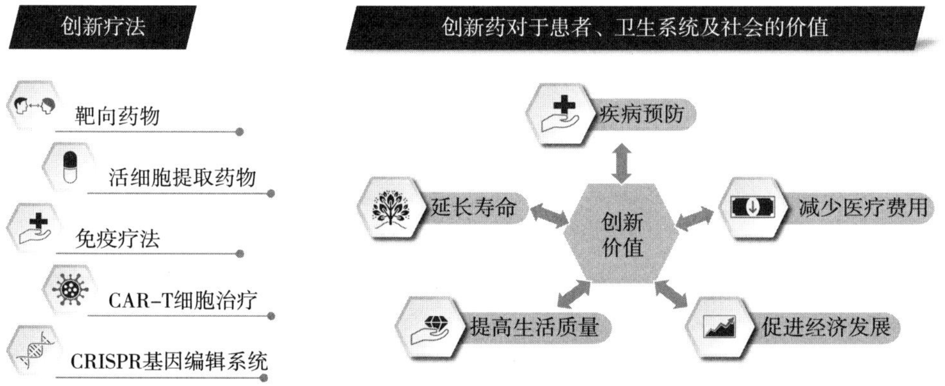

图 1–9　创新药对患者、卫生系统及社会具有多重价值

资料来源：案头研究、BCG 分析

2. 基本医保持续承压，对创新药保障空间有限

基本医疗保障制度经过不断的发展和改革，覆盖人口数量和保障水平不断提升，为国民健康作出卓越贡献。根据《2020 年全国医疗保障事业发展统计公

报》，至 2020 年基本医疗保险基本实现全覆盖，参保人数 13.61 亿人，参保率稳定在 95% 以上；筹资水平大幅提高并趋于稳定，例如 2020 年，职工医疗保险（含生育基金）收入达到了 15732 亿元，远高于 2001 年的 354 亿元。

医保基金筹资水平的提升为创新药纳入创造了良好条件。自 2015 年起国家开始组织医保谈判纳入创新药，尤其是 2018 年国家医保局的成立，对基本医保目录实施动态调整机制，实现每年一调整，越来越多的创新药通过国家谈判进入医保目录。2021 年 12 月 3 日，国家医保局公布了医保谈判结果，67 个新增药品通过国家谈判纳入，尽管创新药从获批上市到纳入目录平均周期已缩短至 1.17 年，但平均降价 61.71%，是历年降幅之最。2021 年国家医保药品目录内药品总数达到 2860 种，保障药品数量再创新高。但根据波士顿咨询公司（BCG）对基本医保中专利西药的支出情况进行测算，2020 年专利西药支出占国家医保药品总支出的比例有所提高，但也仅占 5%（图 1–10）。

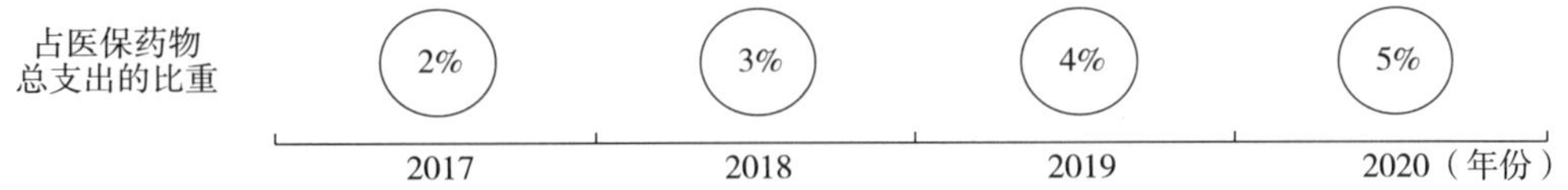

图 1–10 医保专利药支出

注：所统计药品为当年仍在专利期的医保专利药品，以年初数量计。

资料来源：米内网、医保药品目录、案头研究、BCG 分析、《构建中国医药创新生态系统系列报告第三篇：多层次医疗保障体系，助力人民健康和产业高质量发展》

然而基本医保体系面临着巨大压力和挑战，对创新药的持续保障能力有限。受新冠肺炎疫情影响，2020 年全国实施阶段性减半缓征，收入水平略有下降，防疫支出增加，在已实现广覆盖的情况下未来的筹资水平有限。关于高价值创新药如何保障，今年已有两款 CAR–T 治疗药物获批上市，该类药物研发成本极高，个性化定制需要复杂的工艺，生产投入也不少。参考国外 CAR-T 药物 40 万美元左右的定价，国内一针 120 万元人民币已是大幅降低，但在医保尽力却无力承担的情况下，还有什么方式来保障该类创新药的使用？一个稳定的、可持续的支付保障对于创新药的发展至关重要。高价值创新药如果没有相应的支付保障机制，就无法应用于临床体现价值，对患者来说无疑是重大损失，对企业和投资者来说，收不回成本也得不到相应的投资回报。

同时，老龄化程度加重将产生更加显著的影响，参保人数将呈现下降趋势，并且伴随全球经济放缓，职工工资水平增长乏力，国民“未富先老”，医疗费用支出将显著提高。在现行医保制度下考虑各影响因素，对基本收支平衡预测[①]显示，居民医保基金在 2023 年左右累计结存将首次出现缺口，职工医保基金累计结存将在 2039 年出现缺口。

3. 医药产业可持续发展需要与其匹配的支付水平

一般成熟药品的生命周期可分为开发期、导入期、成长期和衰退期 4 个阶段。由于创新药研发投入高，在开发期会投入大量成本，利润为负，只有当研发成功上市后，随着销售量的增加获取相应的利润，直至成长期中段基本上能够达到盈亏平衡，而后随着药品专利过期及仿制药的出现，创新药利润开始下降。因此，创新药上市后，在衰退期前需要维持较为合理的价格水平才能收回研发成本（图 1-11）。

---

① 戈艳霞、王添翼：《人口老龄化背景下医保基金可持续发展的风险分析》，《中国医疗保险》2021 年第 2 期。

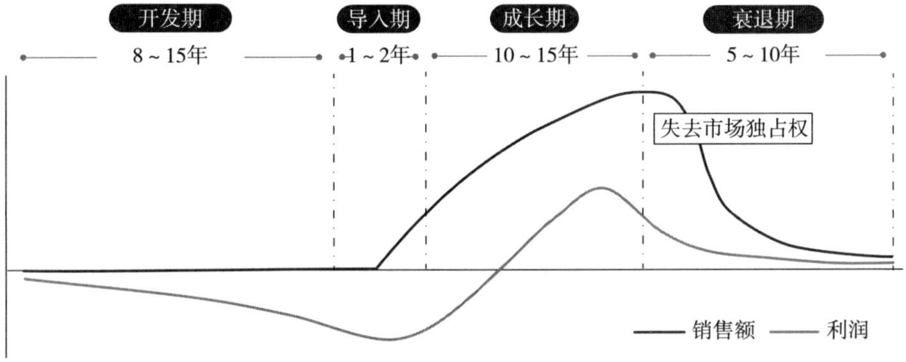

图 1-11　成熟市场药品各生命周期的销售额和利润水平

资料来源：《药品生命周期管理：品牌价值的最大化利用》《构建中国医药创新生态系统系列报告第三篇：多层次医疗保障体系，助力人民健康和产业高质量发展》

为保障创新药产业的良好发展，大多数的发达国家的支付体系逐渐转变为以药品价值为导向进行支付定价，对于创新药或创新疗法采用多维度的综合价值评估体系，同时商业保险医疗与社会保险医疗能够对创新药的支付无缝覆盖，这也使得国外的创新药能够在专利期内维持较高的价格水平，以此形成良好的持续创新循环。

但是我国目前医疗保障水平不充分，创新药的支付保障基本上只能通过社会基本医疗保障实现。由于创新药主要是通过价格谈判进行医保目录准入，我国创新药价格平均降幅均在 50% ~ 60% 以上，再加上专利期较短，往往出现微利甚至亏损现象，企业的投资回报不及预期，影响其持续创新的动力。

形成可持续的创新药研发、生产良好闭环，对医药创新可持续发展十分关键。目前我国创新药的支付主要依赖基本医保基金，而 BCG 根据目前药物临床试验的数量和阶段预测，未来 5 年内会有接近 400 款创新药上市，受制于基本医保筹资和保障水平，其中有一半的产品无法纳入基本医保的支付体系。为此，加速发展基本医保基金以外的支付渠道，对创新药的持续健康发展至关重要。

4. 人口老龄化加重卫生支出负担，建立多层次医疗保障体系至关重要

卫生支出也与人口老龄化程度密切相关。老龄化的增长带来人民对医疗健康需求的增加，医疗费用支出占比也将随着老龄人口占比增加而进一步提升。中国老龄化也在加速。2021 年第七次人口普查数据显示，我国 60 岁以上人口占比从 2010 年的 13.3% 提高到了 2020 年的 18.7%，65 岁及以上人口占比从 8.9% 提高到了 13.5%。以中国养老精算报告 2019 年的数据为基础，预测到 2025 年劳动人口总量（和占比）将进一步下降，而 65 岁及以上人口比例将进一步上升到 15.6%，人口老龄化形势严峻。

本专题综合考虑经济增长趋势与老龄化因素，对中国未来的医疗卫生费用需求进行预测。《中华人民共和国国民经济和社会发展第十四个五年规划和 2035 年远景目标纲要》中对 GDP 的目标为“在质量效益明显提升的基础上实现经济持续健康发展，增长潜力充分发挥，国内生产总值年均增长保持在合理区间、各年度视情提出”。综合国际货币基金组织等机构对中国 GDP 的预测，本专题预计中国人均 GDP 的年均增长率将保持在 6.2%。

参考其他国家经济发展水平和老龄化与医疗卫生支出的线性关系，预计中国医疗卫生总费用可能从 2020 年的 7.2 万亿元增长到 2025 年的 10.9 万亿元，占 GDP 比例从 6.8% 增长到 7.6%。人均医疗卫生支出从 2020 年的大约 5105 元，增长到 2025 年约 7706 元（表 1–1）。

表 1-1 中国老龄人口比例和医疗卫生支出预测

	GDP（万亿元）	人口（亿人）	65 岁及以上人口占比	人均 GDP（元）	卫生支出占 GDP 比例	卫生总支出（万亿元）	人均卫生支出（元）
2020 年	105.4	14.0	13.5%	75074	6.8%	7.2	5105
2021 年	112.2	14.1	13.9%	79664	7.0%	7.8	5545
2022 年	119.4	14.1	14.3%	84568	7.1%	8.5	6021
2023 年	127.0	14.1	14.7%	89808	7.3%	9.2	6538
2024 年	135.1	14.2	15.2%	95408	7.4%	10.1	7098
2025 年	143.8	14.2	15.6%	101395	7.6%	10.9	7706
复合年均增长率	6.4%	0.2%	—	6.2%	—	8.8%	8.6%

资料来源：中国统计年鉴、国际货币基金组织、中国社科院世界社保研究中心数据库、BCG 分析、《构建中国医药创新生态系统系列报告第三篇：多层次医疗保障体系，助力人民健康和产业高质量发展》

医疗保障作为深化医药卫生体制改革的主要任务之一，不仅在保障人民群众健康方面发挥着重要的基础性作用，在促进医药创新性发展方面也发挥着重要作用。《“健康中国 2030”规划纲要》明确提出，要健全以基本医保为主体、其他多种形式补充保险和商业健康保险为补充的多层次医疗保障体系。2021 年 6 月，医疗保障局公布《医疗保障法（征求意见稿）》，进一步从立法上明确“国家建立以基本医疗保险为主体，医疗救助为托底，补充医疗保险、商业健康保险、慈善医疗救助等相互衔接、共同发展的医疗保障制度体系”。从法律角度形成了构建多层次医疗保障体系的稳定基石。多层次医疗保障体系的构建是保障持续卫生投入、提升我国人民健康水平的关键，是促进创新药产业持续健康发展的重要支撑，对患者、医疗卫生系统及社会的价值巨大。因此，通过多层次保障解决创新药支付问题以促进临床使用、鼓励企业创新刻不容缓。

（二）商业健康险对创新药可及具有较大的改善空间

1. 商业健康险占卫生总费用比重小，未来提升空间大

良好的医疗保障筹资结构能够显著降低个人的支付负担。从我国卫生总费用占比来看，2020 年全国卫生总费用 7.23 万亿元，其中个人卫生支出 2 万亿元，占卫生总费用约 28%，相比 OECD 国家（14%）和欧盟（16%）较高[①]。虽然近 10 年商业健康险发展较快，但其支付占个人卫生支出和全国卫生总费用的比重分别为 14.6% 和 4%，筹资结构还有很大的调整空间。未来商业健康险对保障社会医保基金安全运行、降低个人医疗负担可发挥重大作用（图 1–12）。

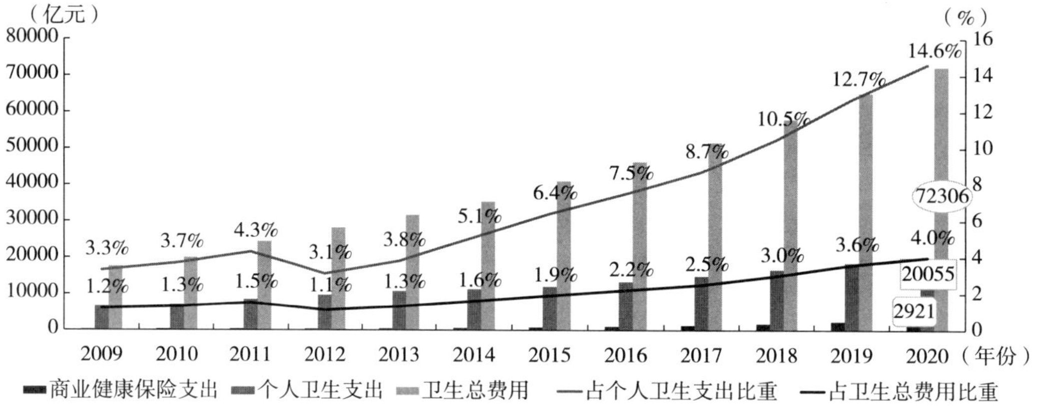

图 1–12　商业保险占个人卫生支出及卫生总费用比重

资料来源：历年《我国卫生健康事业发展统计公报》

在我国多层次医疗保障体系建设的大背景下，商业健康险有望成为主要增长点。2020 年初，中国银保监会等 13 个部门联合发布的《关于促进社会服务领域商业保险发展的意见》中，提出力争到 2025 年商业健康险市场规模超过 2

① 数据来自郑秉文在“2021 慧保天下保险大会暨第四届新浪金麒麟保险高峰论坛”上的发言。

万亿元的目标。如果可以实现这一目标，则可支撑卫生总费用中 18% 的来源，成为医疗保障中的主要贡献者。

2. 商业健康险对创新药可及的保障空间大

并非每个创新药都能够成功谈判，2016—2021 年药品谈判成功率在 60% ~ 95% 之间，一部分创新药由于价格没有与国家达成一致而无法进入医保，其中不乏如 CAR-T 细胞治疗、罕见病药品等价格昂贵的药品。由于缺乏相应的保障机制，较大地影响了人民生命安全、生活质量和生产力，个人的经济负担较重（表 1-2）。

表 1-2 2016—2021 年国家谈判药品概况

类别	2016 年	2017 年	2018 年	2019 年	2020 年	2021 年
谈判主体	卫生计生委[①]等	人社部	国家医保局	国家医保局	国家医保局	国家医保局
国谈药品总数	5	44	18	119（目录外） 31（目录内）	162	85（目录外） 32（目录内）
谈判成功总数	3	36	17	97	119	67（目录外） 27（目录内）
谈判成功率	60.00%	81.82%	94.44%	64.67%	73.46%	80.34%

资料来源：国家医保局

即使国家医保目录不断纳入创新药，但基本医保对创新药支付的贡献占比并不高。从 2018 年处方药的销售数据来看，我国专利原研药占中国药品费用仅 9%。而在欧美国家，这一比例已经达 40% 以上，即使在土耳其、俄罗斯、墨西哥、巴西、印度尼西亚、南非等人均 GDP 与中国相近或低于中国的国家，这一比例也都超过了 20%（图 1-13）。由此，我国对创新药的可及还有较大的改善空间，这一部分也是商业健康险应加以保障的范围。

① 2018 年，设立中华人民共和国国家卫生健康委员会，不再保留卫生计生委。

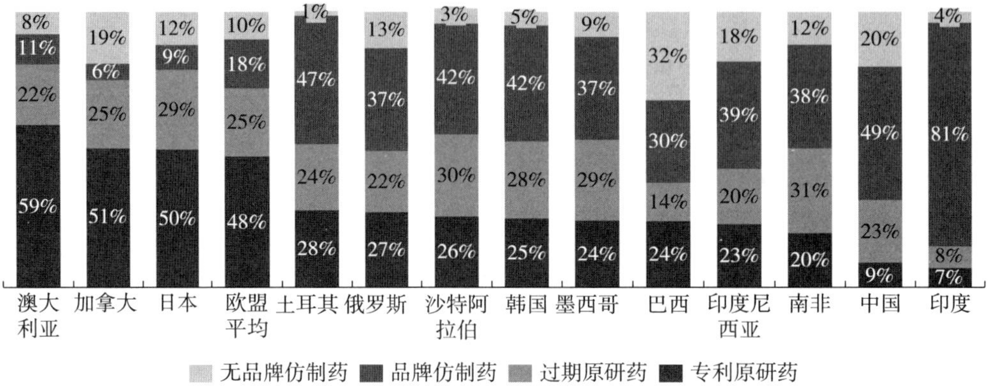

图 1-13　2018 年按产品种类划分的处方药市场销售情况

资料来源：IQVIA、BCG 分析、《构建中国医药创新生态系统系列报告第三篇：多层次医疗保障体系，助力人民健康和产业高质量发展》

3. 商业健康险可满足多层次的医疗保障需求

不同人群对医疗保障有不同层次的需求。除了上述满足创新药的可及之外，对于医保目录内药品的“自付报销”部分，高端医疗也有相应的需求。

现阶段，我国医疗保险仍按地市级城市统筹，由于区域发展水平不同，我国各地的医疗报销比例不一，尤其对于报销限额低、报销比例低的地区，商业健康险对“自付部分”的补充作用格外重要。以 2018 年降糖药物阿卡波糖片在各地的报销比例为例，在北京、上海等一线城市实际报销比例为 50% 以上，但在齐齐哈尔等三四线城市的报销比例仅 4% 左右（表 1-3）。

表 1-3　2018 年降糖药物阿卡波糖片各地报销比例

城市	就诊医院	起付线（元）	报销比例（%）	最高报销限额（元/年）	阿卡波糖片		
					国产—自付（元）	国产—报销（元）	实际报销比例（%）
上海	一级医院	300	70	无最高限额	1196	2090	63.60

续表

城市	就诊医院	起付线（元）	报销比例（%）	最高报销限额（元 / 年）	阿卡波糖片		
					国产—自付（元）	国产—报销（元）	实际报销比例（%）
北京	一级医院	100	55	3000	1533	1752	53.30
深圳	所有医保定点医院	0	30	160 万	2300	986	30.00
广州	基层选定医疗机构	0	70	600	2685	600	18.30
成都	一级医院及以下	100	65	不对个人限制	1280	2005	61.00
重庆	一级医院	0	80	1000	2285	1000	30.40
齐齐哈尔	乡镇卫生院	0	60	150	3135	150	4.60

资料来源：《国君医药 | 糖尿病友群里的中国医保》《构建中国医药创新生态系统系列报告第三篇：多层次医疗保障体系，助力人民健康和产业高质量发展》

另外，根据招商银行发布的《2021 中国私人财富报告》，我国高净值人群接近 300 万人，这部分人群对高端医疗的需求持续增长。由于我国以公立医疗资源为主且分布不均，商保与医疗机构对接不足，国内商保公司由于能力不足，产品设计不合理，同时也缺乏相应的监管，导致高端商业健康险产品以国外险企为主，国内商保公司仅以合作者的身份参与销售和理赔。未来，随着市场监管的强化，医药、医疗资源的参与融合，商业健康险在高端医疗保障方面仍有很大的发展空间。

（三）商业健康险与医药产业融合探索实践

商业健康保险发展前景广阔，在医保资金支付能力有限的情况下，医药产业为了持续高质量发展应当主动谋求与商业健康险共同探索风险分担机制，推动能体现其创新价值的多层次支付体系建成。实际上，为了提高用药可及性尤其是加速创新药品用于临床并降低患者用药负担，商业健康险与医药产业尤其是创新药产业已经开始探索融合发展方式，例如，合作推出创新商保产品、上线创新支付方式以及探索综合支付解决方案。

1. 创新商保产品

（1）城市普惠险。

作为多层次医疗保障体系重要的后备力量，2015 年城市普惠险的雏形“深圳市重特大疾病补充医疗保险”率先突破“高风险及带病体”保障难的困境，是近几年最亮眼的创新商保产品，受到地方政府、保险公司、药企以及民众的广泛关注。基本所有城市普惠险项目都允许带病人群参保，许多对既往症可以赔付，同时覆盖了人民群众最迫切需求的医保支付限额外报销和医保目录外报销，是对“基础补充层”的有效覆盖。据测算，截至 2021 年 7 月底，城市险共推出 140 余款产品，覆盖 26 个省份，参保人数约 6000 万①。

以上海“沪惠保”为代表的城市普惠险创新典范具有既往病症可保，个账支付，家庭共济，可报销社保外的自费部分价格低、赔付比例高等特点，是城市普惠险发展的趋势。官方数据显示，自 2021 年 4 月 27 日上线至 2021 年 6 月 30 日，“沪惠保”参保人数已达到 739 万人，参保率达到 38.5%，广受群众欢迎。

同时，城市普惠险也积极推动与医药产业的融合发展进程，与创新药企业达成合作，及时进行“特药清单”的更新迭代，凝聚多方力量共同降低社会与患者用药负担。以 CAR-T 疗法药物为例，2021 年我国首款 CAR-T 疗法药物在通过初步形式审查后，最终止步于医保谈判环节，此后关于中国已批准的两款 CAR-T 疗法药物（复星凯特的阿基仑赛注射液和药明巨诺的瑞基奥仑赛注

① PhIRDA、RDPAC：《构建中国医药创新生态系统系列报告第三篇：多层次医疗保障体系，助力人民健康和产业高质量发展》。

射液）的支付讨论接连不断。面对 CAR–T 疗法药物落地困境，由地方政府指导，各保险公司承保的城市普惠险承担起了引领商业健康险与医药产业融合发展的责任，与药企达成 CAR–T 疗法支付合作。据悉，多地已将无缘医保目录的 CAR–T 疗法药物纳入其“特药清单”，包括“苏惠保 2022”“北京京惠保”“湖南爱民保”“山西晋惠保”“太原万户健康保”等（表 1–4）。

表 1–4 部分惠民保 CAR–T 疗法药物报销情况

	苏惠保 2022	北京京惠保	湖南爱民保	山西晋惠保	太原万户健康保
投保金额（元 / 年）	79	79	139	69	99
免赔额（万元）	0	0	2	2	0
报销比例（%）	70	90	60	80	80
最高保障金额（万元）	100	100	50	150	100

资料来源：公开资料整理

综上，尽管普惠险面临特药清单合理性、逆向选择风险、保险公司经营积极性不稳定、保费规模有限等挑战，但考虑到城市普惠险可以在商业健康险发展不充分，成熟、有序的健康险市场尚未形成的阶段有效起到为商业健康险与医药产业深度融合发展积累经验、奠定基础的作用，我国政府应对保险产品和赔付情况作出合理规范并积极参与提升人民群众的风险互助和保险意识，鼓励健康人群持续参加城市普惠险。

（2）特药保险。

特药保险是一种新型商业健康险模式，在这几年发展迅速，为创新药企业开辟了新的商业化道路，是创新药企业医保外新的机遇。该保险聚焦于医保外高价药品尤其是抗肿瘤创新药的支付，能够撬动医保外费用管理，打通医药与商保交流合作链条。药企与保险公司在谋求自身发展的同时，也进一步提高了合作深度，是撬动融合发展的新杠杆。

据预测，到 2025 年中国创新药市场规模将达到 9600 亿元，占比达到 36%（图 1–14）。同时，健康险公司嗅到了市场对高层次创新特药的需求，建立商保药品目录清单，推出特药险项目，一是补足患者对高精尖医疗的需求，二是建立了与医药产业对话链接的能力。如：平安健康、泰康人寿探索高价抗癌药物院外特药支付，打通与创新药企复星凯特、药明巨诺对话通道，及时将 CAR–T 药物纳入，推出平安健康 i 药保（升级版）、泰康绿通（CAR–T）版。进一步补足了患者对高精尖医疗的需求，让保险普惠服务更多家庭，助力建设多层次的医疗保障体系。

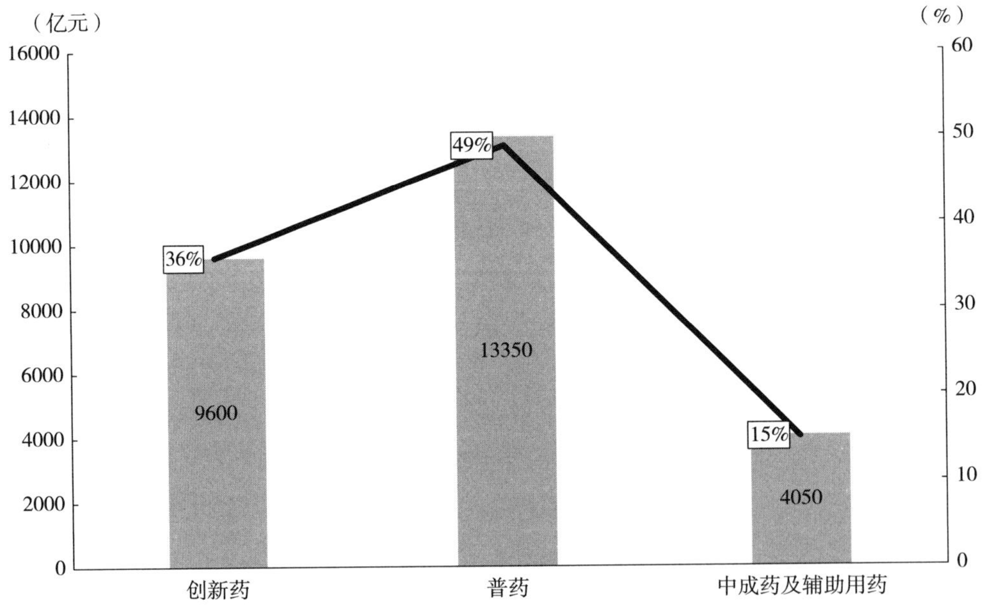

图 1–14　2025 年中国药品市场规模预测

资料来源：2018 CAN Report、IQVIA、花旗银行、2019 年中国医药市场概览

然而特药险虽是商保打通医药的有益尝试，但绝大多数特药险由于不纳入带病体投保，其实际保障水平有限。在这种情况下，乐城全球特药险的落地打破了特药险发展的掣肘。在海南政府领导下，与多家保险公司联合承办的商业健康险项目，创新了“医保＋商保＋药企”模式，是近些年健康险与健康产业融合最亮眼的成绩单之一，允许带病体投保。

乐城全球特药险包括海南版和全国版两款，覆盖肿瘤靶向、免疫治疗以及罕见病治疗领域的多款创新药物。一方面具有投保费用低、理赔流程快、理赔门槛低（零免赔额）、既往病症可保、投保无须体检、无须健康告知、惠及更多的人群等诸多优势；另一方面，乐城特药险是与医药产业携手合作谋求切实保障投保人利益，防止“因病致贫、因病返贫”的典型案例。乐城特药险与共41家境外药企以及境内药企开展合作，保障药品数量范围广，共涵盖100种特药，包括75种境内未上市和25种境内已上市药物。以诺华制药为例，其与乐城特药险合作了9款药物，8款为境内未上市创新药，数量位居参与企业之首，为中国患者提供了更多临床选择（表1–5、表1–6）。

表1–5　乐城全球特药险2021

项目	海南版	全国版
投保门槛	拥有海南户口或海南身份证或者海南医保 上述人员还可为其岛外直系亲属投保	中国大陆境内居住的所有国籍人士
保障内容	100种特药 （25种境内上市特药、75种境内未上市特药）	100种特药 （25种境内上市特药、75种境内未上市特药） +10种国外特定医疗器械
保额	100万元	特药：100万元 医疗器械：100万元
免赔额	0	特药：0 医疗器械：0
既往病症是否可保	是	否

续表

项目	海南版	全国版
赔付比例	非既往病症：100% 既往病症：30%	特药： 社保已报：100% 社保未报：60% 社保外：100% 医疗器械：100%
理赔后是否可续保	不保证	否
保障时间	1 年	1 年
保费	29 元 / 人	0 ~ 30 岁：39 元 / 人 31 ~ 50 岁：69 元 / 人 51 ~ 55 岁：99 元 / 人 56 ~ 60 岁：159 元 / 人

资料来源：乐城全球特药险公开资料整理

表 1-6 诺华制药参与乐城全球特药险清单

商品名	通用名	适应证	在中国上市时间
达希纳	尼洛替尼胶囊	2 岁以上儿童慢性髓性白血病	2009
Rydapt	Midostaurin	FLT3 突变阳性的急性髓性白血病（AML）成人患者	未上市
Kymriah	tisagenlecleucel	1. 治疗复发或难治性大 B 细胞淋巴瘤（DLBCL）的成人患者。2. 复发或难治性 25 岁以下 B 细胞前体急性淋巴性白血病（ALL）	未上市
Tabrecta	capmatinib	MET 14 号外显子跳跃突变非小细胞肺癌	未上市
Mekinist	曲美替尼	与 dabrafenib 结合使用。1. 治疗 BRAF V600E 突变转移性非小细胞肺癌（NCSLC）患者。2. BRAFV600E 突变的局部晚期或转移性间变性甲状腺癌（ATC）	未上市
Tafinlar	甲磺酸达拉非尼	与曲美替尼结合使用。1. 治疗 BRAF V600E 突变转移性非小细胞肺癌（NCSLC）患者。2. BRAFV600E 突变的局部晚期或转移性间变性甲状腺癌（ATC）	未上市
Kisqali	Ribociclib	HR+HER2- 绝经前 / 绝经后晚期乳腺癌	未上市
Piqray	Alpelisib	治疗 HR+HER2- 绝经后 PIK3CA 突变晚期乳腺癌	未上市
维全特	培唑帕尼	特定子类型的晚期软组织肉瘤	未上市

资料来源：乐城全球特药险、诺华集团公开资料整理

综上，特药保险的出现与发展是整个融合发展进程的重要环节。虽仍面临挑战，但特药险是医保外，商保参与医药市场支付议价的重要尝试之一，一定程度上满足了医药产业产品商业化以及临床患者对高质量医疗的需求。因此，需要在不断升级完善中，继续鼓励其发展。

（3）其他商保产品。

商业健康险与医药产业的融合发展不仅有利于以合理回报促进医药产业持续投入创新，也是商业健康险行业本身发展的新增长点。

税优健康险是促进商业健康险发展的重要利好政策，其允许带病体投保、续保，以税收优惠政策促进投保，能够使潜在的购买力朝向现实的购买需求转化。但是随着个税起征点升高，目标客户人群缩小；加之监管者对其赔付率要求较高（80%，未达到返还个人账户）且未建立与医药产业链接分担风险的能力。最终，导致税优健康险的发展规模十分有限，2020 年税优健康险保费收入占健康险行业保费收入比例不足 0.1%[①]。

与之相对的是，百万医疗险保险公司已经开始建立与医药产业初步联动，以差异化优势面对城市普惠险的挤压以及行业规范升级双重挑战，拓展并升级其“特药清单”，进一步扩大其保障范围，朝中高端方向转型。如：平安健康在第三方平台镁信健康的推动下与药明巨诺开展合作，将 CAR-T 疗法药物纳入其保障范围，来补充传统治疗方式，提升治疗效果，以差异化保障内容吸引目标人群购买投保。

2. 创新支付方式

高值创新药物因为其治疗效果的不确定性以及高昂的价格往往很难被纳入医保，面对高值创新药的支付困境，涉及患者、医生、药企、商保多方的创新

① 冯鹏程：《完善商业健康保险个人所得税政策的建议》，《上海保险》2021 年第 2 期。

支付方式也将有利于满足患者的临床需求，提高商业健康险与医药产业合作水平，增加合作深度。以镁信健康为代表的第三方 PBM 平台，与多家医药企业、商保公司达成合作，整合各方资源形成优势互补、激发协同效应，构建"互联网 + 医 + 药 + 险"生态闭环，是构建创新支付项目的主力军，推出了疗效保险、药品折扣、分期付款等创新支付方式。

（1）疗效保险。

疗效保险是一种基于治疗效果的风险分担机制，对治疗效果不佳或治疗中发生不良反应的患者进行理赔，能够提高高值创新药的临床可及。目前，已有不少药企携手商保公司或第三方商保平台推出相应产品。如：辉瑞中国联合镁信健康和中国人民健康保险股份有限公司上海分公司启动"博爱新安—乳腺癌患者医疗费用补偿项目"，符合条件的患者入项目 4 个月内，若在使用项目药物治疗后 126 天内出现疾病进展或转移，将获得一定比例补偿赔付。

（2）药品折扣。

药品折扣就是给予用药患者一定的药品支付价格折扣。药企降价与第三方平台达成合作，患者在第三方平台购药并获得会员折扣或商保理赔，使得患者实际药品费用降低并成为平台稳定客户资源，平台拥有"量"能与药企谈判议价，商保保费收入增加进一步保障患者用药。在这个过程中，在第三方平台链接作用下，药企与商保的合作也不断深入。诸如：镁信健康与创新药企安进以及保险公司联合推出"瑞享心安"项目，患者参加镁信健康作为投保人的费用补偿型医疗团体保险后，自费使用依洛尤单抗注射液（瑞百安®）治疗，在保险期内可申请共覆盖 12 支药品的 2 次药品福利，并在满足条件的情况下，可获得每次 6 支全额自付购药价格 15% 的折扣福利（不包括药店自行加价部分）。

（3）其他创新支付方式。

除了疗效保险、药品折扣外，镁信健康还与商保公司、医药企业合作推出了一系列其他创新支付方式。如：分期付款、免息贷款、患者援助计划等。在这些创新支付方式探索、推出过程中，依托第三方平台，商保公司与医药企业的黏性进一步增加，合作进一步深入。

创新支付方式一定程度上缓解了患者支付压力，但实际上却各自存在问题。例如：疗效保险也只是一种折中支付解决方案，患者依旧面临巨大的用药负担；药品折扣存在着虚高定价，造成患者对实际降幅的误解；分期付款患者总医疗费用并没有减少，只是将支付风险转移到了远期等。但是，高值药品创新支付方式还是在一定程度上提高了用药可及性，使得创新医药产品能够快速商业化的同时实现保险行业保费收入的增加，是现阶段推进融合发展进程的有益探索。

3. 综合支付解决方案

平衡药品的商品属性与社会属性是促进医药发展不容回避的问题，在现阶段商业健康保险发展不充分的背景下，单一的支付方式和保险项目可能无法满足实现平衡的需求。为了尽快惠及临床患者、真正降低用药负担的同时促进创新药品商业化进程，保险公司以及医药企业着力探索高值药品的综合支付解决方案。

再以 CAR-T 疗法药物为例，复星凯特、药明巨诺等多家药企与商保公司已经达成战略合作，推出多款 CAR-T 疗法综合支付解决方案。如：镁信健康与药明巨诺达成战略合作，共同促进瑞基奥仑赛注射液可负担性提高与商业化进程加快，上线了“倍诺新生”疗效险支付项目、不良反应支付项目和免息贷款支付项目等创新支付项目的同时，还推动瑞基奥仑赛注射液纳入多地城市普惠险、个人商业保险（特药保险、百万医疗保险）并与高博医疗集团合作启动 CAR-T 疗法援助计划，共同缓解患者支付压力。此外，在这个过程中镁信健康还发挥了其 PBM 平台的资源优势，链接药企与保险公司，为药企、保险、患者提供一系列附加服务。如：围绕 CAR-T 疗法供应保障难、价格高昂、需要医疗监护等痛点，与保险公司中国人寿联合开发了“CAR-T 权益服务卡”，为患者、创新药企、商保公司提供全方位服务。

商业健康险需要与医药产业融合发展。未来，随着创新药的上市，我国药品支出将快速增长，在基本医保有限的情况下，商业健康险对于提高患者创新药的可及性具有重大作用。对于高价值的创新药，应探索形成医保小比例支付、商保大比例支付、药企部分让利、个人少量承担的共付模式，这样既能减轻医保的压力，实现保基本的初衷，又可持续鼓励医药创新发展，为商保行业留下发展空间，实现协同发展。在减轻个人用药负担的同时，企业也能够得到合理回报以持续创新。事实上，双方融合发展不仅有利于医药产业形成持续投入创新的生态系统，并降低人民群众个人医疗负担。而且基于商业健康险占卫生总费用的比重小、在多层次医疗保障体系中发挥的作用有限的现实情况，融合发展对于商业健康险行业来说，也是新的发展增长点。虽然目前进行的融合探索各有弊端、不足且融合程度仍十分有限，但其为以后更高水平的融合发展积累了一定经验，价值不容否定。

四、商业健康保险与医药产业融合发展国际经验借鉴

商业健康保险在发达国家即便是处于不同的制度体系和社会经济发展水平，经过长期的探索和发展已经成为十分成熟的医疗保障模式，均对社会医疗保障体系发挥替代或补充作用，并呈现较高的社会渗透率。例如商业健康险主导的美国，覆盖门诊处方药的保障计划覆盖人群最广；德国的替代型商业健康险涵盖包括处方药、创新药的费用，缓解了社会医保的压力；法国设置了社会医保负担外的创新药自付部分进行额外补充。本专题将着重分析主要国家的商业健康险在各自医疗保障制度体系中发挥的作用，以及与医药产业的合作模式，从中找出共同之处、总结经验以促进我国商业健康险的发展。

（一）主要国家中商业健康险的整体发展

商业健康险（指代广义非强制参保的私人健康保险）在众多国家的医疗保障体系中扮演了重要的角色。世界卫生组织“欧洲卫生体系与政策观察”报告中总结了商业健康险对医疗保障体系的主要作用有三：一是可以提升效率，并给予消费者更多的选择；二是在财政资金有限的情况下，能够直接降低个人现金卫生支出；三是可以起到为社保扩大规模与提升保障水平铺路的作用。从需求层次保障上看，商业健康险主要有 4 种保障类别（表 1–7）。

表 1–7 欧洲主要商业健康险保障类别和范围

序号	保障类别	保障范围	满足需求
1	互补保障	社保不覆盖的医疗服务提供者（医院或医生诊所等）	满足消费者，尤其是高收入人群对更高档、更方便医疗服务，消费者对医疗服务提供商有更多的选择权
2	补充保障—个人自付	社保报销，但个人支付的部分	减少个人现金支付。对社保支付限额以上的覆盖可以有效防止因病返贫
3	补充保障—社保外保障	覆盖社保不覆盖的药品、器械和服务	减少个人现金对医保外费用的支出
4	替代保障	社保不包括的人群或自愿不参加社保人群	满足消费者愿意增加保障选择的需求

资料来源：European Observatory on Health Systems and Policies、OECD、BCG 分析、《构建中国医药创新生态系统系列报告第三篇：多层次医疗保障体系，助力人民健康和产业高质量发展》

商业健康险在几个主要代表性国家中，主体覆盖责任有所不同①。

从人群层次保障上看：健康人、高患病风险人群（老年人等）和带病人群的潜在卫生需求具有明显的差异。尤其是患有慢性病或重疾的带病体人群，既有医疗费用较高的同时，未来即将产生的医疗费用概率同样较高；对于具有高致病风险因素的人群，如老年人，短期内有过住院历史的人群、患有良性肺结节的年轻人等高患病风险的人群，既有医疗费用较低，但未来产生医疗费用的概率则会较高。

① Health at a Glance 2019: OECD Indicators, OECD Publishing, Paris.

在自由市场中，“企业团险”将高风险人群和带病人群更高的赔付责任分摊到所有员工，因而可以很大程度上实现对就业人群（包括其配偶和子女）的医疗保障覆盖，包括健康人、高风险人群和带病人群。但在个人自由参保市场中，对卫生体系负担最重、最需要医疗保障的高患病风险人群和带病人群无法参保[①]，很容易出现“市场机制失灵”的问题。

“市场机制失灵”来源于以下两个主要原因：一是逆向选择。相比于更愿意购买商业健康险的身体不太健康、易生病的群体，身体健康的群体一般不愿意自愿到保险公司购买商业健康险。由此造成参保人的总体健康水平低，保险公司赔付风险大大高于按照正常人平均得病率所收取的保费。长此以往，在缺乏健康人群投保情况下，保险产品将变得难以持续。二是风险选择。保险公司一般会按照一定标准对投保人的风险进行审核评估，来排除不合格的投保人，降低赔付风险。但这也造成了高风险群体，如老年人、有既往病史人群等，需花费远远高于健康人群的保费才能获得保障，或面临保障降低、被直接拒保的情况。

因此，如果该国的主要商业健康险允许高风险人群和带病人群参保，而且个人保费不因个人健康因素做较大调整，或允许健康人在患病后续保，则可以认为该国的商业健康险对于高风险人群和带病参保人有较好的覆盖。

（二）各国政府参与商业健康险市场的方式

“管办分开”是欧美国家政府参与商业健康险方式总体的特点。在“管”方面，政府一般通过立法手段对医疗保障体系做出明确的规定。例如：18 世纪末德国议会通过世界上最早的医疗保障体系相关法案——《疾病社会保险法》，法案规定了全体从事工业性经济活动的工人（农业工人除外）实行强制性疾病

① Francesca Colombo, Nicole Tapay, Private Health Insurance in OECD Countries: The Benefits and Costs for Individuals and Health Systems, 2004.

社会保险。此后在不同社会发展阶段，德国又相继颁布了《职员保险法》《第一次抑制医疗费用法》《医院医疗费用控制法》《医疗保险结构法》等十余部有关法律[①]。其他发达国家，如：英国、法国、荷兰、美国、以色列、澳大利亚等也主要通过立法手段对医疗保障体系做出详细的规定。欧美国家立法颗粒度较为明晰，制定并颁布了一系列法律对社保和商保的保障人群、范围、鼓励和限制政策等进行规定。以澳大利亚为例，通过制定《2007 私人健康保险法》（Private Health Insurance Act 2007）来鼓励消费者购买私人商业健康险，并对私人商业健康险产品的规则进行了明确的规范。再以德国为例，2009 年颁布了《为了刺激法定医疗健康市场的竞争法》，旨在通过规定所有居民必须拥有健康保险（法定医疗险或者商业健康医疗险），使得没有参与法定医疗险的人群购买商业健康医疗险，来提高国家整体医疗保障水平、鼓励商业健康险发展（图 1-15）。

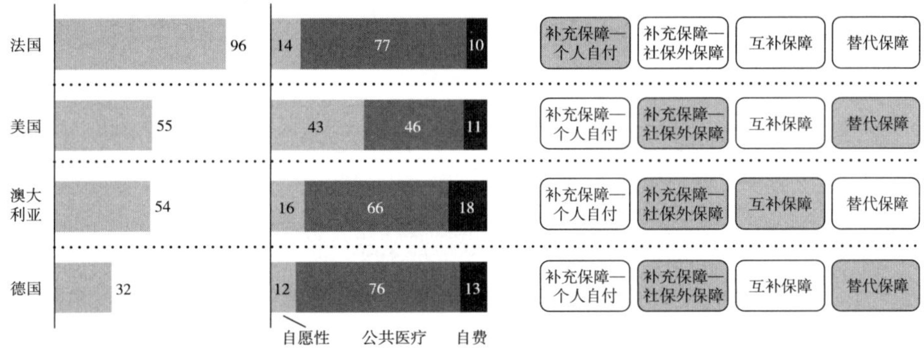

图 1-15 不同国家自愿性商业健康险参保率[②]、支出比例及商业保险模式

资料来源：美国人口普查局（US Census Bureau）、OECD 报告、公开信息整理、BCG 分析、《构建中国医药创新生态系统系列报告第三篇：多层次医疗保障体系，助力人民健康和产业高质量发展》

① Sarah Thomson, Anna Sagan, Private Health Insurance History, Politics and Performance, August 2021.

② 美国不含 Medicare 和 Medicaid 等具有社保性质但由商保机构承办的保险。

在“办”方面，行政部门以监督与执行法律条文为主，对商业健康险进行监督管理。主要分为 3 种模式（图 1–16）：

一是由金融管理部门监管，如法国审慎监管管理局（ACPR）模式。ACPR 隶属于法国央行，其职责范围由《货币和金融法》划定。ACPR 根据法律对商业健康险相关的规定要求，对商业保险公司开展监督和处罚，确保商业健康险机构业务活动合法合规，以维护金融体系的稳定，保护商业健康险公司客户、保单持有人和相关受益人的权益。

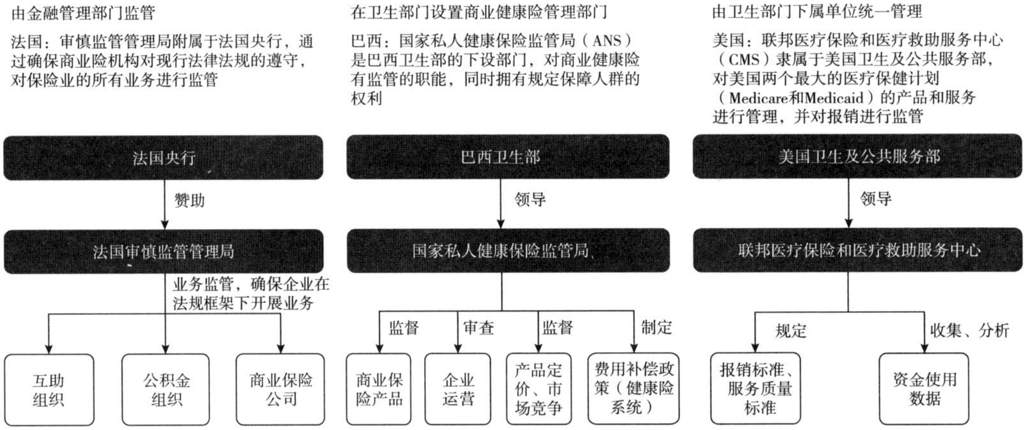

图 1–16　国际上对商业健康险监管主体的主要模式分类

资料来源：《构建中国医药创新生态系统系列报告第三篇：多层次医疗保障体系，助力人民健康和产业高质量发展》

二是在卫生部门设置专门的商业健康险管理部门，如巴西国家私人健康保险监管局（ANS）。ANS 隶属于巴西卫生部，具有监督管理商业健康险业务活动的职责，职责内容主要涵盖 4 个方面。其一，对商业保险产品进行监督，如：规定商保产品的设计要求；其二，对商保公司经营活动进行审查，如：健康险公司的执照发放；其三，对商保产品的市场定价和市场竞争进行监督；其四，制定商业健康险系统的费用补偿政策。根据以上职责，ANS 拥有规定保障人群的权力，诸如规定商业健康险不可对带病体拒保等。

三是由卫生部门下属单位统一管理，如美国联邦医疗保险和医疗救助服务中心（CMS）。CMS 是美国卫生及公共服务部（HHS）下设部门，对美国最大的两个医疗保障计划（Medicare 和 Medicaid）的产品和服务进行管理，并对报销活动进行监管。具体而言，包括通过与美国各州政府合作，来对保障计划的报销标准、服务质量标准等进行规定指导；收集和分析资金使用数据，来消除医疗保健系统中的欺诈和滥用实例，确保医疗基金的安全稳定、持续运营；制定商业健康险公司参与 Medicare 和 Medicaid 运营的相关规定要求。

（三）部分国家商业健康险与医药产业的合作模式

在欧美国家，商业健康险作为药品的主要支付方，与医药产业形成了多种合作模式，比如美国 Medicare Part D 的共付模式、美国药品福利管理深入融合医药产业链获取折扣药品、欧美对前沿创新产品和疗法基于价值的创新支付等。

1. 多方合作、共付机制——美国 Medicare Part D

美国整体的医疗保障体系仍以商业保险为主，覆盖人群超过一半，约 55%[①]。其次是政府主导的 Medicare 和 Medicaid，其中 Medicare 保障系列呈现了多层次的医疗保障，包含了由 CMS 直接管理的 Part A、Part B，可以提供住院费用和门诊服务费，以及由商保公司运营的 Part C（Medicare Advantage），提供覆盖了 Part A、Part B 及其他的保障。“Part A+Part B”与 Medicare Advantage 具有一定相互替代作用，可由个人自由选择（表 1–8）。

在 2006 年前，传统的 Medicare 仅包括 Part A 和 Part B 保障，但随着肿瘤、

① PhIRDA、RDPAC：《构建中国医药创新生态系统系列报告第三篇：多层次医疗保障体系，助力人民健康和产业高质量发展》。

糖尿病、高血压等慢特病发病率逐步上升，老年人群体用药负担加重。美国在2006年启动了 Medicare Part D 计划，即处方药保障计划。该计划由商业健康险公司提供服务，对 Part A、Part B 不覆盖的门诊处方药，包括抗肿瘤、抗感染、抗精神疾病等提供用药保障。如果某种药品为治疗领域的唯一产品，一般也会由 Part D 提供保障。

对于 Part D 计划的处方药支付费用管控上，采用政府补贴、药企让利和个人筹资相结合的多方合作和共付机制。以2016年为例，在 Part D 计划的全年筹资中，75% 由 Medicare 基金补贴，11% 由州政府出资，14% 由个人支出承担①。其中个人承担的部分与参保人收入、商业健康险公司选择相关。在药品报销模式上，Part D 设置了较高的起付线（一般为360美元），对于保险中层覆盖（赔付区间在3310 ~ 7515美元）部分，药企会对品牌药给予较大的折扣②。

表 1-8　美国主要医疗保障类别

<table>
<tr><th colspan="2">保障性质</th><th>保障类别</th><th>保障人群</th><th>保障内容</th><th>覆盖人口比例</th></tr>
<tr><td colspan="2" rowspan="2">商业保险</td><td>雇主医疗险</td><td>雇员，大部分为家庭参保</td><td>—</td><td>49%</td></tr>
<tr><td>个人医疗险</td><td>个人自愿</td><td>—</td><td>6%</td></tr>
<tr><td rowspan="4">多层次的 Medicare 体系</td><td rowspan="2">CMS 运营</td><td>Part A</td><td rowspan="4">65岁及以上，或长期终末期肾病患者</td><td>住院治疗、护理治疗、疗养院护理、居家照顾、临终关怀</td><td rowspan="4">17%</td></tr>
<tr><td>Part B</td><td>体检、护理实验检测（X 光片、血液检测等）、医疗用品（轮椅、住院病床）、矫正器及假肢、救护车使用、心理健康治疗</td></tr>
<tr><td rowspan="2">商保公司</td><td>Part C（Medicare Advantage）</td><td>作为替代 Part A+Part B 部分的商业性医疗保险计划</td></tr>
<tr><td>Part D（处方药保障计划）</td><td>门诊处方药</td></tr>
</table>

①② PhIRDA、RDPAC:《构建中国医药创新生态系统系列报告第三篇：多层次医疗保障体系，助力人民健康和产业高质量发展》。

续表

保障性质		保障类别	保障人群	保障内容	覆盖人口比例
多层次的 Medicare 体系	CMS 指导，商保公司运营	Medigap	65 岁及以上，或长期终末期肾病患者	补充 Part A 及 Part B 覆盖需要个人支付项目部分的报销，海外旅行险	17%
社会保险	政府或商保公司运营	Medicaid	低收入，残疾人等	基本保障	18%
政府运营保障		军队医疗保障	军人及家属	—	2%

资料来源：《构建中国医药创新生态系统系列报告第三篇：多层次医疗保障体系，助力人民健康和产业高质量发展》

2. 获取药品折扣——美国药品福利管理（PBM）

美国药品福利管理最早出现于 20 世纪 60 年代末，对支付方提供专业性的服务，通过药品管理新模式达到费用控制、节省支出的目的（图 1-17）。

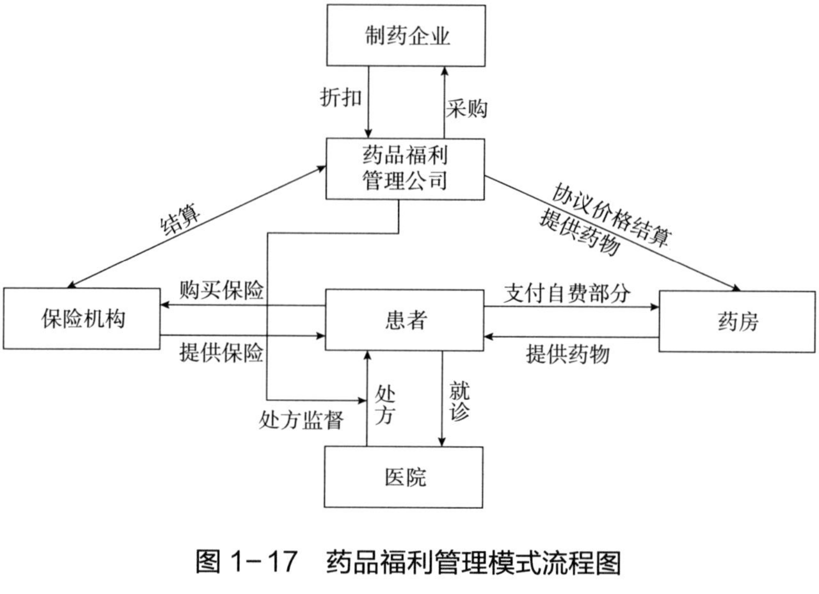

图 1-17 药品福利管理模式流程图

资料来源：《药品福利管理的内在逻辑、发展障碍与经验启示》

经过不断的发展，在市场化自由定价的影响下，药品福利管理参与了药品流通的各个环节，在药品管理上除了提供药品理赔管理外，也包括了用药、渠道与疾病管理。具体体现在：第一，处方集制定。通过组建独立的包括医生、药师、临床专家在内的委员会，通过对新增药品层层遴选，共同为保险公司的保障计划制定报销目录。第二，用药的经济性分析。药品福利管理公司（PBMs）拥有大量的处方信息，通过对医生处方进行分析评价药品使用合理性，并鼓励用仿制药来降低费用支付。第三，大宗采购，获取折扣药品。由于服务范围广，药品用量大，药品福利管理公司在大宗采购药品时有足够的话语权，能够与制药企业进行谈判获得优惠折扣，从而控制药费支出。

但基于药品福利管理在美国医疗保障系统中发挥的作用及其营利性质，医药企业为使药品进入处方集，会给予 PBMs 回扣。据全球医疗健康信息学院（IMS 学院）的一份报告显示，2015 年美国处方药销售额 4250 亿美元，其中 1150 亿美元，即 27% 的收入返还给了药品福利管理及保险公司。根据默克公布的美国产品价格与返利变化数据，2010—2016 年药品平均返利比例持续上升，截至 2016 年已高达 40.9%。也就是说如果药品福利管理公司需要更多的返利，医药企业为了维持利润只能不断提高药价。为了降低处方药虚高的药价，美国历届政府都力推相关改革，例如特朗普总统在任期内，于 2020 年 7 月签署行政命令防止药品福利管理公司获得不合理回扣，使制药企业的折扣让利给患者。

3. 基于价值医疗的创新支付模式

（1）多方合作。

美国医疗支付方不仅要为药品费用进行保障，也承担医疗服务者的费用，比如医生、医疗机构工作人员的服务费用，这些费用与提供的服务数量相关，但与服务质量无关，由此产生过度医疗和疗效质量参差不齐的问题。在“奥巴马医改”推动下，制定了关于医疗服务价值的评估标准并变革支付模式，由

CMS 先行推动实施，逐步扩展到商业保险行业。

在 CMS 的带领下，美国社会相关利益方也积极合作，通过多方合作开展项目试点，比如 2017 年在世界经济论坛价值项目组的协调下，40 多家相关机构一起参与的“亚特兰大心衰项目”。该项目通过 6 个月的分析提出了具体规划，也体现了价值医疗体系的复杂性，需要推进多方合作，包括了医疗制药企业的深度参与，才能使得项目实现最初的改善患者生存质量和降低患者医疗负担的目标。

（2）按疗效付费、风险共担、分期付款。

在支付方转型的趋势下，越来越多的制药企业支付方开展深度合作，共同探索按疗效付费和风险共担的创新支付和准入模式。这种模式适用于严重威胁生命安全，但缺乏有效的治疗药物，尤其是前沿创新技术医药或疗法，价格高但疗效不明的领域。

国际知名制药公司辉瑞与支付方开展合作，针对诊断为间变性淋巴瘤激酶（ALK）阳性的局部晚期或转移的非小细胞肺癌的创新药 Xalkori，与澳大利亚支付方达成基于疗效的支付协议，对患者进行治疗和随访，通过研究确定疗效和双方风险共担模式，并达成了合理的定价和支付协议。

诺华公司与 CMS 合作建立了一套相应的准入系统，针对治疗儿童脊髓性肌萎缩症（SMA）的基因疗法药物 Zolgensma，基于临床疗效按时间支付，如果患者在开始治疗一个月内没有明显疗效则无须支付费用，对于有明显疗效的患者还可以使用分期支付的方式进行费用分摊，如果其间没有达到临床指标则退还部分治疗费用。

（四）国际经验对中国的启示

由国际经验可知，商业健康险发展的成熟度，包括其功能定位的准确度、制度设计的合理性、产品覆盖的范围等均和一个国家的政治（立法）体制、医疗发展水平、社会福利水平以及人民对商业健康险的认知程度密切相关。任何国家要实现商业健康险的可持续发展都需要经过长时间的政策引导和市场培育，发达国家的历程经验对我国建设多层次医疗保障体系以及促进商业健康险参与医药产业发展，实现融合，具有重要的参考和借鉴意义。

1. 需求层次上，满足健康人、高患病风险人群（老年人等）和带病人群的潜在卫生需求

由于市场特性和自愿参保特性，商业健康险很容易被理解成是中高收入人群才具有的高层次需求。但从国际经验来看，商业健康险对于满足不同层级人民的基本生命安全保障需求以及在提升人民生活质量方面可以发挥重要的补充医疗层作用。

一是鼓励更多健康人参保商业健康险。大量健康人的参保有利于实现“风险共济”，降低因逆向选择造成的保险赔付风险，增加商业健康保险运营的可持续性，并且对高风险人群和低收入人群提供补贴。

二是对高风险人群和带病参保人的覆盖需要政府的积极参与。商业健康险可以通过“企业团险”的形式有效分摊风险，实现对高风险和带病人群覆盖，但“市场机制失灵”的问题很容易出现在自愿参保市场。例如在商业健康险高度发展的美国市场，政府也不得不通过立法手段来强制改变老年人、带病参保人的覆盖缺失问题。同时，我们发现在主要市场上均没有为高风险人群或带病参保人单独设计提供的保险产品，而是通过政府或强大的互助组织的行政力量将更多的健康人群纳入商保保险池，以分摊赔付风险。

三是主要国家的主流商业健康险基本都实现了对高风险人群和带病参保人

的覆盖，总赔付率在 70% 以上[①]。主要国家的主流商业健康险已经将医疗赔付责任纳入保险范围中，如美国的企业团险、个人保险（Exchange 平台保险）和 Medicare Advantage；法国的补充保险；德国的全面健康保险；澳大利亚的补充健康险，都对高风险人群和带病体进行了覆盖。这使得商业健康险最终的赔付率在 70% ～ 80% 左右，有效地为患者提供了多元支付的保障。

2. 政府主导参与的商业健康险，有力促进了与医药产业广泛、深度的融合

面对医疗费用上涨、医疗负担过重的问题，各国政府和支付方在创新支付方面积极探索和实践，商业健康险和健康产业相关方积极参与，以“关注患者获益”为核心，由服务和项目付费向基于价值医疗付费转型。商业健康险的保障层次应该多元化，用以满足人民群众多层次的需求。

一是从顶层设计角度，负有主责的行政管理部门主导多层次保障体系（包括商业健康险）的顶层设计以及具体监管内容。欧美政府在参与商业健康险运行时普遍采用原则与标准由立法完成，而具体的落实与监督由行政部门完成的“管办分开”模式。我国可充分借鉴这一模式的特点，首先应在立法层面对顶层设计和原则标准作出方向性规范，其次由规定负有主责的行政主管部门牵头各单位对政策细化并执行与监督。

二是明确社会医保的保障范围，划定商业健康险的保障范围。社会医保的范围越具体，商业健康险的保障范围就越明确，医保应为商保发展提供空间。如法国的医保在支付比例上就有所区分，因此尽管其保障范围广，商保的发展空间也较为明确。

三是商业健康险在多层次医疗保障体系发展中的定位，不仅是作为医保的补充，还可以推动社会医疗保障意识提升，为医保的保障范围和保障水平的提

① PhIRDA、RDPAC:《构建中国医药创新生态系统系列报告第三篇：多层次医疗保障体系，助力人民健康和产业高质量发展》。

升奠定基础。商业健康险的定位应该是医保内自付部分和医保外部分补充层，以及更高层次的服务和医疗机构自由选择的互补层。商保要为提升社会筹资、保障水平以及扩大整体医疗保障体系的保障范围发挥积极作用。

四是商业健康险在补充层的部分保障范围是非常基本的、保障生命安全和积极提升生活质量和生产力的，这类保障的参保率应在30%以上，甚至高达90%以上，可称之为“基础补充层”[①]。补充层的保障在各国的参保率也更高，是商保应该大力推动的保障层次。

综观海外经验，“市场机制失灵”问题是商业健康险在自由市场中极易出现的问题，保险公司主观筛选健康人群作为投保人，而忽略对最需要医疗保障的非健康和老年弱势群体的保障。这样的情况下，政府在对商业健康险的规范中起到重要作用，确保人群的广覆盖和商业健康险机构的可持续发展。笔者认为政府对推动多层次人群参保商业健康险有着必不可少的重要作用。同时，考虑到我国补充医疗层中部分需求的紧迫和重要性，政府可以重点推动这一层级的保障。

五、商业健康保险与医药产业融合发展的政策建议

“十三五”时期是医保改革推进力度最大、医保功能作用发挥最充分、群众获得感最强的5年，为全面建成小康社会夯实了基础。医保制度在破解“看病难”“看病贵”问题上取得突破性进展，但与人民群众日益增长的美好生活需要相比，医保发展不平衡不充分问题依然凸显。“十四五”时期以推动经济社会高质量发展为主题。医保作为经济社会重要组成部分，实现高质量发展是题中之

① PhIRDA、RDPAC:《构建中国医药创新生态系统系列报告第三篇：多层次医疗保障体系，助力人民健康和产业高质量发展》。

义。推动医保高质量发展是医保事业迎变局、开新局、育先机的必然要求。当前，国际形势波谲云诡，国际经济复苏不稳定不均衡，国内经济转入中高速增长，叠加疫情影响，依靠财政增加投入、企业和居民增加缴费提高医保收入的空间日渐缩小；同时，不断增加的慢性病患病人数，不断加深的老龄化程度，不断进步的医药技术等都在刺激医疗消费增长，医保基金收支平衡压力不断增大。在发挥好医保战略性购买作用的同时，商业健康险和其他多种形式补充保险应弥补基本医保保障的不足，以加速完善多层次保障体系的构建，织牢织密经济社会持续健康发展的安全网，保障医保高质量发展。

党中央、国务院多次指出，要加快建立覆盖全民、城乡统筹、权责清晰、保障适度、可持续的多层次医疗保障体系。然而，在基本医疗保险基本实现全民覆盖的前提下，商业健康险的发展相对滞后，多层次医疗保障体系建设仍有待加强完善，一定程度制约着人民健康福祉的持续提升，以及医疗保障制度和医药产业的健康可持续发展。新冠肺炎疫情发生后，第一时间出台应对措施，确保患者不因费用问题影响就医，确保收治医院不因支付政策影响救治。这集中体现了我国制度优势显著，治理效能提升，推动医疗保障高质量发展具有多方面的优势和条件。大力推动商业健康险的发展亟须政府主导参与，进一步完善和推动多层次保障体系顶层设计，促进商业健康险的可持续发展，促进医保商保融合联动。同时，实现商业健康险与医药产业协同发展，与医保等各层级共同发力提高创新医药产品的可及性，满足我国人民对创新医药产品的需求。

总的来说，商业健康险行业发展的初期仍应由国家主导进行资源合理配置，制定相关配套政策扶持产业发展，规范市场行为，待行业各方积累经验形成自主、有序、专业化的成熟市场后，再逐步转由市场主导发展。本专题结合国际经验借鉴及国内专家建议认为，现阶段商业健康险的发展要由国家做好政策引领，明确基本医疗保险的边界与鼓励商业健康保险专业化发展的政策环境，统筹考虑商保在多层次保障体系中的功能地位、各层级之间做好融合联动，以构建高效率、低成本、优质体验的多层级医疗保障体系。

（一）国家从顶层设计出发，明确政府部门职责分工，指明商业健康险发展方向

1. 明确商业健康险的政府组织设置

从立法的角度，国家医保局、中国银保监会、财政部、地方政府等有关部门将共同承担推动商业健康保险在多层次医疗保障框架之下有序发展的职责。建议政府进一步明确不同国家行政部门在商业健康险市场中的职责，完善顶层设计并建立规则层面的产品标准、财政支持、准入规则、监管原则等关键内容，以促进商业健康险的发展以及商业健康险与医药产业的融合进程，并对发展和融合进行引导、监督。

2. 通过立法，进一步厘清多层次保障中各层级的关系

首先，划清医保的支付范围和支付水平边界，为商保明确发展空间以及与医药产业合作的方向。医保明确支付范围和支付水平，为商业健康险的发展划定清晰的空间，以便与医药产业开展更有针对性以及差异化的合作，避免商保与医药的保障范围出现不必要的重复建设。具体实施上，建议进一步规范医保支付范围和支付水平，以及其未来调整的指导原则。

其次，商业健康险本身应覆盖多层次需求，应对各层次需求有明确界定。在基本医保覆盖的基础上，人民群众有着更为广泛的需求，包括对医保覆盖费用高的自付部分（起付线内部分、限额内自付部分、限额以上部分）、医保未覆盖费用，以及非医保定点医疗机构的费用。因此，我国的商业健康险也应从需求出发，与医药企业开展不同产品、方式的合作，并对不同层次的产品划清边界，对不同层次产品的保障内容进行定义，增强产品的规范性和保障内容的

可读性，提高百姓对商业健康险的认知和参与度。

同时，将推动高风险人群和患病人群纳入商业健康险保障范围作为发展多层次保障体系的重要目标之一。将高风险人群和带病体纳入保障范围能够一定程度上解决商保与医药产业目标客户不同的问题，有利于商保企业与医药企业开展合作交流。

（二）从保险产业发展层面，政府应对商业健康险行业进行指导，出台鼓励政策促进商保覆盖，提高商保规模优势

在保证行业有序竞争、可持续发展的前提下，政府应对个人购买的商保产品做出适度的规范与监督，鼓励民众参保，扩大商业健康险风险池，并帮助降低商保公司运营成本，来提升整体商保行业规模及风险抵抗能力，使得商保公司在与医药企业开展合作时掌握一定谈判议价的主动权，让高风险人群和带病体参保成为可能。

1. 扩大保险池，对不同群体采取不同的鼓励措施，提升整体参保率

探索对高收入人群购买商业健康险的半强制政策。参考国际经验，建议规定一定收入水平的人群必须购买健康险，提高税收优惠力度，将其购买健康险的支出一次性税前抵扣。对企业未为员工提供补充医疗险或个人未购买的高收入人群征收额外的税收，鼓励高收入人群及其企业购买商业健康险。

对低收入人群参保“基础补充层”商业健康险的提供补贴。分析国际经验可知，当已经达到较大数量的参保人参加商业健康险，且商保覆盖的主要是“基础补充层”产品时，政府可以给低收入人群提供补贴，鼓励这部分人群参保，获得较为基本的保障，此举一则提升整个社会获得感，二则扩大保险池，增强商业健康险行业的风险抵抗能力。

完善长期健康险的发展，鼓励年轻健康人群参保。目前，长期医疗险的保

障期最高为20年，尚不能满足人民群众对长期风险保障的需求。建议银保监会会同国家医保局，利用国家医保局的赔付数据开展课题研究，指导长期健康险的风险管控措施，实现长期健康险的终身化，鼓励更多年轻健康人参保。同时，建议对个人购买长期健康险实施税收优惠，进一步促进参保人购买。

鼓励企业补充险的发展。对目前企业补充险税前列支比例进行合理提升，增强企业为员工购买补充医疗险的税收优惠力度和购买动力。鼓励企业补充险的保障范围扩充到医保外目录补充，尤其是针对需求较为迫切的“基础补充层”中的医保目录外需求。鼓励企业补充险覆盖到员工家属。

完善税优型健康险的优惠政策。加大税收优惠力度，提高税优型产品的保障覆盖面。简化税优申报操作流程，降低投保人享受税优权益门槛，从而促进投保人购买税优型健康险。

2. 整合相关部门资源，帮助保险公司降低成本

鼓励建立保险数据共享平台，鼓励数据共享。建立数据基础，促进健康大数据合法、合规使用，助力健康险公司提升精算和产品设计创新能力。对商业健康险覆盖的基础责任提出要求时，应数据共享，帮助保险公司提升精算能力，控制风险。

对个人商业健康险产品的赔付率提出要求时，出台相应政策配套为保险产品宣传。当对商保产品的赔付率要求较高时，为了加强商保产品可持续发展的韧性，政府宣传将发挥切实降低保险公司的营销成本并提高参保率的重要作用。

（三）从医药产业融合商业健康险的角度出发，探索风险共担的支付模式，建立公开、公平、有序的参与机制，提高创新药保障水平

创新药具有较大的临床与社会价值，其价格是目前多层次保障面临的主要挑战之一，但创新药也是人民群众较为迫切的医疗健康需求。因此，医保与商

保的融合可从创新药的支付方面进行探索与突破。

1. 建议将临床价值高但未纳入国家医保目录的创新药作为“基础补充层”

综观国际经验，商业健康险补充层中的一部分需求是关乎参保人生命安全及生活质量和生产力情况的，其中就包括对于医保未覆盖药品的支付（如美国 Medicare 的 Part D 对门诊处方药的覆盖）和较高自付负担的支付（如法国补充医疗险）。在中国，补充层中这一层级的需求也切实存在。

政府应厘清补充层中人民群众关切最深的层级，并将这一层作为“基础补充层”，加大投入提升这一层级的覆盖率，使得覆盖这一层级商业健康险的参保率至少达到 30%。建议政府在推动整个多层次医疗保障体系发展的过程中，首要着力推动这一“基础补充层”层级的覆盖，并将临床价值高但未纳入国家医保目录的创新药纳入其中，增强融合动力，促进商保与医药企业融合联动。

具体有以下措施：由国家医保局会同银保监会、卫生行政部门和相关社会团体开展相关研究，对补充层中具有迫切需求的层级覆盖范围进行界定，或提供界定的原则。对于覆盖补充层的商业健康险，将这一覆盖人民群众迫切需求的“基础补充层”层级作为最低保障水平。适度增加这一层级的财政支持，可参考美国 Medicare 的 Part D 多方筹资机制的实践探索，由财政、商业健康险共同出资的方式实施保障，也可参考法国对低收入人群补贴参与补充医疗险的实践，即对低收入人群进行补贴参与这类商业健康险。

2. 商保与医保协同改革，探索风险共担的支付模式

对于创新药的支付，目前的动态医保目录调整机制还有待完善，建议建立价值导向、规则透明的动态医保目录调整评审机制，使得未来基本医保可以准入的创新药范围更加清晰，商业健康险对未来所需覆盖的创新药产品更有可预测性，医药企业在促进创新产品商业化进程中，方向更明确。

在国家医保目录谈判中设立商保共付的风险分担机制，我国医保部门可在规范谈判测算流程与路径的基础上，探索与商业健康险的“量价分担”“疗效对赌”等支付新模式，尤其对于高价值的创新药形成医保小比例支付、商保大比例支付、药企部分让利、个人少量承担的共付模式。

3. 建立透明的药企参与机制，确保创新药获得商保支付机会

特药清单。鼓励商业健康险公司及时更新其商保产品的特药清单并建立清单调整机制，与医药企业开展合作，提高创新药可及性。

建立商保目录。鼓励保险行业协会与健康产业相关协会沟通交流，建立与基本医保目录互为补充的商保目录，提供先进医药、医疗资源保障。

4. 推动商保与医疗机构、药店对接，促进创新药下沉与使用

推动商保与医疗机构、药店做好支付体系对接，由国家医保监控中心收集来自医院和药房的医保基金支出数据，在医保基金累计支出未达到风险点时，由医保进行支付；在医保基金累计支出超过风险点后，医保停止结算，由商保进行支付，商保支付部分可包含药企让利部分，患者仅支付报销后的金额。

5. 推进多层次医疗保障体系试点工作，探索实操层面问题，积累经验

建议优先在长三角地区开展多层次医疗保障体系试点工作，积累经验。长三角地区经济发达，大型医药企业、商保公司分布较多，加之改革示范区、先行区、引领区等政策扶持，各经济成分十分活跃。首先，长三角地区面临着人口数量不断增多、人口老龄化日益严重的问题，对多层次医疗保障的需求，尤其是高层次商业健康险的购买需求愈发强烈。其次，在经济发达地区推动试点工作容错率较高。关于促进商业健康保险与医药产业融合，进一步助力多层次医疗保障体系落实的实际操作过程中，必定伴随着问题和挑战。经济发达地区经济韧性强，能够承受试点过程中带来的不确定性风险。

总而言之，商业健康保险对提升全民健康保障水平，满足不同层次和不断变化的健康需求，推动社会经济和谐发展具有非常重要的积极意义，是国家社会保障体系中重要的组成部分。而且，未来我国即将跨入高收入国家行列，中产阶级群体规模在快速壮大，潜在的庞大保险客户群体决定了我国商业健康保险将是一个可供商业保险公司等市场主体开拓的巨大市场。因此，为了促进商业健康险高质量发展，需要贯彻落实“解放思想、实事求是”和“不忘初心、牢记使命”的思想理念，打破固有思维模式，及时调整相关政策，以适应中国不断发展的经济形势和老龄化社会的演变规律以及人民群众对健康的需求变化。无论是中国商业健康保险的现状还是国际上该行业成熟的发展经验，促进商业健康保险与医药产业等利益相关方的跨领域多方合作将有助于商业健康保险的加速发展，进而促使社会更和谐、人民获实惠、创新可持续，使商业健康保险真正发挥社会稳定发展的助推器作用。

附录

我国商业健康险相关政策梳理见附表 1。

附表 1　我国商业健康险相关政策梳理

时间	文件名称	颁发机构	商业健康保险相关政策
2006.08	《健康保险管理办法》	保监会①	健康保险第一部专门化监管规章
2009.03	《关于深化医药卫生体制改革的意见》	国务院	“鼓励商业保险机构开发适应不同需要的健康保险产品……积极提倡以政府购买医疗保障服务的方式，探索委托具有资质的商业保险机构经办各类医疗保障管理服务”
2009.05	《关于保险业深入贯彻医改意见积极参与多层次医疗保障体系建设的意见》	保监会	“大力发展商业健康保险，满足多样化的健康保障需求……积极参与基本医疗保障经办管理服务……积极探索参与医疗服务体系建设”
2012.03	《国务院关于印发“十二五”期间深化医药卫生体制改革规划暨实施方案的通知》	国务院	“鼓励商业保险机构发展基本医保之外的健康保险产品，积极引导商业保险机构开发长期护理保险、特殊大病保险等险种，满足多样化的健康需求。鼓励企业、个人参加商业健康保险及多种形式的补充保险，落实税收等相关优惠政策……”

① 2018 年调整为中国银行保险监督管理委员会。

续表

时间	文件名称	颁发机构	商业健康保险相关政策
2012.08	《关于开展城乡居民大病保险工作指导意见》	发展改革委、卫生部[①]、财政部、人保部、民政部以及保监会	明确城乡居民大病保险的承办方式“采取向商业保险机构购买大病保险的方式”，并指出要“规范大病保险招标投标”
2013.09	《国务院关于促进健康服务业发展的若干意见》	国务院	“鼓励企业、慈善机构、基金会、商业保险机构等以出资新建、参与改制、托管、公办民营等多种形式投资医疗服务业……鼓励发展与基本医疗保险相衔接的商业健康保险，推进商业保险公司承办城乡居民大病保险，扩大人群覆盖面……”
2014.08	《国务院关于加快发展现代保险服务业若干意见》	国务院	“鼓励保险公司大力开发各类医疗、疾病保险和失能收入损失保险等商业健康保险产品，并与基本医疗保险相衔接……政府可以委托保险机构经办，也可以直接购买保险产品和服务”
2014.11	《国务院办公厅关于加快发展商业健康保险的若干意见》	国务院	“扩大健康保险产品供给，丰富健康保险服务，使商业健康保险在深化医药卫生体制改革、发展健康服务业、促进经济提质增效升级中发挥‘生力军’作用……全面推进并规范商业保险机构承办城乡居民大病保险……稳步推进商业保险机构参与各类医疗保险经办服务”
2015.11	《关于实施商业健康保险个人所得税政策试点的通知》	财政部、税务总局、保监会	规定试点地区、商业健康保险产品规范及若干管理问题以及个人所得税税前扣除征管问题，确定个人税优政策从2016年1月1日在试点地区开始实施
2016.10	《“健康中国2030”规划纲要》	中共中央、国务院	“到2030年，现代商业健康保险服务业进一步发展，商业健康保险赔付支出占卫生总费用比重显著提高”
2016.12	《国务院关于印发“十三五”期间深化医药卫生体制改革规划暨实施方案的通知》	国务院	“积极发挥商业健康保险机构在精算技术、专业服务和风险管理等方面的优势，鼓励和支持其参与医保经办服务，形成多元经办、多方竞争的新格局……丰富健康保险产品，大力发展消费型健康保险……”
2017.04	《关于将商业健康保险个人所得税试点政策推广到全国范围实施的通知》	财政部、税务总局、保监会	通知规定，从2017年7月1日起，将商业健康保险个人所得税试点政策推广到全国范围，购买商业健康保险可以抵扣个人所得税

① 现为国家卫生健康委员会。

续表

时间	文件名称	颁发机构	商业健康保险相关政策
2017.05	《国务院办公厅关于支持社会力量提供多层次多样化医疗服务的意见》	国务院	“鼓励商业保险机构和健康管理机构联合开发健康管理保险产品……支持商业保险机构和医疗机构共同开发针对特需医疗、创新疗法、先进检查检验服务、利用高值医疗器械等的保险产品”
2019.09	《促进健康产业高质量发展行动纲要（2019—2022）》	发展改革委、银保监会等	促进健康保险与健康服务融合。支持健康保险公司开展管理式医疗试点，建立覆盖健康保险、健康管理、医疗服务、长期照护等服务链条的健康管理组织……搭建高水平公立医院及其特需医疗部分与健康保险公司的对接平台，促进医、险定点合作。支持健康保险公司开展基于互联网的保险服务
2019.11	《健康保险管理办法》	中国银保监会	对保险机构产品费率进行了调整，给予保险经营主体更灵活的空间，费率调整的权利交给主体，保险公司拥有更大的产品定价权，为长期健康险产品的设计开发提供强有力支撑，对于短期健康险产品，规避了产品同质化，推动产品回归保险保障
2020.01	《关于促进社会服务领域商业保险发展的意见》	中国银保监会等13个部委	在第一条“扩大商业健康保险供给”中明确提出，力争到2025年，商业健康保险市场规模超过2万亿元，成为中国特色医疗保障体系的重要组成部分
2020.02	《中共中央 国务院关于深化医疗保障制度改革的意见》	中共中央、国务院	“到2030年，全面建成以基本医疗保险为主体，医疗救助为托底，补充医疗保险、商业健康保险、慈善捐赠、医疗互助共同发展的医疗保障制度体系”
2021.01	《关于规范短期健康保险业务有关问题的通知》	中国银保监会	聚焦行业短期健康保险业务发展存在的突出问题，采取有针对性的监管措施
2021.05	《关于规范保险公司城市定制型商业医疗保险业务的通知》	中国银保监会	规范保险公司城市定制型商业医疗保险业务的开展，应发挥市场作用，服务民生保障；坚持稳健经营，提供专业服务；压实主体责任，规范经营行为
2021.06	《医疗保障法（征求意见稿）》	国家医保局	国家建立以基本医疗保险为主体，医疗救助为托底，补充医疗保险、商业健康保险、慈善医疗救助等相互衔接、共同发展的医疗保障制度体系 国务院医疗保障行政部门负责全国的医疗保障管理工作，国务院其他有关部门在各自的职责范围内负责有关的医疗保障工作

续表

时间	文件名称	颁发机构	商业健康保险相关政策
2021.09	《国务院办公厅关于印发“十四五”全民医疗保障规划的通知》	国务院	多层次医疗保障制度框架基本形成，更好满足了人民群众多元化医疗保障需求。鼓励商业健康保险发展：鼓励产品创新，完善支持政策，加强监督管理
2021.10	《中国银保监会办公厅关于进一步丰富人身保险产品供给的指导意见》	银保监会	扩大商业健康保险服务覆盖面，立足长期健康保障，探索建立商业健康保险药品目录和诊疗项目目录……加快商业护理保险发展……支持健康保险产品和健康管理服务融合发展，逐步制定完善健康管理服务、技术、数据等相关标准

资料来源：根据《构建中国医药创新生态系统系列报告第三篇：多层次医疗保障体系，助力人民健康和产业高质量发展》、公开资料整理

部分国家商业健康保险鼓励政策见附表2。

附表2　部分国家商业健康保险鼓励政策

类型	政策内容	相关法案	颁布时间
要求/鼓励对带病体承保			
德国医保外补充型保险	健康险主体不可以拒绝带病体投保	《社会法典》	1995
	政府要求所有商业健康险公司必须提供给投保人一个最基本的替代性健康医疗保险方案，该保险方案保障范围与法定社保范围类似	《为了刺激法定医疗健康市场的竞争》	2009
澳大利亚医保外补充型保险	健康险主体不可拒绝带病体投保	Private Health Insurance Act	2010
	健康险主体可以根据投保个体的身体状况，最多设置12个月的等待期	Afford Care Act	2007
巴西医保外补充型保险	法律明确规定健康险主体不可以以居民的身体状况、年龄为由，拒绝其享受购买保险服务的权利	Law 9.961 建立ANS规定	2000

续表

类型	政策内容	相关法案	颁布时间
法国自付保障型保险	如果补充医疗保险机构提供至少一种被称为“共济性保险”的产品，允许不健康人群不经核保、无须体检、带病投保，则该公司可免缴 7% 的保费税	《健康保险法案》	2004
鼓励对低收入家庭承保			
法国自付保障型保险	年收入低于一定水平的个人或家庭可获得由政府出资，商保公司管理的自付保障型商业健康险	CMU-C 法案	2000
保证承保 / 续保			
德国医保外补充型保险	商业健康险需满足保证续保，但允许续保时费率进行一定调整（在 2009—2019 年，健康险保费年均增长率 2.8%）	《为了刺激法定医疗健康市场的竞争》	2009
巴西医保外补充型保险	在居民购买商业健康险方案的 24 个月内，若健康险主体拒绝为带病体换保或续保，则为违法行为	ANS 规定	2000
鼓励年轻人和长期性投保			
澳大利亚医保外补充型保险	澳大利亚居民在年满 31 岁后的第一个 7 月 1 日之前未投保商业医疗保险，每延迟一年额外支付 2% 的保费，最高累加费率 70%	Life Health Cover	2000
	18 ~ 29 岁的投保人群，商业健康险公司为此年龄段的客户提供最高不超过保费 10%的折扣。人们将保留该折扣，直到他们进入 41 岁	Age based Discount	2019
	政府对不购买商业健康险的高收入群体，征收处罚性税金；个体年收入超过 9 万澳币或家庭年收入超过 18 万澳币的群体，若未购买商业健康险的话，视具体收入，需多交 1% ~ 1.5% 的个人所得税	Medicare Levy Surcharge	1998
强制投保			
法国自付保障型保险	中小型企业需强制出资，确保所有员工参保自付保障型健康险	Employment Security Act	2016

资料来源：《构建中国医药创新生态系统系列报告第三篇：多层次医疗保障体系，助力人民健康和产业高质量发展》

专题二

商业健康保险与医疗服务的融合发展*

商业健康保险发展与医疗行业紧密相关，探索与医疗服务之间的有效合作方式，成为我国商业健康保险应着力完善的方向。从国际情况看，随着商业健康保险的不断发展，为了提高机构及行业竞争力，许多保险公司开始积极延伸健康服务价值链，注重健康保险产品与医疗服务、健康管理相结合，形成涵盖健康保险、健康服务、医疗服务、护理养老的新型健康保险服务体系，为客户提供全生命周期、全流程的健康保障和健康服务。从国内情况看，我国相关政策文件也鼓励商业健康保险与医疗服务融合发展，如 2014 年《国务院办公厅关于加快发展商业健康保险的若干意见》和 2019 年修订的《健康保险管理办法》都鼓励推进健康保险同医疗服务、健康管理与促进等相关产业融合发展。

目前，我国商业健康保险与医疗服务的融合发展仍处于摸索阶段，合作模式还在探索，与医疗服务提供方合作机制尚不成熟等问题，影响并制约了商业健康保险与医疗服务合作的融合健康发展。开展商业健康保险与医疗服务融合发展现状研究，明确商业健康保险在医疗服务供给中的作用，梳理两者融合发展的主要方式、进展、机遇和挑战等，对于推动商业健康保险与医疗服务深度融合健康发展具有重要意义。

---

* 本专题作者为海南省卫生健康委员会（挂职）、国家卫生健康委卫生发展研究中心张毓辉，国家卫生健康委卫生发展研究中心万泉、郭锋、王荣荣、柴培培。

一、商业健康保险在医疗服务支付与供给中发挥的作用

（一）我国商业健康保险发展概况

我国商业健康保险始于20世纪80年代初，在2008年以前，我国的商业健康保险处于自发推动阶段。2002年，中国保险监督管理委员会颁布的《关于印发〈加快健康保险发展的指导意见〉的通知》提出鼓励保险公司推进健康险专业经营。随后，人保健康、平安健康、和谐健康、昆仑健康等专业健康保险公司陆续成立，健康保险产品主要针对重大疾病，以及城镇职工医保的补充保险。2006年8月，保监会正式颁布《健康保险管理办法》，这是健康保险第一部专门化监管规章，首次统一了保险公司在健康险业务经营上的监管标准。随着新医改的深入推进和政策红利释放，我国商业健康保险的业务规模快速增长，产品种类不断丰富，服务领域不断拓宽，在参与社会民生工程和医疗保障体系建设中取得了长足进步。

“十三五”期间，商业健康保险保费收入由2016年的4042.5亿元增长至2020年的8173.0亿元，按当年价格计算，年均增长19.2%；商业健康保险赔付支出由2016年的999.6亿元增长至2020年的2921.2亿元，按当年价格计算，年均增长30.7%，高于同期保费收入19.2%的年均增速（表2-1）。

表2-1 2016—2020年商业健康保险保费收支变化情况

年份	保费收入		赔付支出	
	规模（亿元）	环比增速（%）	规模（亿元）	环比增速（%）
2016	4042.5	67.7	999.6	31.2
2017	4389.5	8.6	1295.5	29.4
2018	5448.1	24.1	1743.9	34.7
2019	7066.0	29.7	2351.5	34.8
2020	8173.0	15.7	2921.2	24.2

资料来源：中国银行保险监督管理委员会官方网站

（二）商业健康保险在医疗服务支付中发挥的作用

商业健康保险对医疗服务的支付作用体现为多层次医疗保障体系中的补充作用。2009年《中共中央 国务院关于深化医药卫生体制改革的意见》和2016年《“健康中国2030”规划纲要》中均提出，要加快建立和完善以基本医疗保障为主体，其他多种形式补充医疗保险和商业健康保险为补充，覆盖城乡居民的多层次医疗保障体系。在基本医保的保障范围和保障水平有限的前提下，商业保险的补充作用能否发挥，不仅直接影响人民群众看病就医负担，同时也对医保体系和医疗体系建设，乃至社会治理体系的建设产生影响。

总体来看，商业健康保险在我国多层次医疗保障体系建设中的“补充”作用至少涵盖以下两方面：一是保障范围和保障水平的“补充”，包括与基本医疗保险保障相衔接的团体补充医疗保险、重大疾病保险等方面；二是管理的“补充”，在政府预算有限、行政人员和机构约束的条件下，商业（健康）保险公司可以凭借其人员、机构和技术优势（如遍布各地的分支机构、信息化网络、精算咨询等），参与到国家基本医保、兜底保障等制度体系的经办中，通过政府购买服务或政府和社会资本合作（PPP模式）等形式弥补“政府失灵”的缺陷，为进一步提升国家基本医保的精细化管理能力提供支持。①

1. 商业健康保险对保障范围和保障水平的“补充”

商业健康保险能够使患者和患者家庭面对医疗风险时，在经济上获得一定的补偿，用以抵消因治疗而产生的医疗费、护理费、误工费等。中国基本医疗保险的赔付同时设有起付线与封顶线，起付线以下的费用由患者自付承担，封顶线以上的费用由大病保险覆盖部分，其余则由个人承担。而商业健康保险可以打破社保报销中医疗机构层级、异地就医的限制，在实际费用的补偿中有很

① 傅卫：《中国卫生发展绿皮书：健康产业专题研究》，人民卫生出版社2020年版。

大的发挥空间。[①]

近年来，商业健康保险成为医疗卫生系统重要的筹资渠道，并发挥着越来越重要的作用。“十三五”期间，商业健康保险保费收入年均增长 19.2%，远高于同期卫生筹资总额（卫生总费用）12.4% 的年均增速，尤其是 2016 年商业健康保险同比增长 67.7%；商业健康保险保费收入占卫生总费用比重由 2016 年的 8.7% 上升至 2020 年的 11.3%（表 2-2）。2016—2020 年，商业健康保险费在卫生总费用增量中的贡献率达到 16.0%，是拉动卫生筹资总额快速增加的主要因素之一。

表 2-2　2016—2020 年商业健康保险费用变化情况

年份	商业健康保险费		占卫生总费用比重（%）	占卫生总费用增量比重（%）
	规模（亿元）	增量（亿元）		
2016	4042.5	1632.0	8.7	30.4
2017	4389.5	347.0	8.3	5.5
2018	5448.1	1058.7	9.2	16.2
2019	7066.0	1617.9	10.7	24.1
2020	8173.0	1107.0	11.3	17.5

资料来源：商业健康保险数据来自中国银行保险监督管理委员会官方网站；卫生总费用数据来自中国统计年鉴

2. 商业健康保险对医疗服务支付管理的“补充”

2009 年出台的《国务院关于印发医药卫生体制改革近期重点实施方案的通知》提出，积极提倡以政府购买医疗保障服务的方式，探索委托具有资质的商业保险机构经办各类医疗保障管理服务。2012 年 4 月，卫生部等 4 部门出台了

① 贾宇飞、于保荣：《商业健康保险在医药费用支付中的作用及国际经验》，《卫生经济研究》2020 年第 5 期。

《关于商业保险机构参与新型农村合作医疗经办服务的指导意见》并明确提出要“坚持‘保本微利’原则”。2012年8月国家发展改革委等6部委发布《关于开展城乡居民大病保险工作的指导意见》，提出采取政府委托办理、购买服务等方法，由商业保险机构承办大病保险，建立政府、个人和保险机构共同分担大病风险的机制。

商业保险公司经办大病保险是我国在医保治理领域的一次较为有意义的探索。从实践来看，商业保险公司承担经办业务具有比较优势。一是有利于建立激励约束机制和监督制约机制，实现管办分离，弥补政府和市场的缺陷，避免道德风险和寻租行为，提高医疗保障体系总体供给水平。二是有利于提升运行效率，保险公司在人员、网络和精算技术等方面都存在优势，可协助政府完善基本医保补偿和调整方案。三是有利于建立和完善多层次医疗保障体系，政府可借助保险公司的平台优势提高基本医保运行效率，同时，保险公司可以基于经办业务的实践，开发补充性保险产品，满足人民群众多样化的保障需求，促进多层次医疗保障体系的完善。[①]

（三）商业健康保险在医疗服务供给中发挥的作用

1. 缓解有效需求不足问题

有效需求不足，是我国医药卫生体制改革面临的深层次矛盾，阻碍了卫生健康事业的持续健康发展。[②]虽然社会基本医疗保险已经形成了基本的制度框架，发展相对充分。但基本医保侧重于“公平”，基本原则是保基本、国民普惠，保障水平相对仍较低，部分有效需求，尤其是大病的需求，不能得到释放。

---

① 冯鹏程：《商保公司经办基本医保的比较优势》，《中国医疗保险》2013年第12期。

② 刘其芹、胡进秋：《商业健康保险在医疗卫生服务中的作用》，《解放军医院管理杂志》2013年第1期。

同时，随着经济社会水平的不断提高，人民群众不再满足于“能看病”，还要求能在舒适、宽松的环境下看病，有一定经济实力的人群也希望得到高水平、人性化的医疗服务。但由于个性化、多元化医疗服务需求缺少保障供给，使得这部分有效需求得不到释放。商业健康保险侧重于“效率”，发展商业健康保险，可以为个性化、高端医疗需求的有效释放提供多元化的医疗保障，进而带动个性化、多元化医疗服务供给的增加[①]。

2. 促进医疗卫生服务供给资源优化配置

世界卫生组织认为，80% 的健康问题都可以在基层医院得到很好的解决，因此基层医院应承担为患者提供基础性医疗卫生服务的职能[②]。但由于医疗卫生服务体制机制尚未完全理顺、有限的优质资源过分集中于城市大医院、基层医疗卫生服务能力有限、人民群众就医观念仍未转变等因素影响，大量的常见病、多发病患者流向大医院，导致大医院不堪重负，而基层医院则少有问津，只有不到 15% 的费用发生在基层医疗卫生机构，其人员、设备闲置，资源浪费。医疗资源不合理配置，影响我国医疗卫生行业的健康发展，也导致“看病难”现象比较突出。健康保险作为付费方，将服务的需求方和提供方连接到一起，通过主动的管理式医疗保险，可以推动分级诊疗，降低不合理医疗费用，实现医疗卫生资源的合理配置。

3. 提高医疗服务质量和效率

商业健康保险通过对医疗服务机构的约束和引导逐步提高医疗服务的质量和效率[③]。商业健康保险公司，作为买方市场，在市场机制下，代表市场资本利

---

① 傅卫:《中国卫生发展绿皮书 : 健康产业专题研究》，人民卫生出版社 2020 年版。

② 杨小燕:《分级诊疗视角下公众选择基层医院就医的影响因素分析》,《市场周刊》2019 年第 12 期。

③ 刘其芹、胡进秋:《商业健康保险在医疗卫生服务中的作用》,《解放军医院管理杂志》2013 年第 1 期。

益和保户利益，选择术有专攻的合作方，充分满足保方需求。国际商保发展的经验显示：商业健康保险公司会为它的客户签约到最好的医疗机构和最好的医生，在这个过程中，按照优胜劣汰的原则，医疗机构与医生在这个市场中必须主动提升自己的服务水平和服务质量，突出自己的专业品质，以技术吸纳更多的商业健康保险买家。同样，慢性病、专病类等更加专业化、细分化的健康保险市场可以推动专科专病医疗体系的发展和品牌传播。

4. 助推新技术研发使用

基本医疗保险是保基本，由于基金的性质和责任，主要保障最基本的医疗需求，部分新技术、新方法、新药品的费用不在基本医疗保险的补偿范围之内。商业健康保险可以满足其客户的利益关切，会帮助他们选择创伤最小、痛苦最少、风险最低、康复最快、预后最好的医疗。基因治疗、靶向治疗、微创治疗、精准医学个体化医疗，得以在商保的支撑下获得发展，使患者享受到更多医学技术进步带来的实惠。

5. 促进医疗纠纷的化解和处置

自从有了医疗行为，医疗风险就不可百分之百避免。《医疗纠纷预防和处理条例》规定：“国家建立完善医疗风险分担机制，发挥保险机制在医疗纠纷处理中的第三方赔付和医疗风险社会化分担的作用，鼓励医疗机构参加医疗责任保险，鼓励患者参加医疗意外保险。”在国际上，医疗责任保险也是转移风险的通行做法，如美国、日本便是主要通过行业协会与保险公司来解决医疗纠纷。鼓励发展商业健康保险中的医疗意外险和医疗责任险，既能有效分担医疗风险，减轻医护人员执业压力，更有助于以商业保险的形式实现医疗纠纷处理机制的转换，逐步形成医疗风险社会化承担机制，促进医疗纠纷的化解和处置，保障正常医疗秩序，推动建立平等和谐医患关系。

二、我国商业健康保险与医疗服务融合发展现状

（一）总体进展情况

国内保险行业与医疗行业起步均相对较晚。尤其是保险业，更是在改革开放以后逐步进入我国社会公众的视野之中。与此同时，我国社会主义国情决定了“保险靠政府”的观点深入人心，进而导致商业保险在我国的发展较为“坎坷”。但是，随着社会的不断发展，商业健康保险逐渐得到了更为广泛的关注，商业健康保险与医疗行业的合作也逐步开展[①]。

早期的合作表现在初级的合同委托合作层面上，如中国人寿指定本地三甲医院对伤残进行辅助鉴定，并设定康复病床等举措。后期，随着合作程度的不断深入，合作项目得到有效的发展。

近年来，我国商业健康保险在政策利好的机遇下，开始以自建、投资、参股、并购、战略合作等多种形式参与医疗健康领域，与多元的医疗服务提供方展开更加紧密的合作，夯实保险产品中的医疗服务模块[②]。如阳光保险集团与大型公立医院及医科大学合作，成立了国内首家由保险公司投资控股的三级大型综合医院——阳光融和医院；平安保险集团通过建立自有专业平台“平安好医生”，将医药、医疗、医保三方融为一体，实行管理式医疗服务[③]。

总体上看，当前国内商业健康保险与医疗服务融合模式尚属探路阶段，保险公司缺乏对医险结合经营思路和盈利模式相对成熟、清晰的认识，尚未建立可持续发展的商业运营模式。

---

① 王丽丽：《保险公司与医疗机构的合作创新模式》，山东财经大学，2021。

② 赵小静：《健康保险与医疗机构合作模式探析》，《中国保险》2018 年第 9 期。

③ 李平：《对保险公司与医疗机构合作模式的探讨》，《保险理论与实践》2018 年第 5 期。

（二）模式分析

本专题梳理了国内商业健康保险发展的一些情况，尤其是其与公立医院、医疗机构、医疗服务等方面的合作情况，总结了以下几种融合发展模式。

1. 协议合作模式

（1）该模式基本情况。

该模式是指商业保险机构在业务发展过程中根据业务需求，选择并和一家或数家医疗机构签订合作协议，作为参保人群的定点医疗服务提供机构①。该模式又可以进一步分为两种，第一种是由一家保险公司独自建立医险合作体系，结合自身健康保险业务，选择并和一些医院达成协议，作为医疗服务的提供者；第二种是由多家保险公司共同建立医险合作体系，通过成立一个代表保险公司的代理机构进行管理，选择合适的医疗机构作为保险服务的定点医院，并负责保险公司与医院之间的协调沟通②。

该模式下比较典型的是人保健康与北京大学人民医院合作构建医疗卫生服务共同体。2010 年，中国人民健康保险股份有限公司北京分公司与北京大学人民医院签署战略合作协议，启动“北京大学人民医院人保健康医疗卫生服务共同体”项目。此次合作不仅开创了我国保险机构与医疗服务机构深度合作模式之先河，而且是新医改背景下专业健康保险公司服务民生健康保障的全新探索。该项目在风险管控、数据分析、健康管理、客户开发、客户服务等诸多方面展开深层次长期合作，依托各自的资源优势，共同为客户提供更优质、更周到的服务。同时，依托“北京市西城区医疗卫生服务共同体”，明确各级医疗机构在疾病诊断、治疗中的服务范围，使得各级医疗机构的功能相互补充，识别与

① 方有恒：《论保险公司与医疗机构合作模式》，《工业技术经济》2008 年第 4 期。

② 刘涛、何亮、李金辉：《基于国际经验的我国保险与医疗合作模式研究》，《管理现代化》2019 年第 3 期。

管控风险，合理安排患者就诊，实现诊疗费用直接结算，为专业化健康保险产品的开发提供医疗数据[①]。相关报道显示，截至2018年初，人保健康已经与近3000家医疗机构、7万余家药店建立了合作关系；在56个城市的92家三甲医院设立了VIP诊室；签约医生达到6.7万名[②]。

此外，商业健康保险公司还与医疗服务机构合作，围绕重点疾病治疗或前沿医疗技术，开发商业健康保险产品，提高服务的可及性。例如，2019年中国人寿保险股份有限公司与上海市质子重离子医院在上海签署合作协议，并推出质子重离子医疗保险专属产品，以满足客户对恶性肿瘤质子重离子治疗新技术方面的医疗费用报销需求[③]；中国人民健康保险公司与北京汉琨中医医院合作开发涵盖糖尿病诊疗、康复治疗等一系列特色服务的专属慢性病管理保险产品，让客户享受到高品质、全方位的慢性病诊疗与管理服务，以客户为中心打造慢性病诊疗新体验[④]；长城人寿与中日友好医院联合开发设计一款牙齿种植服务保险产品——长城种植牙医疗保险，以创新的保险形式实现了种植牙服务便捷性、可靠性与保障性的结合，开创了保险公司与三甲公立医院合作设计牙齿种植服务保险的先例[⑤]。

（2）对该模式的评价分析。

理论上，在协议合作模式中，商业保险公司拥有资金、技术、管理、服务等优势，而医疗机构有着医疗技术、医疗团队、医疗数据等优势，双方开展战

---

① 《人保健康与北大人民医院签署战略合作协议》，搜狐理财，2010年2月2日。

② 《人保健康：构建“开放、互联、智能、高效”健康管理服务生态圈》，中国保险报－搜狐号，2018年3月28日。

③ 《中国人寿签约沪质子重离子医院并发布“国寿如E康悦”新品》，中新网上海，2019年5月17日。

④ 《人保健康与汉琨医院合作 以客户为中心打造慢病诊疗》，中国人民健康保险，2019年3月12日。

⑤ 《长城人寿携手中日友好医院首推互联网种植牙保险》，前瞻产业研究院，2015年9月28日。

略性合作，有利于双方优势互补，充分发挥自身的优势，产生“1+1 > 2”的效应[①]。该模式下，商业健康保险公司通过与医疗机构签订协议，介入医疗服务环节，可以有效识别和管控医疗风险，防范就医过程中的道德风险，将传统健康保险中的事后理赔服务模式转变成为将诊疗前的健康教育、健康管理服务和诊疗过程中的就医服务、直接结算服务，以及诊疗过程后的康复、健康管理等服务结合起来，形成一整套完善的健康保险服务体系，从而达到商业健康保险良性循环和健康发展的目的。

但是，这种模式发挥作用的前提，是保险和医疗双方都能从合作中获得收益，而在我国目前的医疗体系制度下，双方共赢实际上是难以实现的，导致这种模式在现实中很难发挥理论上的作用。

一方面，在我国现阶段的医疗服务体系中，公立医疗服务机构占主导地位，在医护人员数量、医疗水平、设备配置、资金规模等方面都具有绝对的优势，集中了大量的客户群体，在同保险公司协议谈判中具有很强的议价能力。而商业健康保险公司所掌握的重要资源——投保人作为潜在“病人”，其数量十分有限，对医疗服务机构的吸引力较弱，在与医疗服务机构的协议谈判中居于被动地位，从而难以干预医疗服务机构的不合理行为，例如过度医疗等。即使对于已经投保健康险的消费者来说，由于目前保险公司和医院之间缺少对接机制，有效的医疗干预难以进行，因此降低医疗费用面临较大的困难。

另一方面，协议合作能够成功的关键在于，双方都能获取比不合作之前更大的利益。而在目前的医疗体制格局下，占据主导地位的公立医院完全可以依靠自身的资源和声誉获得低风险的收益，而保险公司的介入会对医院的经营行为构成制约。因此，协议模式下的医险合作主要是给保险公司带来利益，而公

---

① 彭佳华:《健康中国背景下商业保险公司与医疗机构融合发展探析》,《科技创新与生产力》2019 年第 11 期。

立医院并没有从这种模式中获利，公立医院缺乏合作动力，最终会造成二者的协议合作难以长久维持。相比而言，一些民营医院由于不具备像公立医院那样的议价能力，和保险公司的合作会更加稳固①。

2. 股权投资模式

（1）该模式基本情况。

该模式是指由一家或多家保险公司联合以自建、收购或参与股权形式，介入健康保险定点医院，共同参与管理。该模式中，客户购买健康保险保障，在医疗体系收获健康服务，形成健康闭环。该模式根据持股情况，又可以分为两类：一是保险公司通过投资建立自己的医院，或者收购具有一定规模和声誉影响力的医疗机构，从而获得对保险和医疗协同管理的绝对控制权；二是保险公司通过参股或者控股的方式介入医疗机构的改革中，与并购或者自建医疗机构相比，这种方式需要的资金量较小，而且参股控股的对象一般是地方性医院、中小型医院、专科医院等，比较适合规模不大的保险公司。

目前国寿、平安、人保健康、泰康等保险公司根据各自的资源和经验都在进行股权投资模式的尝试，代表性保险公司主要是泰康和平安。

泰康集团旗下设立泰康医疗公司，充分发挥保险与医疗的纽带作用，积极探索医疗服务与健康保险产品的深度结合模式，实现泰康“保险 + 医疗”的有机融合。在核心区域建设五大医学中心，即泰康仙林鼓楼医院、泰康西南医学中心、泰康宁波医院、泰康同济（武汉）医院、深圳前海泰康国际医院，是符合国际医疗质量和水平标准的大型综合医院，已逐步落实全国核心区域布局，覆盖长三角、华中、大西南、粤港澳大湾区，规划医疗床位 5000 余张。泰康拜博口腔在北京、成都、上海、济南等 50 多个城市开设 200 多家口腔诊所及口腔

① 刘涛、何亮、李金辉：《基于国际经验的我国保险与医疗合作模式研究》，《管理现代化》2019 年第 3 期。

医院，致力于为中高端人群提供优质口腔医疗与健康服务。泰康与美国顶尖医院西奈山医院、约翰霍普金斯医学国际部等国际知名医疗机构牵手，在医疗技术、医院运营管理、人才培养等领域长期深度合作，不断提升医疗能力和服务水平[①]。

阳光保险集团与潍坊市政府合作创办阳光融和医院，与国内外一流医疗机构建立战略合作，聘请国内外百名医疗专家参与患者诊疗，推出“直赔式”服务，开发具有针对性的健康保险产品，关注患者的康复管理领域，对患者进行综合性健康管理，节省了患者的医疗费用支出。在阳光融和医院，医院既是“服务方”又是“付费方”，不仅处方监管极为严格，高度重视医疗质量，提升病床流转率，降低平均住院天数，减少药占比，同时更有充足的内在动力满足患者进行健康管理的天然诉求，实现疾病的全程管理，真正提升诊疗质量，达到健康管理目标[②]。

（2）对该模式的评价分析。

从理论上来讲，保险公司以股权投资或直接收购、建立医疗机构的方式，能够对医疗机构形成较大的控制力，从而有效地配置医疗资源，提高医险合作运行效率，做大做强健康产业链。该模式主要有以下三点优势：一是减少过度医疗现象，能有效控制道德风险的发生，不仅能降低赔付率还能减少医疗费用支出和医疗资源浪费；二是保险公司可以利用自建或参股医疗机构为客户提供一系列健康医疗服务（就医建议、预防保健等），满足客户多层次的健康保障需要，增强自身竞争力；三是实现医疗数据信息的共享，精简业务流程，提高信息资源的利用效率，有效降低医疗成本及保险保障经营成本。但是在实践中，

① 《长寿时代·中国样本·泰康方案——泰康构建大健康生态体系》，华西都市报，2020 年 8 月 18 日。

② 《阳光融和医院“保险 + 医疗”试验田》，金融时报 – 中国金融新闻网，2017 年 5 月 31 日。

股权投资模式也会遇到不小的挑战：

一是医疗服务的公益性特点会使得保险公司在与医院进行股权合作的过程中，出现追求商业利益和满足社会责任双重目标之间的冲突，难以满足多方的需求，从而给医险顺畅合作带来困难。

二是我国医疗机构相对分散，拥有完善的医疗网络的大型医疗机构几乎没有，医疗资源的地域分布不均衡，分散且不能共用的特点导致保险公司与单独医疗机构股权合作的竞争能力有限，医疗资源的可获得性不足，使很多患者难以得到便利的医疗服务，从而使得商业健康保险对人们的吸引力下降。如果想扭转这一局面，就只能采取保险公司与各层级医疗机构分别进行股权合作，但这会大大增加保险公司的投资成本。或者先由大型医院牵头，组建大型医疗集团，然后保险公司投资医疗集团，但这种做法短期内很难实现。

三是收购合并的方式具有局限性。大型公立医院能够提供更好的医疗服务，是保险公司收购的首选对象，然而要收购大型公立医院，需要的资金规模很大，保险公司要承担巨额的资金压力；即使收购成功，两类机构的管理整合将不可避免，除了上文指出的两类机构由于经营目标不完全一致带来的问题之外，后期也会面临传统大型医院的一些遗留问题，例如职工安置、编制存留、机构改革、费用控制等。

3．“互联网 +”模式

（1）该模式基本情况。

该模式是指商业保险公司利用互联网技术整合医疗资源，布局“互联网 +”模式，通过支付宝、微信小程序或自建 App 等形式，搭建在线医疗养护平台，为客户提供健康管理、护理评估、就医协助、网上药店、网上会诊、健康保险、养老保险等一系列健康医疗养护服务。不仅能给患者提供便利服务，同时还能推升医疗机构管理水平，提高医疗质量，减少过度医疗，控制医疗成本，提高医疗资源利用效率，减少医疗资源的浪费。

中国平安构建了“患者—提供商—支付方”的综合模式，试水线上 App，通过“平安好医生”平台提供医疗和健康管理、控费和账户管理等服务，服务全国 200 多个城市，涉及数亿人口，线上 App 与线下万家医疗相结合，实现了医疗健康服务各参与方的协同。人保与春雨医生实行战略合作协议模式，春雨医生在健康风险管理领域提供健康咨询、医疗机构、国际分诊、医疗过程管理等服务，防控过度医疗和逆向选择，在健康大数据领域与人保合作，服务产品创新。众安与微医集团合作，推出互联网医院门诊险，创新商保支付模式，为参保人提供家庭医生服务①。

（2）对该模式的评价分析。

保险公司通过互联网平台、线上 App 等探索管理式医疗路径，一方面可以通过引入互联网健康管理基因，实现对客户的全面健康管理，从源头上降低发病率来控制理赔率；另一方面，可以实现对就医流程的一线管控，实时掌握客户最新医疗进展与费用开支，采取措施尽可能减少不必要的额外医疗支出，降低医疗理赔额。由于能够掌控大量健康医疗数据，保险公司可以真正实现产品定价环节、诊疗环节的风险和成本控制。同时，因为没有服务门槛，任何潜在客户都可以在平台上咨询、买药，成为健康险的引流入口，扩大影响，积累用户。但该模式在发展过程中，也会面临多个挑战：

一是线上线下衔接融合面临重大挑战。对健康险公司来说，“互联网 +”模式对线上服务与线下服务衔接融合的要求很高，即要为消费者提供满意的服务，否则就会使客户对线上宣传丧失信心。因此，如何更好地实现线上与线下的无缝对接是该模式成功的关键。而相比线上平台的搭建，线下医生团队的建立和

① 赵小静：《健康保险与医疗机构合作模式探析》，《中国保险》2018 年第 9 期。

有效运作、管理、激励将成为健康险公司的重大挑战。

二是盈利模式尚不明确。一方面，线上要建设 App 平台，线下要建立大量诊所、雇用全职和兼职医生、配备合格的医护人员、培训高素质的保险销售人员，每一个环节都需要大量资金、人力物力的跟进。例如平安健康险就计划投入500 亿元，用10 年时间打造“万家诊所计划”①。另一方面，根据互联网行业的特点，互联网医疗的盈利模式产生于医疗“流量”和“数据”。但由于服务不设门槛且互联网用户已习惯免费消费模式，线上医疗平台究竟有多少“流量”能真正转换为保险需求？留存率能有多少？又有多少用户能真正成为目标客户最终增加保费收入？这些答案还未可知，还不能明确未来具体的盈利点。因此，该模式并不具有行业普适性，只能由资本雄厚、风险承受能力强的行业巨头来领导。

三是互联网医疗行业和传统保险行业的文化融合困难。互联网行业的盈利法则是大投入、大产出、大收益，而且往往是先不求利润，投入大量资本做大“流量”，再寻找盈利模式。而传统保险行业是风险管理行业，一般是在谨慎做出未来 5 ~ 10 年的盈利规划后才投入发展资金。截然相反的行业发展思路必定会在“互联网 + 医疗 + 健康险”模式的发展策略、经营理念、流程设计、员工合作甚至精神面貌和制度体系等方面产生冲突。

（三）主要特点

1. 单方面主导

当前国内商业健康保险公司与医疗机构的合作多采用以保险公司为主导的单一主导型合作来进行。具体而言就是在双方合作的过程中往往是由保险公司

① 《万家诊所市场的争夺：平安激进、丁香园稳健》，蓝鲸健康 – 健康界，2017 年 1 月 23 日。

发起，并构建相应的合作体系。形成此种特征的因素有两个方面：一方面是保险公司出于市场营销等需要存在极高的合作动力；另一方面是医院层面多为公立医院，在缺乏明确政策指向性的背景下缺少合作的动力与能动性。而这一特征也形成了现阶段保险公司与医疗机构合作的片面化，即在销售与承保过程中的合作较为紧密，而对于保险客户的后续服务以及医疗服务接受与理赔阶段的合作相对薄弱。

2. 有限合作

现阶段的商业健康保险公司与医疗机构之间的合作范围以及合作深度均存在明显的不足。在组织架构上，二者的合作仅仅停留在合同合作的初级阶段，除了少量的直接投资建设与保险公司参股私立医疗机构之外，其他的合作形式相对少见，而相互之间派驻工作人员等形式也较为罕见；在合作内容上，商业健康保险公司与医疗机构的合作也多停留在服务体系的搭建上，如形成理赔的“绿色通道”已经属于合作层次相对较深的合作内容了，更进一步的前期介入、全过程管理等尚没有较为成功的案例，这也反映了二者合作处于十分有限的范围之内；在合作方式上，商业健康保险公司与医疗机构之间的合作多以患者为“桥梁”，即缺乏合作的主动性，仅仅是当保险客户出现健康或意外问题时，合作机制被动“启动”，无法提供预见性或者预防性的健康服务体系。

3. 核心价值递增

二者在合作过程中所产生的明显的核心价值，在客户、保险公司、医疗机构、社会 4 个层面上形成明显的递增关系，即后者的合作价值显著高于前者。对于客户而言，商业健康保险与医疗服务合作所产生的价值无外乎能够更为有效地为客户提供稳定的健康资金支持，或者在理赔与报销的过程中提供更为便捷的通道，无论是在“有无”还是在“总量”上均没有明显的突破；而对于保险公司而言，合作的核心价值不仅在于市场竞争中能够提供更为显著的市场竞争力，而且更能够在成本控制、资金流管理以及运营效能上提供更大的贡献，其核心价值显著高于客户；对于医疗机构而言，除了保险公司能够提供可预期的资金保障之外，更大的核心价值体现在能够形成稳定的医疗保障，从而使得在“治病救人”的时间“赛跑”中更从容，从社会责任角度来看其收获的核心价值更为显著；商业健康保险与医疗服务合作带来的社会核心价值更是不言而喻，除了解决医患矛盾之外，还能够有效地提高全社会对于医疗体系建设的满意程度，提升公民幸福感，所获得的核心价值最高。

4. 目的性明显

双方的合作均带有明显的目的性，具体的目的与产生的核心价值相关。在保险公司层面，其目的是打造自身的品牌形象、提升自身产品的核心竞争力、控制资金风险；对于医疗机构而言则是为医疗服务提供必要的资金支持，避免由于医疗成本而产生的医患风险。在这样的目的下，双方均可获得各自领域内的核心价值，这也为二者更广泛的合作奠定了坚实的基础并营造了必要的外部环境[①]。

（四）主要障碍和挑战

1. 存在体制机制障碍

我国医疗卫生服务体系以公立医院为主体，而公立医院由于强大的资源控制能力和议价能力，保险公司很难介入到公立医院的服务提供和合作里面去。即使医院与保险公司进行合作，也倾向于利用信息不对称的优势给消费者提供额外的服务或者治疗。此外，当前我国已经基本建立了覆盖面广、筹资水平低、

① 王丽丽：《保险公司与医疗机构的合作创新模式》，山东财经大学，2021。

有较好公平性和普遍性的社会医疗保险，政府集中管理社会医疗保险，在某种程度上，使得商业健康保险的空间没有充分释放，也妨碍了商业健康保险与医疗服务之间的融合。

2. 健康险自身存在缺陷

一是我国商业健康保险覆盖率低、市场规模小，在医疗费用筹资中的比例很低，与商业健康保险应有的地位和作用很不相称。商业健康保险发展不足，也阻碍了其配置医疗资源效率的提高，更难以满足医疗机构的有效需求。

二是由于统一的行业标准和缺乏有效的监督，规范性明显不足，在服务内容、服务质量方面存在较大差异，侵害消费者合法权益的现象也时有发生，从而影响了客户对健康险行业的体验。

三是我国商业健康保险的费用支付方式是以服务项目付费的后付制，这是一种最传统、运用最广泛的医疗费用结算方式。在这种支付方式下，医疗服务机构不需要承担治疗疾病的成本风险，参保者也没有主动要求医疗机构控制医疗费用的动力。后付制容易产生供者诱导需求现象，导致医疗服务机构过度检查和过度用药。这造成了医疗费用的过快和不合理增长，加重了参保人和健康保险基金的负担①。

3. 融合发展目标定位模糊

商业保险公司与医疗机构缺乏明确的合作指向，更多是从各自的利益角度出发来进行有限的合作规划，如保险公司出于自身市场竞争的需求牵头构建的保险公司与医疗机构的合作模式。在此种合作形式上，缺少对于合作双方利益共同体的考量，也缺少对于合作双方的利益体系构建，进而导致了合作更多流于形式或者单方面的“一头热”现象。与此同时，从经济利益角度出发的目

① 刘其芹、胡进秋：《商业健康保险在医疗卫生服务中的作用》，《解放军医院管理杂志》2013年第1期。

标定位很难对医院，尤其是大型公立医院产生足够的吸引力，也使得相关合作较为松散，无法形成合作合力，在发挥保险公司与医疗机构合作效能上缺少建树。

4. 法律体系缺失

我国目前的法律体系对于保险公司以及医疗机构的限制相对较多，尤其是对于企业决策层构成、经营行为等方面的限制更多。这一法律体系现状存在当下的合理性，保险业与医疗服务行业关乎着百姓的基本生存保障与民生建设，去市场化趋势明显，当下的法律体系也从这一角度进行必要的构建。对于二者的合作，虽然可以通过一定的手段与方式规避一定的法律风险，但是从法律出发寻求更大的支撑尚不可行，这也是现阶段保险公司与医疗机构合作不深入的根本原因。值得注意的是，我国高水平医疗机构多以事业单位为主，此类型的组织结构对于合规性的要求要远高于对市场的追求，进一步放大了法律体系缺失造成的被动影响。

5. 数据共享机制严重缺乏

商业健康保险与医疗服务融合发展的根本目的是为患者提供最大程度的保障，提供最为便捷与到位的医疗服务。在合作过程中任何能够达到这一目的的方式方法均是值得尝试的。但是，在目前的合作过程中，信息化建设能力明显不足，具体表现为相互之间缺乏数据共享机制。无论是保险公司还是医疗机构的数据化运行均依赖于自己的单方数据库，在产生数据交互需求时依旧采用传统的人工查阅、打印、印信授权使用的基本方式与流程，不仅拉低了合作效能，也无法在数据碰撞与大数据体系建设上形成互补优势。事实上，这也是目前保险公司与医疗机构之间合作并未完全深入开展的核心原因之一。

三、商业健康保险与医疗服务融合发展国际经验借鉴

（一）典型国家的发展特点

1. 美国——管理式医疗保险

商业健康保险在美国社会医疗体系中占据主导地位，政府只为弱势群体和特殊群体提供医疗保障，多数美国人通过商业健康保险获得医疗保障。经过多年发展，整合医疗和保险资源提供“管理式医疗”+“疾病管理”+“第三方管理”等综合性健康管理服务的专业健康管理组织已占据美国健康保险绝大部分的市场份额，并形成了多种形式的健康管理组织，既有联合健康（United Health）、奥斯卡健康保险（Oscar Health Insurance）这些深度整合医疗机构资源的健康险公司，也有凯撒医疗（Kaiser Permanente）整合医疗服务和医疗保险，形成闭环的健康维护组织[①]。

以凯撒医疗为例，管理式医疗本着合理化医疗成本的原则，整合患者、医生、医疗机构、保险机构，既是支付方也是服务方，形成连续性、一体化的封闭式整合医疗服务，实现利益共享：

一是医疗保险与医疗服务提供的整合。医疗机构和保险公司是利益统一体，医生只为参保的病人看病，提供服务后的结余资金可以在集团内部进行再分配。

二是供方和需方利益的整合。医生通过健康管理，使服务对象少得病，可以节约大量医疗费用和病人就医的自付费用，节约的资金可用于医生的收益分配。

三是服务提供模式的纵向和横向整合。采用同行评议的方式对医务人员进行考核评价，促使全科医生和专科医生之间、不同层级的医务人员之间、不同

① 李平：《对保险公司与医疗机构合作模式的探讨》，《保险理论与实践》2018 年第 5 期。

专科医生之间的对接联系融洽。同时，实现了预防保健、门诊、住院、家庭康复之间的横向整合，使患者在不同阶段接受的服务无缝衔接。

四是线上和线下服务的整合。美国有着先进的医院信息系统，可通过公司App和电子网站等查看客户医疗记录、预约医生、处方下单、浏览检验结果、给医生发信息等，随时随地实现畅通无阻的医患交流，并可以有效减少医疗资源的浪费。

2. 英国——BUPA的医险合作模式

成立于1947年的保柏集团（BUPA）是全球最大的国际健康保险和保健服务机构之一，主要的业务来源是健康保险，包括医疗保险、重大疾病保险、失能收入保险、牙科保险、长期护理保险等业务。由于该集团是一个互助性质没有股东的机构，其税后盈利可以全部用于改善客户服务质量以及服务种类。BUPA不仅为客户提供健康险产品，还根据客户的不同需求提供各种健康保险计划与健康保健服务。保柏集团的模式具有以下几方面的特点：

一是BUPA通过对下属不同医院的客户信息数据进行管理分析，为客户提供差异化、多样化的健康管理方案，包括健康分析及评估、工作场所保健、牙科保健、个人医疗管理、压力管理等，并不断进行产品服务的创新，持续进行方案的完善。二是BUPA十分重视医疗网络的建设和互联网技术的应用，一方面，广泛的医疗机构网络为客户接受医疗服务提供了便利，纳入保柏集团的医疗机构有7500多家，覆盖了广泛的区域，客户可以根据自身的情况选择适合自己的医院和医疗项目；另一方面可以帮助客户在很大程度上减少对于医疗场所的顾虑，通过移动互联设备，在家里、工作单位、商场都可以随时知晓自己的身体状态信息，接受相应的健康咨询服务和就医用药的指导。三是在保险公司与医疗机构建立合作关系方面，BUPA设计了比较完善的机制，一方面，在选择合作的医疗机构时，BUPA建立了医院质量及服务评估系统，包括12个方面，150多项指标，所有医院必须通过这些指标才能成为其合作定点医院；另一方面，为了避免由于保险公司与医疗机构谈判能力不对等而造成过度医疗等资源不能被充分利用的问题，BUPA以集团化的方式进行投资收购或者自建医疗机构，使保险公司与医疗机构形成利益共同体，但是这种投资的盈利模式与房地产投资不同，并不是主要依靠资产本身的价值增值，而是依托不动产实现健康医疗服务水平的提高，进而获得收益[①]。

3. 德国——DKV的医险合作

德国健康险公司都隶属于商业健康保险行业协会。行业协会在德国健康险发展中发挥了重大作用：一是作为行业利益代言人与医院、医师、药厂等相关利益主体进行谈判，避免了单家企业与医疗供给方谈判时处于不利地位；二是定期统计各健康险公司相关数据，并制定“退保统计表”和“个人风险统计表”，为保费测算提供支持，此外行业协会还会定期统计分析行业运营状况并深入研究。

德国健康保险股份公司（DKV）是欧洲最大的商业健康保险公司，其发展战略是将管理服务和医疗服务整合在一个平台上，形成健康保障、健康服务和医疗护理服务三者相互促进的“三角”战略关系，形成了多元盈利渠道。

一是积极开拓“第二健康市场”。其中，预防性医疗服务包括预防性健康检查、运动与旅行健康以及预防服务。二是参与健康服务整合。投资了连锁综合门诊、牙科诊所、护理和养老机构等健康产业。其中，以miCura品牌在全国范围内提供门诊服务，在柏林、不来梅等9个城市提供护理服务。打造goDentis品牌的德国最大牙科网络，有330多家牙科诊所[②]。

---

① 刘涛、何亮、李金辉：《基于国际经验的我国保险与医疗合作模式研究》，《管理现代化》2019年第3期。

② 王玉昊：《中国商业健康保险经营模式研究》，对外经济贸易大学，2018。

(二)经验与启示

1. 医疗资源的市场化提高医险合作效率

发达国家的管理式医疗模式之所以能够迅速发展，一个根本原因在于医疗资源实现了高度市场化，大量的医院和医生都要在市场中面临优胜劣汰的竞争，不会出现因为医疗机构具有技术垄断性而使保险公司在谈判中处于弱势地位，最终无法形成医险联盟的情况；而且市场化的医疗体制也促进了医疗资源在地域上的平均分配，医疗资源可获得性的提高，也会提高居民参加管理医疗保险的积极性；管理式医疗机构会为进入自己组织网络的医院和医生设置严格的准入标准，确保医疗服务的质量，患者也能够通过医疗服务网络和信息系统，自由选择最适合自己的服务机构和医生，这样有利于医疗资源的优化配置。

2. 定额预付的付费方式能够提高医疗资源利用效率

在商业健康保险与医疗服务融合发展过程中，保险公司会根据积累的历史数据，对不同疾病的诊疗费用进行评估，形成合理的费用标准，并与接受这个价格的医疗机构达成合作协议，投保了这种疾病的客户在患病接受诊疗之后，保险公司按照事先协议的价格对医疗机构进行支付，不再追加任何额外支出。这种定额预付的支付方式可以督促医疗服务者主动承担风险责任，规范诊疗行为，提高医治水平，因此能够吸引更多人参加医险合作组织，从长远来看有助于医险合作的发展。另外，还可以有效防止投保人的道德风险行为，减少过度消费医疗资源的情况。

3. 需要建立对合作医院的审核监管制度

美国、英国、德国等发达国家的管理式医疗体系中，为了提高医护服务的水平并减少风险，保险公司对合作医院的资质审核是非常严格的，既包括对资金规模、医生诊疗水平、技术设备等硬性条件的审核，也要审查医院的管理制度、医德声誉、历史行医行为等软实力，尽可能评估医疗机构的全貌，减少医患双方的信息不对称。除此之外，管理式医疗组织还要与医疗机构签订职责规范合同，并以此对医疗机构的日常行为进行必要的监管，确保就医者和保险公司的利益不受损害。

4. 基层医疗机构的发展有助于管理式医疗模式的建立

分布广泛、数量众多的基层医疗机构网络，是美国、英国、德国等发达国家管理式医疗体系的重要组成部分，是管理式医疗组织发展壮大的保障，也是管理式医疗模式发挥调节医疗费用、配置医疗资源作用的基础。对于客户而言，是否购买健康保险的前提，是医疗资源要具备一定的可获得性，如果在常住人口占绝对比例的三四线城市及以下的县乡镇，都不能便利地使用医疗服务的话，健康保险就失去了巨大的市场，健康产业链也难以成长壮大；另外，管理式医疗组织控制医疗费用的一个重要手段，就是可以利用市场竞价机制，而发挥这一作用的基础就是组织内要有大量的签约医疗机构，打破医疗资源的垄断格局，而基层医疗机构体系的发展为竞价机制的建立创造了条件。这条经验对我国尤其适用，正如上文所言，我国医院分级管理的医疗体制，使医疗人才、设备等资源高度集中于一二线城市的大型公立医院，这会造成医院的谈判能力过大，保险公司无法对其实施必要的约束，管理式医疗模式建立不起来；同时也会减少医疗资源的可获得性，阻碍健康产业链的发展。

四、商业健康保险与医疗服务融合发展形势分析

（一）多层次多样化健康服务需求给商业健康保险与医疗服务融合发展提供了广阔空间

"十四五"时期我国有望进入高收入国家行列，城乡居民消费水平和消费能力将进一步提高。加之城镇化进程加速、慢性病发病率增长、人口老龄化程度

加深、“全面三孩”政策顺利实施、医学技术进步、医疗与互联网等信息技术深度融合等趋势，我国健康消费需求将不断增长，消费结构也将持续升级。新冠肺炎疫情暴发是史无前例的全民健康教育，全社会健康意识也明显提高，保健、防护、消杀类产品以及健身、康养、线上问诊、线上药店等健康服务消费需求快速增长。可见，健康模式从“以治病为中心”向“以健康为中心”发生转变，健康保障和健康服务成为人民群众的刚性需求，并快速释放。这要求健康保险在发挥保障功能的同时，在健康服务领域发挥作用。一方面商业健康保险将与多层次医疗保障体系建设深度融合，日益发挥重要作用；另一方面健康管理伴随着健康保险的发展，成为保险公司的重要服务领域，前景广阔。

（二）政策环境持续优化为商业健康保险与医疗服务融合发展奠定坚实基础

2009 年 3 月，《中共中央 国务院关于深化医药卫生体制改革的意见》提到“加快建立和完善以基本医疗保障为主体，其他多种形式补充医疗保险和商业健康保险为补充，覆盖城乡居民的多层次医疗保障体系”。随后，政府出台了一系列明确的战略规划和指导意见，为商业健康保险与医疗服务的合作发展提供了指引。

2013 年 9 月，《国务院关于促进健康服务业发展的若干意见》指出，鼓励商业保险机构等以出资新建、参与改制、托管、公办民营等多种形式投资医疗服务业。2014 年，《国务院办公厅关于加快发展商业健康保险的若干意见》鼓励保险公司进一步将服务领域拓宽，提供慢性病管理、健康维护、疾病预防等差异化、高品质的健康管理服务。2016 年 10 月，中共中央、国务院发布的《“健康中国 2030”规划纲要》提出“促进商业保险公司与医疗、体检、护理等机构合作，发展健康管理组织等新型组织形式”。同年 12 月下发《国务院关于印发“十三五”深化医药卫生体制改革规划的通知》，提出“引导商业保险机构以出资新建等方式兴办医疗、养老、健康体检等健康服务机构”。2017年5月，《国务院办公厅关于支持社会力量提供多层次多样化医疗服务的意见》提出，支持商业保险机构和医疗机构共同开发针对特需医疗、创新疗法、先进检查检验服务、利用高值医疗器械等的保险产品。加快发展医疗责任保险、医疗意外保险等多种形式的医疗执业保险。推动商业保险机构遵循依法、稳健、安全原则，以战略合作、收购、新建医疗机构等方式整合医疗服务产业链，探索健康管理组织等新型健康服务提供形式。2019年9月，《促进健康产业高质量发展行动纲要（2019—2022年）》中提到，支持健康保险公司开展管理式医疗试点，建立覆盖健康保险、健康管理、医疗服务、长期照护等服务链条的健康管理组织。同年11月，中国银保监会正式颁布了新修订的《健康保险管理办法》提到，保险公司经营医疗保险，应当加强与医疗机构、健康管理机构、康复服务机构等合作，为被保险人提供优质、方便的医疗服务。2021年9月，《“十四五”全民医疗保障规划》中提出，鼓励商业保险机构提供医疗、疾病、康复、照护、生育等多领域的综合性健康保险产品和服务，逐步将医疗新技术、新药品、新器械应用纳入商业健康保险保障范围。

总体上看，上述政策和制度环境的持续优化为推动健康保险行业与医疗行业合作深化提供了良好环境、奠定了坚实基础。

（三）新一代信息技术为商业健康保险与医疗服务融合发展创造更多可能

大数据、云计算、人工智能、物联网等新一代信息技术的发展，给商业健康保险与医疗服务融合发展营造了全新的条件和环境，带来了更多动力与机会。运用大数据技术可以帮助保险公司实时掌握客户的健康状况和生活行为，实施个性化健康管理。大数据技术在逆选择、过度医疗、保险欺诈的识别和防范方面将帮助保险公司扭转被动局面，消除一直困扰健康保险经营的痛点。人工智能在健康险销售、客户健康状况评估、风险预测、健康管理方案制定和实施、家庭护理机器人、医疗和健康咨询等方面具有更广泛和深入的运用场景。通过物联网技术，保险公司将可穿戴产品采集的生理指标数据与客户的医疗数据和体检数据相结合，为客户建立健康和医疗档案，更好地为客户提供医疗健康咨询、就医协助、远程医疗等增值服务，提升客户体验，增强客户黏性和忠诚度。

（四）监管规则的细化为商业健康保险与医疗服务融合发展明确了方向

为引导商业健康险市场良性发展，银保监会近年来频频出手，在修订新版《健康保险管理办法》的基础上，屡次对短期健康险下“紧箍咒”。2020 年下发了细则文件《关于长期医疗保险产品费率调整有关问题的通知》，鼓励保险公司开发销售长期医疗保险产品。2021 年印发了《关于规范短期健康保险业务有关问题的通知》，针对短期健康险市场加强监管，进一步压实保险公司经营管理主体责任，加大信息披露力度。监管规则的细化往往反映出产业发展进入了新的阶段，现如今健康险不同的产品类型正面临着不同的挑战。短期险当务之急是要思考如何从产品同质化严重的竞争中脱颖而出，提高用户的信任度；而对于长期险，补足健康管理能力，提升保障水平是健康险企业亟待解决的最大问题。

（五）“以人为中心”的高质量发展改革方向为商业健康保险与医疗服务融合发展带来了压力与挑战

“使人民获得感、幸福感、安全感更加充实、更有保障、更可持续”，党的十九大报告以新的高度强调了坚持以人民为中心的发展思想。因此，坚持以人民为中心，可以更好满足人民在经济、政治、文化、社会、生态等方面日益增长的需要，而更好推动人的全面发展、社会全面进步的发展就是高质量发展。目前商业健康保险赔付支出相对于保费收入的比重仍处于较低水平，在保障人民健康方面的作用需要提高。“十三五”期间，商业健康保险赔付支出相对于保费收入的比重由 2016 年的 24.8% 上升至 2020 年的 35.7%（图 2-1），上升了 10.9 个百分点，但与美国商业健康保险赔付率普遍高达 80% 相比，仍处于较低水平。

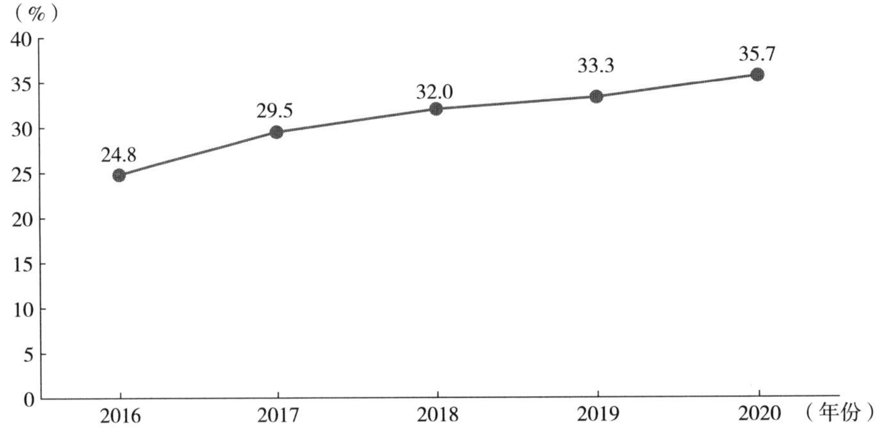

图 2-1 2016—2020 年商业健康保险赔付支出相对于保费收入比重

资料来源：根据中国银行保险监督管理委员会官方网站发布的商业健康保险保费收入、赔付支出数据测算

五、商业健康保险与医疗服务融合发展政策建议

（一）政府方面

1. 加大政策扶持力度

推动商业健康保险与医疗服务融合发展的前提是有相对良好的市场发展环境，即离不开政府政策的扶持，通过法规政策保护商业保险公司与医疗机构双方的权利和义务，营造良好的发展氛围。一方面，政府相关部门应结合商业健

康保险与医疗服务融合发展的实际情况出台推动融合发展的税收、财政补贴等一系列保障政策，鼓励商业健康保险和医疗服务融合发展；另一方面，为更好地保障消费者群体的各项权益，防范各类风险的发生，政府相关部门应积极推动监管体系的改革与建设，加强对商业健康保险与医疗服务融合发展的监管，建立健全各项风险监测预警机制，优化业务处理过程中风险处置流程与制度，保障消费者的各项合法权益①。

2. 牵头推进医疗数据共享和开放

打破数据壁垒，形成有效的信息共享平台是保险公司与医疗机构进行广泛合作的必然前提。应进一步明确政府部门在推进医疗数据共享和激发数据价值方面的主体责任，搭建多方数据提供者、使用者、开发者等组成的完整的全国分级医疗数据整合、开放、开发、运行体系，明确医疗数据整合、开放的时间表。同时，制定医疗数据共享、开放、开发的规则与标准。此外，牵头建立跨部门、跨行业的相关统计数据和行业信息共享平台，在保护用户隐私的前提下打通传统医疗机构和医保、保险机构之间的信息交互通道，打破现有的信息壁垒，为商业健康保险和医疗服务整合提供好的技术支持和平台。

（二）医疗机构方面

1. 转变认识，主动合作

满足人民群众日益增长的医疗需求，保障大众健康是医疗机构服务的最终目的。而商业健康保险作为基本医疗保险的补充，在保障范围和保障水平上更为充足，满足了人民群众不断增长的对健康和完善的医疗保障的需求。医疗机构通过与市场化程度较高的商业健康保险公司合作，一方面有利于医疗机构拓

① 彭佳华：《健康中国背景下商业保险公司与医疗机构融合发展探析》，《科技创新与生产力》2019年第11期。

宽服务范围，为医疗机构可持续发展提供优质、稳定的客户来源，提升医疗机构的知名度与形象，直接带来可持续发展的经济效益；另一方面可以促进医疗机构优化内部流程，提高医疗质量和工作效率，提升管理效能。此外，基因治疗、靶向治疗、微创治疗、精准医学个体化医疗，得以在商保的支撑下，获得发展。因此，面对人民群众对于健康管理、疾病预防、特殊疾病治疗、特殊材料、新技术和新药品的需求，医疗机构应该探索在保障公益性的前提下，遵循市场规律，积极主动与商业健康保险合作，促进全民健康。

2. 要把握如何与保险公司合作

中国市场变化日新月异，医疗机构要完整了解目前保险市场情况，包括各家保险公司目前情况及战略发展、保险公司与医疗机构的合作态度和原则、目前保险产品的开发及合作热点、未来需要的服务类型等。医疗机构与保险公司的合作可以由以下几种服务组成：一是基础服务，医疗机构作为保险公司客户的医疗合作方，为客户提供保险合同涵盖的医疗服务；二是增值服务，医疗机构为保险公司客户提供健康讲座、义诊、就诊优惠券等服务；三是附加服务，医疗机构协助保险公司的医疗团队，提供专家建议、二次诊疗等；四是产品合作，通过和标准的第三方公司合作，由第三方公司标准化服务体系，从而对接保险公司，这也是一个比较容易的参与方式。

（三）商业健康保险机构方面

1. 要根据自身情况制定不同的医险合作战略

大型保险公司可以凭借自身的资金实力，直接投资设立自己的医疗机构，或者与别的公司共同出资设立医疗机构，自己掌握控制权。因为医疗机构的管理方式和专业技术的复杂性，医疗资源整合会十分困难，因此以参股方式进行医险合作会减弱大型保险公司的优势；大型保险公司也可以直接购买中小民营医院或者专科医院。大型医院规模巨大，具有资源垄断地位，收购大型医院的成本会非常高，而地方性的中小民营医院，或者专科医院，就成为大型保险公司进行医险合作的最佳收购对象。

中小保险公司可以通过参股地方性公立医院，或者专科医院的方式，成为其战略投资者。与大型医院相比，地方性公立医院和专科医院的资金规模较小，也不具备大型医院那样具有绝对优势的谈判能力，保险公司不需要很大的投资就能获得具有影响力的股权，与之形成互利共赢、共担风险的医险合作联盟。尤其是专科医院，在自己的细分领域深耕细作，具有独特的竞争优势，而且专科医院的市场化程度更高，以获取利润为目标，不需要承担很多的社会责任，与保险公司在经营理念上比较一致，医险合作后的管理整合相对容易，从而可以降低医险合作的难度①。

此外，也可以借鉴国外先进经验，由保险公司和医疗机构成立健康管理合资公司，实现服务资源的最大化整合。通过健康管理合资公司，保险公司与医疗机构建立“风险共担、利益共享”的合作机制和多种有效的结算方式，可充分利用政策资源和医疗资源。

2. 改革赔付方式

管理式医疗的核心思想在于通过定额预付的收费方式，对医疗机构的行为形成约束，从而达到优化医疗资源分配、控制医疗费用的目标。目前，我国支付方式仍然以事后报销为主，投保人在接受医疗服务时先自己垫付费用，然后由保险公司根据费用情况进行报销支付，这种方式使保险公司并没有参与诊疗过程，不容易对医疗机构和医生的行为形成制约。因此，需要保险公司进一步加强同医疗机构的沟通合作，借鉴国外先进的经验，积极稳妥地推进支付制度

---

① 刘涛、何亮、李金辉：《基于国际经验的我国保险与医疗合作模式研究》，《管理现代化》2019年第3期。

和赔付制度的改革，建立起定额预付的收费制度，充分利用经济杠杆调节控制医疗费用、提高医疗服务质量，吸引更多消费者参与医险合作组织，提高医险合作效率，促进医险合作发展。

3. 创新健康保险产品

以客户需求为导向是商业健康保险持续发展的必要路径[①]。商业健康保险公司应抓住机遇，通过与医疗机构、社保机构和健康管理机构的信息共享，运用大数据、区块链、人工智能等科技识别健康风险，开发满足客户需求的个性化、多样化健康保险产品；借助科技手段精细化费率厘定，构建专业的风险分析评估模型，使客户风险识别、产品设计、渠道管理、运营风控等向专业化方向转变。

4. 加强复合型人才队伍建设

商业健康保险与医疗服务的融合发展属于新兴领域，为更好推动其发展需要大量懂医疗、懂保险、懂养老、懂法律、懂经济管理的复合型人才。因此，商业保险公司与医疗机构必须加强专业化人才队伍建设，通过“走出去”与“引进来”的方式对相关从业人员进行业务强化培训，或与高校医学院、管理学院、法学院等相关院系开展订单式专业人才培养，提升商业健康保险与医疗服务融合发展的管理与服务能力。

① 赵小静：《健康保险与医疗机构合作模式探析》，《中国保险》2018 年第 9 期。

专题三

商业健康保险与健康管理服务的融合发展*

习近平总书记指出“把人民健康放在优先发展的战略地位”。[①] 为此，要充分调动商业健康险市场力量，建立健全创新商业健康保险的服务功能，注重与其他社会资源有效融合，可以整合医疗机构、医药企业以及一切可以调动的社会资源，共同参加健康保险事业，提高健康保险的综合效能，发挥好商业健康保险在国家医疗保障制度框架中的补充作用。当前政府和民众对于商业健康险都寄予厚望，商业健康险在发挥自身力量的同时，急需新的发展思路以迎接新的机遇。

本专题以支持政策研究、促进科学决策、服务中国发展为宗旨，关注我国商业健康保险与健康管理服务行业发展以及两者融合发展的现状，分析融合发展的推动力量，借鉴国外融合发展的经验，探索适合我国的融合发展模式，旨在提出更好发挥商业健康险作用、促进其与健康管理服务融合发展的建议。首先，阐述了研究的现实和理论背景及意义。其次，在明确商业健康险的支付方定位及其优势后，分析主要的商业健康险险种及其发展现状，指出其发展存在的问题；分析健康管理服务的发展现状，并总结了我国融合发展模式中存在的

---

* 本专题作者为湖南大学金融与统计学院张琳、沈建美、徐晓婷、刘阳，长江证券股份有限公司刘坤坤。

① 《习近平：把人民健康放在优先发展战略地位》，新华网，2016 年 8 月 20 日。

问题。再次，详细分析了社会经济发展、科技、制度政策和风险控制四大因素对商业健康险与健康管理服务融合发展的推动。接下来，分析日本、美国、英国、德国、新加坡和南非的健康险和健康管理服务发展以及融合的相关模式，总结出我国可借鉴的经验。最后，从保险公司层面和政府层面提出商业健康险与健康管理服务融合发展的建议。

一、研究背景与意义

（一）现实背景

党中央、国务院高度重视商业健康保险的发展。2020 年 1 月，提出了力争到 2025 年，商业健康保险市场规模超过 2 万亿元的目标。在“十四五”规划建议稿中，也明确提出了要积极发展商业医疗保险。2020 年 2 月，中共中央、国务院发布《关于深化医疗保障制度改革的意见》，进一步明确了到 2030 年全面建成以基本医疗保险为主体，医疗救助为托底，补充医疗保险、商业健康保险、慈善捐赠、医疗互助共同发展的医疗保障制度体系。随着医改的不断深化，逐渐多层次化，应强化基本医疗保险、大病保险与医疗救助三重保障功能，加快提升商业健康保险的保障及服务能力，鼓励其他支付方积极参与。

我国银保监会陆续出台健康管理相关政策，促进健康管理行业发展。2020 年 1 月，银保监会、卫生健康委员会等十三部委联合印发《关于促进社会服务领域商业保险发展的意见》（银保监发〔2020〕4 号），从完善健康保险产品和服务，完善保险市场体系等方面提出了促进社会领域商业保险发展的多项政策举措。2019 年 10 月，银保监会印发《健康保险管理办法》（银保监会令 2019 年第 3 号），为适应健康保险经营和监管的新形势和新要求，对健康保险从定义分类、产品监管、销售经营等方面作了全面修订，规范健康保险产品设计、销售经营和理赔行为，鼓励健康保险充分承担社会责任。同时，首次将健康管理以专章形式写入，对健康管理的主要内容、与健康保险的关系定位、费用列支等方面予以明确。2020 年 2 月，银保监会发布《关于进一步规范健康保障委托管理业务有关事项的通知》（银保监办发〔2020〕13 号），重塑健康保障委托管理业务监管框架，回归业务本源，促进健康保障委托管理业务与商业健康保险业务协同发展，更好地满足企事业单位人员的健康保障需求，服务国家医疗保障体系建设。2020 年 9 月，银保监会下发《关于规范保险公司健康管理服务的通知》，作为《健康保险管理办法》的配套文件，通过对保险公司健康管理服务行为形成规范，切实提升专业化服务水平，促进商业健康保险稳健发展。推动商业保险市场加速发展，成为医疗保障体系中关键的组成部分。

（二）理论背景

2019 年第五届全国社会保障学术大会在北京召开。数百名行业专家就如何构建高质量社会保障体系提出了建议。其中讲到调整法律保障体系的责任分担机制，更好地发展商业健康保险，可为实现高质量社会保障体系建设贡献力量。学术界对商业健康保险和健康管理两大学科融合发展的研究正处在探究阶段。

理论分析融合的推动力量。从社会基本医疗保险与商业医疗保险的社会分工角度、经济消费结构角度、慢性病健康管理角度、社会人口老龄化和医疗健康大数据技术角度等方面展开分析我国商业健康保险与健康管理服务融合问题。王雅丽（2019）认为商业保险公司参与“医养结合”养老模式是我国目前养老服务面临的最为关键的发展路径，提出可以设计一种更适合国际潮流发展趋势的健康保险综合保障创意产品，将“医养结合”养老模式与健康保险政策发展趋势融合。

多学科理论分析融合实施路径。王安鹏（2019）将保险学、中医药学、健康卫生学等多学科综合，探索了商业医疗保险与健康管理相融合的具体实施路径。朱敏、孙梦楠（2020）认为，作为服务民生、支持实体经济发展的重要力量，保险公司应结合自身业务，探索创新“保险+健康管理服务”模式，积极参与“健康中国2030”建设。朱铭来、王恩楠（2021）指出商业保险公司应与医药产业协作发展，分析研究了二者的“多对多”合作、制定商业健康险药品目录等协作发展方向，并提出应推进商业健康保险主导高价值药品谈判的模式建议。

国际经验启示研究。裴晨阳等（2018）探讨了美国管理型医疗模式对我国健康维护组织发展的启示。周博闻（2018）研究了美国健康服务业发展情况，认为美国的健康服务业经过长期的探索过程，现在已经发展成为以医疗服务为中心，以社会医疗保障与商业健康保险高度融合为基础，以研究机构技术支持与教育机构劳动力供给相结合为保障，兼顾资金融通与风险共担职能，由单一诊疗向全过程健康管理领域逐步迈进的新兴产业集群。Robinson 和 Ginsburg（2009）认为出于效率和道德的考虑，保险产品的设计将继续朝着消费者驱动的方向发展，而管理式医疗将被重新设计成可供消费者选择的形式，但会受制于保险公司构建的激励机制。Kauer（2017）利用瑞士一家大型健康保险公司的管理数据分析同一个人在12年间的医疗保健消费情况，结论表明：与不参加 HMO[①] 计划的人相比，选择加入并留在 HMO 计划的人长、短期的医疗支出均显著降低。Enthoven 和 Tollen（2005）表明如果每个人做出一个负责任的选择，70% ~ 80% 的员工会选择综合交付系统的 HMOs。

当前社会发展阶段对健康服务的需求。充分发挥商业健康保险作用，推动

① HMO 全称 Health Maintenance Organization，为美国健康维护组织。

健康服务产业融合发展。廖生武、朱宏、谭碧慧（2019）探讨了我国“互联网+医养结合”在社区老年慢性病人群健康管理中的发展现状，分析面临的机遇和挑战，并提出相应的对策。针对我国“互联网+医养结合”养老模式的现状和存在的困难，提出了应对策略。

我国健康险与健康管理服务融合现状。我国目前已经有了一些健康险与健康管理服务融合的成功案例，但还比较局限，没有形成可以有效推广的模式。黄功凤（2019）从合作对象、合作模式、支付方式、服务人群、服务形式和服务内容这6方面探索了我国商业健康险与社区卫生服务机构合作开展健康管理的模式，并对政府、保险公司和社区卫生服务机构3个主体提出了该模式实施的建议。宋占军、董李娜（2021）总结了众惠相互与“华西妇儿联盟”合作的成功经验，众惠相互通过与家庭医生团队签约，为实行分级诊疗和健康管理服务提供了经济激励。薛寒冰（2020）指出健康管理在我国现阶段的商业健康险领域应用中受功能定位不清晰、缺乏政策引导、专业化程度不高等因素影响，其价值未得到有效体现。姜浩（2021）、段紫欣（2021）指出，未来保险企业构建健康管理生态还需兼顾满足客户多层需要的横向拓展和探索利益共享机制的纵深合作这两个方面。程显扬（2020）研究发现我国健康服务业还存在保险服务发展乏力且存在壁垒、健康服务业相关支撑产业缺少核心竞争力和科技创新转化难且网络信息系统平台尚未建立这几个问题。

综上所述，国内外对商业医疗保险和健康管理服务融合的成效问题的探讨比较少。

（三）研究意义

我国商业健康保险取得了显著成绩，但不可否认商业健康保险发展面临的形势依然复杂严峻。目前的商业健康产品无论是定额给付型还是费用报销型，对健康管理的激励都不足，更多的是为补偿而保险并不是为健康而保险。世界银行针对我国慢性病的调查数据称，在今后的20年，40岁以上人群，慢性病的发病人数会增长3倍。随着社会的发展，生活方式的改变，传统的医疗模式也需要改变，逐渐向“防、治、养”模式转变。在这种趋势之下，商业健康保险需要从传统的支付型向管理型转变。在健康消费升级、疾病谱变化的趋势下，消费者保障意识不断提高，加上国内医疗支出个人比例过高，老百姓对商业健康险产生巨大的需求，原有的商业健康保险模式与内容难以满足人民多层次的健康保障需要，本专题对于商业健康保险与健康管理服务融合发展的研究，在借鉴发达国家发展经验的基础上，寻求适合我国的健康险与健康管理服务融合路径，对未来商业健康险的发展具有积极作用。

二、社会转型过程中的商业健康保险与健康管理服务及其发展

（一）商业健康保险及其发展情况

2021年9月，国务院办公厅印发的《“十四五”全民医疗保障规划》提出，鼓励商业保险机构提供医疗、疾病、康复、照护、生育等多领域的综合性健康保险产品和服务，逐步将医疗新技术、新药品、新器械应用纳入商业健康保险保障范围；明确完善支持政策，厘清基本医疗保险责任边界，支持商业保险机构开发与基本医疗保险相衔接的商业健康保险产品，更好覆盖基本医保不予支付的费用；按规定探索推进医疗保障信息平台与商业健康保险信息平台信息共享。

1. 商业健康险的定位及优势

我国商业健康保险在医疗保障体系中处于补充地位，是基本医疗保障的衔接者，而非基本医疗保障的主要承担者，是深化医改、完善多层次医疗保障体系的助推者，是健康服务业产业链整合的先行者。支付方的角色定位是商业健

康保险存在的基石，保险特有的风险管理能力是健康保险的优势，保险公司可以发挥其支付方和风险管理的优势，将健康服务业上下游资源有机串联起来，为客户提供全生命周期的健康管理服务。

商业健康保险作为社保的一种补充手段，可以提供社保目录外的治疗和药物的报销，可以满足人们对健康服务的差异化需求。商业健康险的优势除补社保之不足外，其市场化运作的有效性能更快地反映新技术、新药品、新器械的变化所带来的市场变化，给国民提供及时的保障。

2. 健康险险种发展情况

商业健康保险，是以被保险人的身体为保险标的，使被保险人在疾病或意外事故所致伤害时的直接或间接损失获得补偿的保险，包括疾病保险、医疗保险、收入保障保险和长期护理保险。2020 年全国商业健康险保费收入 8173 亿元。

2.1 重疾险

我国健康险市场一贯以重疾险为主（2020 年行业整体重疾险总保费占健康险 60%，头部公司占比普遍超过 80%），我国重疾险保单数量已超 3 亿张，有 2 亿人投保了重疾险，完成了从 0 到 1 的跨越，但重疾险保额不到 30 万，国民疾病保障缺口仍然较大。目前重疾险供需不匹配，在需求端消费者保险意识觉醒和自主购买的时代来临，而在供给端，产品本身及推广模式的同质化依然严重；代理人的年龄、圈层、专业水平难以匹配重疾险的新兴主力客群（85 后、90 后）。产品和服务供给不能满足客户对服务获得感、服务专业度，以及对产品性价比的关切。

从平安保险的数据可以看出：（1）重疾险保额较低，成人重疾险保额基本低于 20 万元。（2）投被保人年龄较大，平均年龄 35 岁以上，成人险种被保险人年龄 30 岁以上（表 3–1）。

表 3-1 重疾险产品类型

客户分类	产品类型	险种类型	件均重疾保额（万元）	投保人当前平均年龄（岁）	被保人当前平均年龄（岁）
成人	不含两全	成人福	20	37.4	31.2
		守护福	38	42.4	38.6
		大福星	18	36.1	31.9
		护身福	17	42.2	32.4
	含两全	福满分	23	42.9	41.6
		成人守护百分百	15	38.7	36.8
少儿	不含两全	少儿福	33	36.3	4.4
		爱满分	77	36.4	4.9
		小福星	32	35.2	4.5
	含两全	少儿守护百分百	29	37.0	7.1

资料来源：健康险深度报告——平安保险

2.2 医疗险

我国医疗险发展始于 20 世纪末，医疗险形式是低端医疗，保障范围限于社保目录内；低保额、低保费；以企业补充医疗险为主，是企业福利计划的一部分；福利性高于保障性。2005 年，医疗险形式是高端医疗，保障范围扩展至私立医院和全球，高保额、高保费；主要是外企给外籍在华高管的福利，人群覆盖面窄。2014 年，医疗险形式是中端医疗，保障范围扩展至社保目录外；赔付医院限定为境内公立医院；保额几十万或上百万元，件均保费水平 1000 ~ 2000 元。代表产品：平安安康、安享，友邦康惠、康逸等。2015 年，医疗险形式是百万医疗，保障范围增加 1 万免赔；赔付医院限定为境内公立医院；保额几百万元不等，件均保费几百至上千元；市场主流公司都有，产品略有差异。2020 年，医疗险形式是长期医疗，保障范围趋同百万医疗；产品责任设置更关注长期经营风险。代表产品：太保安享百万、新华康健华尊、平安e生保等长期医疗险。

（1）百万医疗险高速增长后，增速开始放缓。

百万医疗险从2017年开始井喷式增长，2019年新单保费规模达到300亿元，2019年百万医疗险市场用户规模达到6300万人，市场渗透率达5.2%，预计2020年突破9000万人，渗透率提升至7.4%。

伴随市场竞争加剧以及市场充分渗透，百万医疗险逐渐进入发展瓶颈期。首先，是城市普惠医疗保险（惠民保）的崛起带来强烈冲击。其次，由于百万医疗的目标人群瞄准年轻人群，续保率不高（图3-1），医疗费用的上涨又带来赔付率逐渐降低，医保控费大背景下，高额自费项目在公立体系难以立足，导致获赔率进一步下降，百万医疗客户体验有所下降。再次，最新最好的一些治疗手段，无法进入公立医院或者变为院外支付场景，百万医疗也无法报销；对于老年病、慢性病等有效需求群体覆盖不足。最后，健康管理服务层次浅，服务用于吸引客户，而非控费。

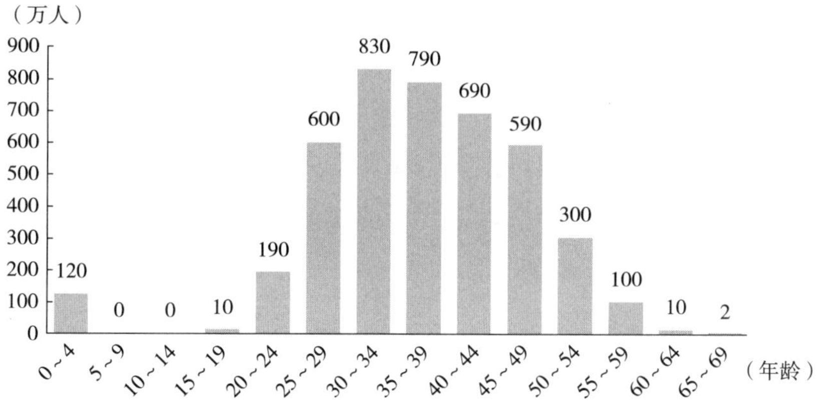

图3-1 百万医疗投保人群分布

资料来源：健康险深度报告——平安保险

（2）百万医疗险发展趋势。

产品差异不大。产品保障的竞争趋向细节叠加（质子重离子、意外、拉长合同到期后可报销费用天数等）；增加营销卖点，但也可能削减一些保额或减少赔付范围（如住院前后门/急诊）。

健康告知的要求和核保管理越来越严格。宽进严出；投保虚拟化中用户获取信息更难，用户失去面对面询问的机会；重新投保后的费率作为调控风险的重要手段；诊断数据缺乏规范影响重新核保。营销费用大。留客困难，营销成本大；渠道费用高；佣金率高。

（3）“惠民保”对百万医疗险带来冲击。

截至2022年3月，全国28省份122个地区244个地级市推出了177款“惠民保”，累计参保1.4亿人次，保费规模达140亿元。预计在3～5年之内，约5亿人口被这样的保险覆盖。

以城市定制为核心理念，惠民保放宽了对投保人的限制，不限年龄、职业，带病体也可投保，个账划扣。部分地区的惠民保价格在150块钱以上，对标的是市场上的百万医疗。惠民保因为在官方指导下，产品获客成本相对较低。未来市场发展到一定程度，对百万医疗产品会产生较大冲击。

惠民保的重要意义在于普及全社会保险意识和保险知识，提升保险行业医疗管理能力，提高商保作为支付方在医保体系中的话语权。长期来看，惠民保为未来商业健康保险的跨越式、爆发式发展提供了必要的基础建设，商业保险需要在惠民保的基础上找好定位。

（4）惠民保形态演进。

参保率是惠民保作为商业产品承担社会属性的重要基础，政府在推广惠民保业务中扮演重要角色。放宽核保条件纳入次标体，需要社保及医疗数据支持。

2020年上百个惠民保项目中，仅有9个参保率超过20%；参保率超过30%

的项目均有政府支持，以浙江省为例，由省医保局统一发文指导并对保费征缴进行管理；惠民保若没有一定的参保率作为支撑，将无法运用大数法则进行有效风险分散，如何进行风控管理对保险公司是一个重要命题。

（5）短期险规范文件对百万医疗险的影响。

2021 年 6 月，我国银保监会发布《关于规范保险公司城市定制型商业医疗保险业务的通知》。国家医保局分别于 2020 年 7 月和 11 月调研浙江省和成都市，支持促进商业健康保险发展。

浙江、山东、江苏、湖南等省分别制定和发布指导意见，指导惠民保类补充医保产品健康发展，并对产品设计、服务供给等提出具体要求，推动该类产品的服务和保障效能提升（表 3-2）。

表 3-2 四省政策要点

		设计定价	服务供给
多层次保障建设要求		待遇更可靠充分	满足多层次需求
发文总体思路原则		定位补充 衔接互补	投赔简便 增值健康服务
发文四省政策要点	浙江	不得设置既往病史条件 合理设定目录，各市纷纷将自费纳入保障	通过浙里办和保司 App 购买 3+N 结算
	山东	支持产品开发 不得设置既往病史条件 可将治疗重特大疾病的药品、耗材、创新医疗技术纳入保障范围	协助提升服务能力 推进一站式结算
	江苏	不得设置既往病史条件 重点解决个人负担的大额医疗费用和目录外自费医疗费用	全面实施“线上参保” 推进一站式结算
	湖南	医保部门负责制定商业补充医疗保险方案 既往史未明确规定 鼓励将目录外合理医疗费用纳入保障范围	开发专门 App，做好与湘医保平台对接，实现商保一站式结算

资料来源：健康险深度报告——平安保险

2.3 长期护理保险

长期护理保险主要为被保险人在因年老、患病等情况而丧失日常生活能力时，通过发挥保险的风险共担、资金互济功能，提供护理保障和经济补偿的制度安排。《人力资源社会保障部办公厅关于开展长期护理保险制度试点的指导意见》中指出，现阶段应探索建立以社会互助共济方式筹集资金，为长期失能人员的基本生活照料和与基本生活密切相关的医疗护理提供资金或服务保障的社会保险制度。

目前，我国国家医保局职能中明确表示，组织制定医疗保障筹资和待遇政策，完善动态调整和区域调剂平衡机制，统筹城乡医疗保障待遇标准，建立健全与筹资水平相适应的待遇调整机制。组织拟订并实施长期护理保险制度改革方案。

护理险发展形势较佳，原因如下：

（1）老龄化不断加深，需要护理人群规模逐年加大。

根据第七次全国人口普查结果显示，截至2020年，从全国层面来看我国60岁以上的老年人大约有2.25亿人，占全国总人数的比例达到了18.7%，而65岁及以上的老年人占全国总人数的比例达到了13.5%。这个比例几乎是标准比例的两倍，进一步表明我国正逐渐进入深度老龄化社会。第四次中国城乡老年人生活状况抽样调查成果显示，我国失能、半失能老年人已超过4000万人，其中重度失能老人占相当比例；相关调研报告显示，全国7%的家庭有需要长期护理的老人，目前实际接受的护理绝大部分由配偶、子女或亲戚提供，第三方机构服务占比极低。

（2）市场潜力巨大。

根据目前行业已承办的项目来看，人均保费100元左右，按照国家医疗保障局2019年缴纳基本医保人数13.54亿人计算，长护险（长期护理保险制度，又叫社保第六险，一般出自医保基金或者与基本医保同时缴纳）的市场规模为每年1350亿元左右，市场规模巨大，目前也是各家保险机构必争之地。

（3）长护险目前正处于经营红利阶段。

由于长护险是新兴险种，民众接受意识还较低，尤其是农村，进入护理机构进行护理的人员较少，因此赔付率较低。

（4）行业主体竞相参与。

目前行业主体都认识到了长护险的经营红利，争相进入长护险领域。

3. 健康险发展的问题

（1）数据基础建设不完善。

数据孤岛：医院、医保和保险数据孤立，未形成关联；行为数据、信用数据没有纳入；历史数据记录不规范，治理困难，以往业务信息缺失。

（2）健康险运营没有以数据分析为支撑。

数据分析在风控、理赔和继续率管理等方面提供的支持不足；对数据分析的重视程度不足。数据的缺乏导致商业保险公司健康险定价严重依赖再保险公司，原保险公司的产品开发能力受限，市场产品同质化严重。

（3）保险公司难以触达客户。

保险公司除了代理人渠道以外基本无法直接触达客户，这是发展健康险的最大阻碍。

（4）产品供给与需求不匹配。

重疾险大多带有储蓄性，保额不能满足民众需要，短期健康险不能保证续保，可能给投保人造成保障空当。长期护理保险还处在试点阶段，由于制度不健全，适应面还比较窄。

（5）缺乏联动的健康管理链条服务。

目前一些保险公司与健康管理公司在提供服务时面临服务割裂，难以对患者的事前健康生活与预防、事中诊断与治疗、事后用药与康复实现全流程一体化的管理。由于缺乏与流程中所有相关方的紧密合作，只能参与其中的部分环节，保险公司难以控制及引导价值医疗与服务的结合。

（二）健康管理服务发展情况

1. 健康管理

健康管理，包括健康体检、健康咨询、健康促进、疾病预防、慢性病管理、就医服务、康复护理等阶段，旨在对个人或群体健康状况及健康风险因素进行全面检测、评估、干预，符合现代健康概念和中医“治未病”思想。

健康管理是一种新兴的健康服务理念和服务方式，在节约医疗资源、控制医疗成本、满足多样化健康服务需求以及建设健康中国等方面发挥作用。并且，因为消费者寻求健康管理服务多为主动行为，随着消费者健康意识的提高，其对健康管理服务的需求也将更加旺盛。

2. 健康管理服务发展过程

我国健康服务保障体系以公共保障体系为主，现已基本建立以职工医疗保险、机关事业保险、城镇居民医疗保险等为主体的健康医疗保障服务体系（图3-2）[①]。

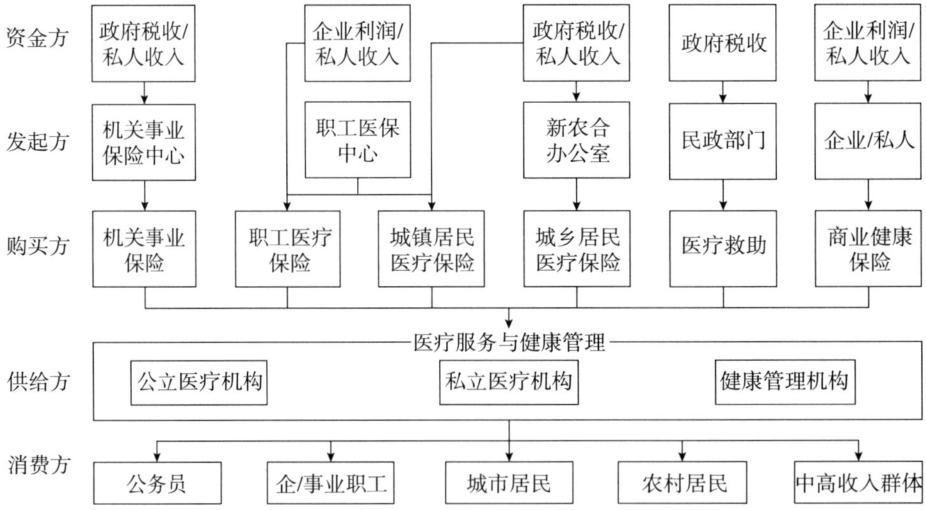

图3-2　我国健康保障服务系统运行机制

资料来源：《2021年中国健康保险促进健康管理发展白皮书》

① 沙利文：《2021年中国健康保险促进健康管理发展白皮书》，全球健康论坛大会，2021。

1995 年首次引入重疾险。涵盖了恶性肿瘤、心肌梗死、脑中风、冠状动脉搭桥术、尿毒症、瘫痪及重大器官移植术 7 个病种。1998 年开始全面建立基本医保制度。《国务院关于建立城镇职工基本医疗保险制度的决定》颁布，我国开始全面进行医疗保险制度改革。2006 年开始落地商业健康保险。《国务院关于保险业改革发展的若干意见》颁布，明确商业保险在社会保障体系中的地位。2009 年奏响医改序章。新医改开始，拉开我国医改序幕，基本医保体系扩大，鼓励商业保险机构开发多元化健康保险产品。2016 年百万医疗险问世。通过设定较高的自付金额，弥补了医疗保障体系中对高额医疗费用保障缺失的短板。2019 年新发展目标确定。确定 2025 年商业健康险发展目标：力争 2025 年保费收入超过 2 万亿元。2020 年惠民保兴起。截至 2022 年 3 月，全国 28 省份 122 个地区 244 个地级市推出了 177 款“惠民保”，累计参保 1.4 亿人次，保费规模达 140 亿元（图 3-3）。

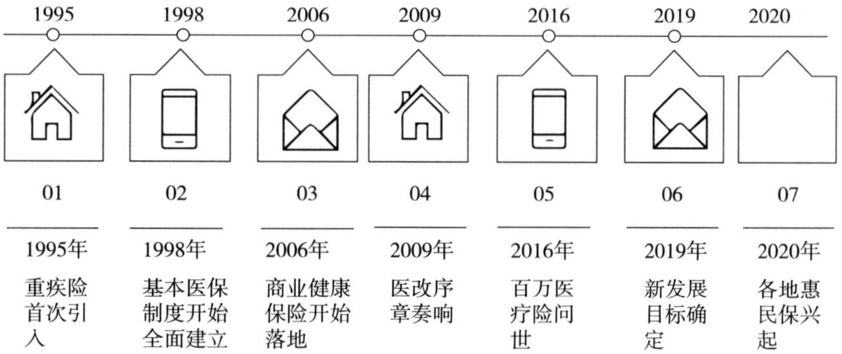

图 3-3 与健康管理相关的标志性历史事件（1995 年至今）

资料来源：课题组整理分析所得

从市场角度看，健康管理作为与社会治理与卫生经济关联密切的服务领域，具有巨大的行业发展空间。随着医疗体制深化改革，医药产业结构的逐步优化，政策导向驱动加速健康管理深化变革。

国家监管体系在革新与实践中产生诸多转变与调整，旨在缓解医患矛盾、优化医疗资源配置、建立医疗与药品保障体系。在产业升级、结构优化的宏观政策逻辑下，我国已逐步迈入医改深化的阶段，健康管理相关行业及产品将受政策导向影响持续变革。

3. 我国健康管理市场规模

近年来，政府多次展示在全国推广健康管理服务及建立全国健康管理服务基础设施的决心，健康管理行业亦有大量资本投入。我国健康管理逐渐进入融合健康保险业务及互联网医疗等衍生业务的发展阶段。我国健康管理市场规模从 2015 年的 2480 亿元人民币增长至 2020 年的 8503 亿元（图 3–4），其间年复合增长率为 27.9%，这个规模刚好与商业健康险的保费规模相匹敌。

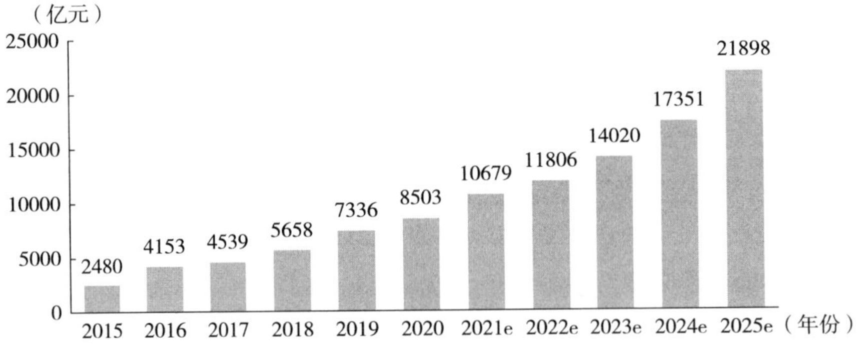

图 3–4　我国健康管理市场规模

资料来源：银保监会

人均可支配收入增加、人口老龄化及慢性病患病率上升是推动我国医疗大健康行业发展的 3 项主要因素。同时，基于健康管理对于慢性疾病和亚健康状态的管理优势及互联网技术进步的因素叠加，预测我国健康管理市场规模至 2025 年将达到 21898 亿元，其间年复合增长率为 20.8%。

4. 我国健康管理服务发展历程

萌芽阶段（1997—2004 年）：1997 年，九华体检成立，是我国第一家健康体检公司，拉开了我国健康体检序幕。2004 年，爱康网成立，将哈佛大学公共卫生学院疾病预防中心"健康与疾病评估"模型引入我国，并提出 360° 健康全管理的理念，我国健康管理服务行业逐渐萌芽。

探索阶段（2005—2015 年）：2005 年 12 月，中国劳动和社会保障部①将健康管理师列为卫生行业特有职业（工种）。次年，卫生部出版健康管理师的培训教材，为健康管理师职业发展提供理论支撑。随后，中华医学会健康管理学分会的成立及《中华健康管理学杂志》正式创刊。2008 年，中国科技部组织实施"中国个人健康管理信息系统的构建与应用"课题计划。2009 年 8 月，卫生部发布《健康体检管理暂行规定》，对开展健康体检机构的执业条件、执业规则做出明确规定。2005—2015 年，我国健康管理服务行业尚处于探索阶段，健康管理师并未被视为卫生行业特有职业（工种），健康管理服务行业发展道路尚不明晰。

发展阶段（2016 年至今）：2016 年，中共中央、国务院发布《"健康中国 2030"规划纲要》支持发展第三方医疗服务评价、健康管理服务评价，以及健康市场调查和咨询服务，为健康管理服务行业发展营造良好的市场环境。2017 年，人社部发布《关于职业资格目录清单公示内容调整情况的说明》，在技能

① 现中华人民共和国人力资源和社会保障部。

人员职业资格“关于健康咨询服务人员”中增加“健康管理师”。2018 年 1 月，国家卫计委[①]人才交流服务中心发布《关于开展 2018 年卫生计生行业职业技能全国统一鉴定工作的公告》，明确提出鉴定职业包含健康管理师等 3 个职业，正式将健康管理师视为卫生行业特有职业对待。2018 年，国家卫健委发布《健康体检中心管理规范（试行）》，对独立设置的健康体检中心做出相关要求。以上政策促进我国健康管理行业步入发展阶段。

5. 我国政府出台有关健康管理的政策和相关探索

政府在健康管理发展中的作用不可或缺，为契合医疗体制的改革，我国政府陆续出台健康管理相关的政策并对医疗联合体建设、分级诊疗、家庭医生等促进我国居民健康管理的模式进行了探索，旨在从国家层面上对风险进行把控，推进健康中国建设。

5.1 我国政府出台的有关健康管理的政策

伴随我国工业化、城镇化、人口老龄化进程不断加快，居民的生活环境、生活方式、食品安全状况均对居民健康产生重要影响。为降低健康风险，我国政府及相关主管部门出台多项政策（表 3–3），加强疾病防治工作，改善居民健康状况，提高居民健康意识，引导健康管理公司开展健康咨询、干预、随访等服务业务。

表 3–3 我国政府出台的有关健康管理的政策

政策名称	颁布日期	颁布主体	政策要点及影响
《关于规范保险公司健康管理服务的通知》	2020.9	银保监会	明确健康管理服务的概念和目的 提出健康管理服务应遵循的原则和要求 完善健康管理服务的运行规则 强化健康管理服务的监督管理

① 现为国家卫生健康委员会。

续表

政策名称	颁布日期	颁布主体	政策要点及影响
《关于深化医疗保障制度改革的意见》	2020.2	中共中央、国务院	从医疗体系建设、可持续筹资机制、医保支付、基金监管、药价、医疗服务等多个方面着力解决医疗保障发展不平衡不充分的问题
《关于促进社会服务领域商业保险发展的意见》	2020.1	银保监会等13个部门	推动商业保险市场加速发展，成为医疗保险体系中关键组成部分 力争到2025年，商业健康保险市场规模超过2万亿元
《健康保险管理办法》	2019.10	银保监会	国家层面对健康保险进行风险控制，促进健康保险产品迭代
《关于促进“互联网+医疗健康”发展的意见》	2018.4	国务院	优化医疗服务渠道的便捷性 推进“互联网+”医疗保障结算服务
《“健康中国2030”规划纲要》	2016.10	中共中央、国务院	积极发展商业健康保险 落实税收等优惠政策

资料来源：中国政府官网

5.2 医联体建设现状

2009年3月，《中共中央 国务院关于深化医药卫生体制改革的意见》中首次提出健全医疗服务体系，逐步实现社区首诊、分级医疗、双向转诊。2017年1月，国务院印发《“十三五”深化医药卫生体制改革规划》指出，建立科学合理的分级诊疗制度，坚持居民自愿、基层首诊、政策引导、创新机制等原则，到2020年，分级诊疗模式逐步形成，基本建立符合国情的分级诊疗制度。

目前我国各种模式医联体已经超过1.5万个，从理论上看，基层医疗机构与各级医院合作建立的医联体有助于缓解三级医院的压力，促进基层医院的诊疗积极性，形成基层首诊、分级诊疗、双向转诊的就医新格局，解决人民“看病难”“看病贵”的问题，从而加强对居民的健康管理。但目前我国大多数医联体模式是松散型，在实施分级诊疗制度时存在基层医疗机构服务能力不足，难以落实基层首诊；医联体内部分工机制不健全，开展分级诊疗动力不足；医联体内部缺乏信息共享平台，信息“孤岛”严重等困境，导致目前很多医联体仅仅是形式上的联合，实际作用并未很好地发挥出来。

5.3 家庭医生签约现状

自2016年全面推行家庭医生签约服务以来，各地家庭医生签约服务率稳步提升，家庭医生服务内容和管理制度逐渐完善，但也出现了一些问题，如：在家庭医生签约服务中，存在签而不约、服务不到位，居民对家庭医生签约服务的认可度和信任度不高等。2018年，国家卫生健康委员会和国家中医药管理局联合印发《关于规范家庭医生签约服务管理的指导意见》，将家庭医生签约服务工作提高到一个新的层次，该意见不再强调提高“签约服务覆盖率”，而是提出在稳定签约数量、巩固覆盖面的基础上，把工作重点向“提质增效”的方向转变。

经过“十三五”时期的建设和发展，基层首诊有效推进，截至2020年底，重点人群的家庭医生签约率从2015年的28.33%增加到2020年的75.46%，全国县域内就诊率已经达到94%，比2015年同期增长10个百分点。

6. 我国健康管理公司及医院健康管理服务的现状

健康管理的起点是健康体检，企业为员工购买的体检服务多被健康管理公司和医院承包，可以说，在全周期的健康管理服务方面，健康管理公司和医院具有较大的先发优势，但是由于技术人员缺乏、观念落后等问题，健康管理公司和医院并没有创造出具有普遍示范性的全周期健康管理模式。

6.1 我国医院的健康管理服务现状

大多数医院的健康管理服务仍停留在以健康体检为主的服务模式，缺少检后服务，远没有实现真正意义上的健康管理。绝大多数医院尚未建立健康管理的内部联动机制，医院健康管理（体检）机构面向体检人群的健康管理服务与医院临床科室面向住院患者的疾病管理服务未能形成有效合作与互补，医联体内各成员单位目前较少涉及健康管理方面的合作。

医院无法有效开展健康管理的原因有相应法制和机制不健全，资源共享信息平台不完善，相关人才缺乏、学科体系建设薄弱等，又因为绝大多数三级综合医院仍然以疾病治疗为中心，重治轻防，习惯于将工作重心放在提高诊疗水平、引进高新设备、吸引各地病人等方面，与“健康中国”的理念不相协调，健康管理的理念战略及相应实践并没有得到应有的重视，更没有围绕健康管理和疾病管理服务发挥三级综合医院在医联体中的示范引领和辐射带动作用。

6.2 我国健康管理公司的健康管理服务现状

目前，我国健康管理服务公司数量超 10000 家，根据服务内容可分为体检主导型、中药调理型、资源整合型、引流药品型、技术服务型、私人医生型 6 种类型（表 3–4）。其中，体检主导型公司占据我国健康管理服务行业较高市场份额（约 70 %）。整体而言，我国具有健康管理服务全流程业务公司的数量还较少，行业处于初步发展阶段。

表 3–4　我国健康管理公司的 6 种类型

类型	具体内容
体检主导型	体检是健康管理服务行业内需求最高的细分领域，多数公司以体检为主导
中药调理型	相比于西医，中医对亚健康的把握更具体，中药调理是预防疾病的有效手段
资源整合型	充分利用、整合当地资源，与医院达成合作关系，促进医疗资源配置优化
引流药品型	依托于母公司强大的流量和资金支持，整合线上和线下医疗资源，以健康咨询等健康管理服务作为引流手段，主要在药品方面创造营收
技术服务型	为健康管理公司、体检中心提供软件系统、解决方案等工具或服务
私人医生型	其客户群体多为高净值群体，具有工作繁忙、亚健康等特征

资料来源：根据头豹研究院《2020 年中国健康管理服务行业概览》修改整理所得

（三）我国商业健康险与健康管理服务融合模式

1. 我国“健康险 + 健康管理”的设计形式

目前我国保险公司发展健康管理的步调不一致，各家公司发展健康管理的形式风格迥异。一部分保险公司是将健康保险与健康管理结合在一起销售，以附加险、增值服务或者健康服务回馈活动的形式提供给客户；另一部分保险公司销售健康保险，通过会员健康服务来管理客户的健康水平，将健康保险与健康管理分开进行。

在保险公司开展健康管理服务的初期，由于医疗资源和管理经验不足，提供的健康管理服务种类较少、同质化严重，而且服务项目非常态化，如住院绿色通道，导致客户的体验感不强。以附加险形式随主险进行销售的健康管理可选择特定的专项服务，如健康咨询、体检安排等，但是无法对客户进行全周期的健康管理；以增值服务方式为购买保险的客户提供健康管理服务的险种通常只包含客户使用频率低、易于管理的服务，如住院绿色通道，能够做到健康档案管理、健康咨询、健康评估、健康随访等较为全面的健康管理的险种较少或有地区限制；以会员健康服务进行销售的健康管理会为客户提供特定种类的健康服务，创新性强但是并未与健康保险进行融合，医疗健康的闭环上缺乏支付方的支撑。

在保险公司积累了一定的医疗资源和经验后，就有能力探索对客户生命进行全周期健康管理的途径。平安人寿在 2021 年 9 月升级的“平安臻享 RUN”健康服务计划，以专业家庭医生和专业健康档案为基础，提供覆盖健康、亚健康、慢性病和疾病四大健康服务场景的管理方案，健康管理项目常态化且具有可追踪性，贯穿客户的整个生命周期，健康管理的效果更好，为降低医疗赔付打下基础。但是此活动只针对符合客户回访活动条件的老客户，为其提供增值权益服务，没有购买途径，健康保险与健康管理的融合依旧不到位（表 3–5）。

表 3-5 健康保险中健康管理的 4 种形式

形式	保险公司	产品名称	适用范围	健康管理内容	分析
附加险	太平养老	太平附加盛世健享人生意外医疗保险条款	购买各种团体人身保险的客户	健康咨询、健康评估、健康自我管理平台、重大疾病门诊、住院、手术协调、体检安排、口腔护理等（可选）	在客户购买主险后，以附加险的形式销售
增值服务	昆仑健康	孕糖保妊糖并发症疾病保险	购买特定保险的客户才能享受	健康档案管理、知识科普、健康咨询、健康评估、健康随访、生活方式干预、胰岛素注射教育	以增值服务的方式将一系列健康管理服务提供给购买保险的客户
会员健康服务	平安健康	尊享健康卡	购买此健康卡的客户可享受	为客户提供医疗问诊、挂号协助、重疾住院协助、健康管理（心理测评、私人教练咨询、营养师咨询）、意外险、健康体检等一体化的健康服务权益	以健康卡会员的形式提供各类健康管理的权益服务
健康服务回馈活动	平安人寿	“平安臻享RUN”健康服务计划	符合客户回访活动条件的老客户可以享受	以专业家庭医生和专业健康档案为基础，建立专业测评、健康管理激励计划、线下导医和健康管理为核心特色的四大专业服务	以健康服务计划的形式提供覆盖健康、亚健康、慢性病和疾病四大健康服务场景的管理方案

资料来源：根据各保险公司官网资料整理所得

2. 我国保险公司开展健康管理服务的路径

目前，我国保险公司开展健康管理服务主要有两种途径，保险公司通过与健康管理公司、医疗机构及医药企业合作，获取健康数据及技术支持，将健康管理服务与健康保险产品结合，提升健康管理服务能力，或通过股权投资设立健康管理机构，直接进行健康管理。

2.1 保险公司与健康管理公司合作

模式：健康管理公司的事前预防功能和保险公司的事后补偿功能融合，帮助客户实现自身完整的健康解决方案（图 3-5）。

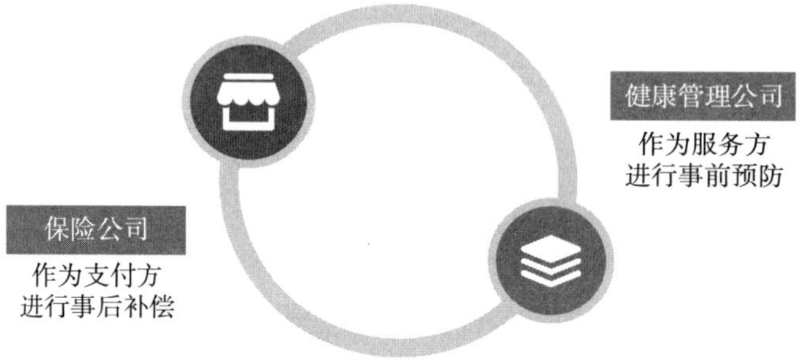

图 3-5　我国保险公司与健康管理公司合作模式

资料来源：课题组整理分析所得

案例：2016 年，太平人寿与美年大健康合作，双方计划在健康服务、保险产品、业务渠道等方面全面融合，打通健康服务产业链，进一步构建“大健康”格局。借助此次合作，太平人寿可以为公司客户提供更丰富的健康管理服务，比如癌症筛查、基因检测等有针对性的单项检测服务，帮助客户管理自身的健康状况，建立客户的健康管理平台，通过健康管理降低风险发生概率。

2.2 保险公司与医疗机构合作

模式：保险公司加入医联体，将医联体内各级医院、家庭医生和患者、家庭有机联系在一起，打通了医联体内部筹资、支付、激励、保障等环节（图 3-6）。

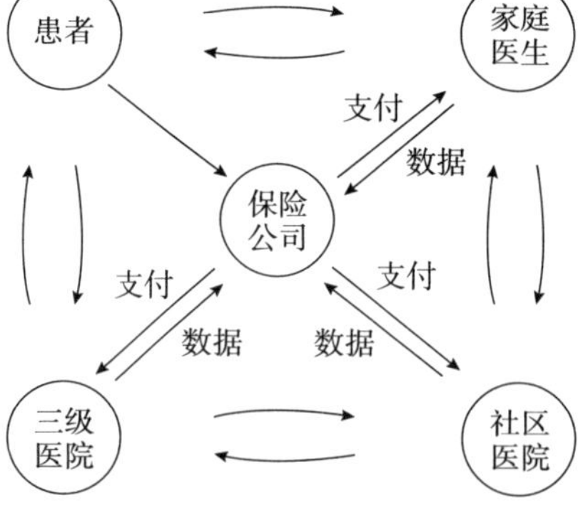

图 3-6　我国保险公司与医疗机构合作模式

资料来源：课题组整理分析所得

案例：2018 年起，众惠相互保险社深度参与区域儿科医联体——华西妇儿联盟建设。在保险责任方面，对因哮喘疾病导致的住院费用，0 免赔 100% 报销，全年最高 100 万元；针对哮喘药品费用保险金进行 0 免赔 100% 报销，单次限额 500 元，全年最高 5000 元。同时，还提供全周期的疾病健康管理服务，包括健康档案建档、医院随访记录、华西二院转诊服务、用药提醒、就医提醒等。

2.3 保险公司与药企合作

模式：制药企业提供医疗大数据、疾病相关产品设计、药品选择与供药服务，保险公司提供技术输出、保险大数据运用、商保软硬件运用，在疗效险、特药险等领域开展合作（图 3–7）。

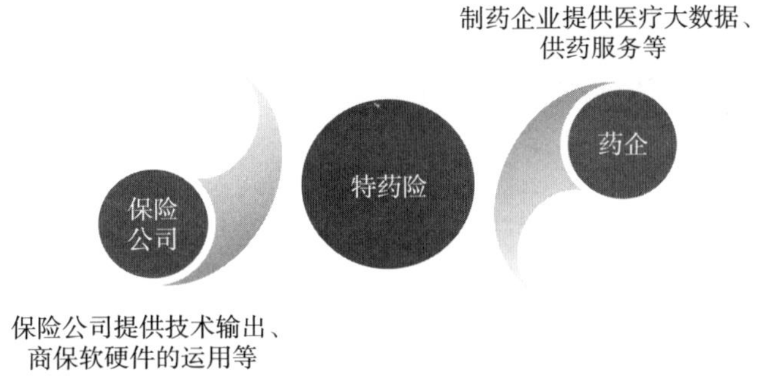

图 3–7　我国保险公司与药企合作模式

资料来源：课题组整理分析所得

案例：2019 年，在乳腺癌领域，辉瑞与人保健康等企业合作启动了创新的“乳腺癌患者全程关爱服务 – 4P 多维项目体系”，包括“爱启程 – 乳腺癌患者长生存关爱项目（PEP）”“乳腺癌患者支持项目（PSP）”“博爱新生 – 乳腺癌患者援助项目（PAP）”和“博爱新安 – 乳腺癌患者医疗费用补偿项目（PBM）”。

从普及疾病认知、提升患者体验、解决支付问题三大维度切入，以患者为中心，搭建全方位患者服务体系，造福乳腺癌患者。

2.4 保险公司自建医疗机构

随着保险公司在健康管理领域的逐步深入，保险巨头开始进一步拓展自身的医疗资源，通过收购或者自建的形式设立健康管理中心、互联网医院、社区医疗中心和实体医院，对健康产业的深入发展进行布局。

（1）健康管理中心。

新华保险在2012年开始进行健康管理中心部署，目前已在西安、武汉、青岛、宝鸡、成都、重庆、合肥、长沙等19个城市设立新华健康体检中心，并且还与爱康国宾达成合作，共享其遍布全国43个城市的131家体检与医疗中心。中国人寿也以健康管理中心的形态进行了健康管理服务的探索，以院内疾病治疗+院外慢性病管理相结合的全程健康管理为理论基础，以网络医院医生端+院外健康小屋相结合的网络医院为技术基础，以扎根在家庭综合及卫生服务中心的健康小屋为服务载体，以健康管理师为服务主体，为市民提供视频问诊、慢性病管理、随访跟踪、日常检测、保健咨询、复诊提醒、就医预约等服务。虽然二者均以全生命周期的健康管理服务为目标，但目前或停滞于健康体检，或健康管理的动力不足，未能探索出全生命周期健康管理的良好路径。太平洋保险也于2020年在杭州、郑州两地设立了健康管理中心，同样致力于全场景全周期的健康管理服务，未来的发展值得期待（表3–6）。

表3–6　我国保险公司自建健康管理中心

保险公司	名称	地点	开放时间	合作单位
新华保险	新华健康体检中心	西安、武汉、青岛、宝鸡、成都、重庆、合肥、长沙等19个城市	2012年及以后	爱康国宾（共享其遍布全国43个城市的131家体检与医疗中心）

续表

保险公司	名称	地点	开放时间	合作单位
中国人寿	广州区域健康管理中心	广州	2015 年	—
	健康小屋	广州、深圳、天津	2015 年及之后	—
太平洋保险	太平洋保险·加拿大健康管理中心	杭州、郑州	2020 年	加拿大健康管理中心

资料来源：课题组整理分析所得

（2）互联网医院。

截至目前，参与互联网医院建设的险企有平安、众安、太平洋保险和泰康等。除泰康外，其他 3 家险企的互联网医院均已落地，其中平安发展速度较快（表 3–7）。

表 3–7　我国保险公司自建互联网医院

保险公司	名称	地点	开放时间	合作单位
中国平安	平安互联网医院 / 平安好医生互联网医院 / 平安康健互联网医院	在银川、青岛、成都等 10 个城市（截至 2021 年 8 月）获得了自建互联网医院资质	2017 年（首个互联网医院，在青岛设立）	205 家医院参与共建协议
太平洋保险	广慈太保互联网医院	上海市	2021 年	上海瑞金医院
众安保险	众安互联网医院	海南	2019 年	—
泰康保险	广州泰康粤园医院	广州市	2019 年（获牌时间）	—
	泰康仙林鼓楼医院	南京市	2020 年（获牌时间）	—

资料来源：各保险公司官网资料整理所得

平安凭借其先入优势迅猛发展，截至 2020 年末，在银川、青岛、成都等 9 个城市（截至 2021 年 8 月，已增加为 10 个）获得了自建互联网医院资质，自有医疗团队的医护人员有2247人，外部签约医生有21116人，合作了5万多家诊所，超过15万家药店，2000多家线下健康管理商家等。截至2021年6月30日，平安健康注册用户数达到4亿人，较2020年同期增加近5500万人，增长率为15.7%；近12个月累计付费用户数达3210万人，同比增长69.6%，有望在2024—2025年实现盈亏平衡。除了常见的健康咨询、药品购买服务，目前平安健康已经推出会员制的健康管理服务，为购买199元健康卡年卡的客户提供金牌医生问诊、门诊就医协助、每月领神券、1对1健康服务、健康监测、专属保险六大福利。平安健康的盈利模式也从按服务收费、药品和商品转化收费转变为了会员制和增值服务收费。

众安保险设立的“众安互联网医院”和太平洋保险设立的“广慈太保互联网医院”先后于2019年、2021年开放，均提供在线问诊、门诊预约、名医问诊、就医陪诊、住院安排、居家康复等服务，致力于对客户进行全场景、全流程的健康管理。

（3）社区医疗中心/康复医院。

社区医疗中心作为保险公司养老社区的配套医疗资源，是医养结合模式的深入实践，不仅为养老社区居民提供健康守护，更为其他机构提供高品质医养服务、健康管理服务带来示范作用。

泰康保险集团自首家北京泰康燕园康复医院开放营业后，又陆续建立了上海泰康申园康复医院、武汉泰康楚园康复医院等6家社区医疗中心，助力搭建“三级医院临床治疗+社区医疗中心+持续照料退休社区”3层医养护康服务体系。2021年3月29日，中国太平保险集团投资10亿元打造的上海太平康复医院对外开业，毗邻太平小镇·梧桐人家养老社区，将医疗与养老深度结合，可为社区长者提供全生命周期的“防、养、治、医、康”一体化的闭环整合式健康管理服务。社区医疗中心对于保险公司搭建完整的医养体系有较大帮助，但由于养老中心的高门槛，社区医疗中心的健康管理作用也只能发挥在少数高净值人群身上（表 3-8）。

表 3-8 我国保险公司自建社区医疗中心 / 康复医院

保险集团	名称	地点	开放时间
太平保险集团	上海太平康复医院	上海市	2021 年
泰康保险集团	北京泰康燕园康复医院	北京市	2015 年
	上海泰康申园康复医院	上海市	2016 年
	武汉泰康楚园康复医院	湖北省武汉市	2019 年
	杭州泰康之家大清谷医院	浙江省杭州市	2021 年
	苏州泰康吴园康复医院	江苏省苏州市	2021 年
	广州泰康粤园医院	广东省广州市	—
	成都泰康蜀园康复医院	四川省成都市	—

资料来源：各保险公司官网资料整理所得

（4）实体医院。

目前已有阳光保险、泰康保险、前海人寿和平安保险 4 家保险集团通过收购或自建的方式拥有了实体医院，阳光保险与潍坊市政府合作建立的阳光融和医院于 2016 年开放。阳光保险还特别研发了与医疗紧密结合的健康保险专属产品，保险责任范围内，客户在基本医疗范围内可报销 100%，医保范围外报销比例最高也可达 100%；推出“直赔式”服务，患者和医院实行实时报销结算，从而大幅降低患者医疗费用，让客户享受便捷服务，是“保险 + 保险公司自有医疗”模式的深层探索，但没有自建更多的医院。不同于阳光保险，泰康保险和前海人寿在布局实体医院的建设中持续发力。泰康保险在已有泰康仙林鼓楼医院、泰康拜博口腔连锁医院、泰康同济（武汉）医院的基础上，还有 3 个在建医院。前海人寿已建成前海人寿广州总医院和前海人寿广西医院，还有 8 个医院正在筹建。平安保险在实体医院建设中相对较晚，在 2021 年收购北大国际医院，但也将医疗资源拓展作为重要的战略，尚未有下一个自建或收购医院的消息（表 3–9、表 3–10）。

表 3–9　我国保险公司自建实体医院（已开放）

保险集团	名称	地点	开放时间	合作单位	级别	床位数
阳光保险集团	阳光融和医院	山东省潍坊市	2016 年	潍坊市政府	三级综合医院	2000 张
泰康保险集团	泰康仙林鼓楼医院	江苏省南京市	2015 年	南京鼓楼医院、美国西奈山医院附属医院、南京大学医学院附属医院、武汉大学临床学院	三级综合医院	600 ~ 800 张
	泰康拜博口腔连锁医院（持股 51.56%）	全国连锁，已在北京、上海、广州、深圳等近 50 个城市开设近 200 家口腔医疗机构	2018 年	（收购）	—	—
	泰康同济（武汉）医院	湖北省武汉市	2020 年	武汉同济医院	三级综合医院	1600 张
前海人寿	前海人寿广州总医院	广东省广州市	2019 年	—	三级综合医院	1800 张
	前海人寿广西医院	广西壮族自治区南宁市	2020 年	—	三级综合医院	1000 张
平安集团	北大国际医院	北京市	2021 年	（收购）	三级综合医院	1800 张

资料来源：各保险公司官网资料整理所得

表 3–10　我国保险公司自建实体医院（在建）

保险集团	名称	地点	等级	床位数
泰康保险集团	泰康宁波医院	浙江省宁波市	三级专科医院	416 张
	泰康西南医学中心	四川省成都市	三级综合医院	600 张
	泰康深圳前海国际医院	广东省深圳市	三级综合医院	1160 张

续表

保险集团	名称	地点	等级	床位数
前海人寿	前海人寿成都妇产医院	四川省成都市	三级专科医院	500 张
	前海人寿万宁妇女儿童医院	海南省万宁市	三级专科医院	500 张
	前海人寿韶关医院	广东省韶关市	三级综合医院	800 张
	前海人寿南京医院	江苏省南京市	三级综合医院	600 张
	前海人寿长沙医院	湖南省长沙市	三级综合医院	500 张
	前海人寿广州国际医院	广东省广州市	三级综合医院	2000 张
	前海人寿西安医院	陕西省西安市	三级综合医院	800 张
	前海人寿南宁医院	广西壮族自治区南宁市	三级综合医院	1000 张

资料来源：各保险公司官网资料整理所得

3. 我国目前健康险与健康管理融合模式的问题

3.1 保险公司与健康管理公司或药企合作的问题

从目前已有的我国保险公司与健康管理公司或药企合作的经验来看，保险公司可以从合作机构方那里获得更多的客户资源，但也正是因为合作是建立在对方企业的客户资源上，保险公司对客户资源不具有掌控力，缺少话语权，进而难以在合作中获利。除了参股合作企业等形成利益共同体，探索更多的盈利途径也是保险公司的一大难题。

3.2 保险公司与医院合作的问题

目前我国绝大多数医联体模式是松散型，保险公司作为健康保险的支付方，也在探索既能促进医联体紧密连接，又能控制被保险人赔付开支的方法。但根据目前的经验，像众惠相互一样深入建设华西妇儿联盟，参与医联体的例子并不多见，而且众惠相互是以介于社保与传统商业保险之间的普惠性非营利互助保险计划的形式参与合作，对于一般的商业保险不一定适用。

3.3 保险公司自建医疗机构的问题

保险公司自建医疗机构相比与医疗机构合作需要占用大量的资金，尤其是实体医院，所以这种模式更适用于保险巨头。阳光保险集团 2016 年开放了一家实体医院后再无新建计划，泰康保险集团和前海人寿还在布局实体医院建设，致力于打造“保险—医疗—养老”闭环。但根据国外相关经验，重资产模式会导致保险公司扩张缓慢，而且面临的风险也更大，若自建医院经营效益差，成本难以挽回。

三、商业健康保险与健康管理服务融合的推动力量分析

（一）社会经济发展驱动商业健康保险与健康管理服务融合

1. 生产力发展到一定阶段的结果

我国经济发展到一定程度，居民收入得到了很大的改善，2020 年全国居民人均可支配收入 32189 元，收入的增长使人们更关注身体健康和防范风险。全面建成小康社会后，居民对身体健康和医疗服务的需求进一步增强。在我国医疗卫生总费用中，居民自付部分保持在高位，居民对提升医疗保障水平的需求更迫切，商业健康保险可基于医保推出更高水平的保障。与此同时，随着人口老龄化深入，各类带病人群增多，他们对养老和医疗在保障资金、物品和服务上均有需求，这为保险业发展综合性健康险产品创造了空间。

在健康保障领域，我国经济环境孕育健康管理发展空间，同时新冠肺炎疫情引发了线上消费热潮，带动远程医疗健康热度提升，医疗健康的服务模式与竞争格局正在发生变化。

2. 低出生率和长寿时代同步而至的需求

中国出生人口持续下降，老龄化加速到来。截至 2020 年，我国 60 岁以上

的老年人数大约有2.25亿人，占全国总人数的比例达到了18.7%，而65岁及以上的老年人占全国总人数的比例达到了13.5%。恒大研究院报告预测，中国人口将在“十四五”时期陷入负增长，2050年左右开始中国人口总量将急剧萎缩，2100年中国人口将降至不到8亿人，届时中国人口占全球比例将从当前的约19%降至7%。2033年左右我国将进入老年人口占比超过20%的超级老龄化社会，之后持续快速上升至2060年的约35%。人口困境折射出我国人口红利消失，并引发消费结构变迁。

少子高龄化现象导致传统保障机制持续弱化。伴随社会发展进步所带来的生育率下降与人均预期寿命持续延长，在儿童照料和养老等方面，家庭照料模式正在面临日益严峻的挑战，对社会服务需求较大。与此同时，传统的邻里互助因人口的高流动性而被适用于“陌生人社会”的隐性或显性规则所替代，传统的功能强大的单位保障制因市场经济改革被瓦解。家庭保障、邻里互助、单位保障等传统保障机制的快速弱化，使城乡居民对社会化保障及服务的需求急剧上升，亟待国家和社会来填补。

长寿时代的另一个必然趋势是人们会对个人健康和财富更为看重，由此带来的健康需求、养老和医疗筹资的需求将催生一个健康时代和财富时代。

（二）科技驱动商业健康保险与健康管理服务融合

随着云计算、物联网、大数据等新兴技术的快速发展，大数据应用于健康管理领域，健康人群/患者在健康干预与疾病防治等健康管理环节中均产生海量医学数据，进一步加速医疗信息化的进程。从数据应用的角度，健康管理数据可涵盖健康人群/患者的全生命周期，不仅包括个人健康的相关状况，同时也包括医药服务、疾病防控、健康保障和食品安全、养生保健等多环节数据的汇聚和应用。

互联网医疗政策持续发展，医保支付导致消费者就医诊疗习惯变化，基于互联网技术的健康管理融合了“线上＋线下”渠道及“药＋医＋险”三者实现联动效应，通过联动网络，健康管理体系突破了地域限制，聚合了优质资源，实现家庭健康保障服务。新冠肺炎疫情期间医疗健康大数据与健康管理的应用场景得到了广泛的用户肯定，线上用户活跃度、交易规模均有所提升。同时，有了互联网媒介对于海量数据的支撑，在产品创新中，结合优惠利好与规范政策，可以丰富健康管理产品形式。

海量数据与商业健康保险结合可以帮助商业健康保险公司在疾病知识图谱、真实世界数据、医疗服务网络和患者管理体系等方面建立核心能力，并且可以在不同城市因地制宜设计适合当地需求、与基本医疗保险紧密衔接的商业健康保险，有利于开发个性化的保险产品，满足客户需要。另外也能帮助保险公司作为支付方更多向健康管理服务延伸，助推健康管理服务行业的发展，提升客户体验。

（三）制度政策驱动是商业健康保险与健康管理服务融合的外部动力

1. 医疗改革带来的机遇

1.1 基本医保覆盖范围广但自付比例居高不下

社会基本医疗保险对重大疾病的保障力度相对有限，由于先进药品和治疗方式纳入医保存在一定的时滞，对于恶性肿瘤等高费用疾病，患者的个人支付压力依然存在。《2019 年全国医疗保障事业发展统计公报》显示，全国职工医疗保险的住院医保实际报销比例为 75.6%，个人支付 24.4%；而居民的住院医保实际报销比例仅为 59.7%，个人自付占比 40.3%。根据《2020 年全国医疗保障事业发展统计公报》，2020 年全国基本医保基金（含生育保险）总收入 24846 亿元，比上年增长 1.7%，占当年 GDP 比重约为 2.4%；全国基本医保基金（含生育保险）总支出 21032 亿元，比上年增长 0.9%，占当年 GDP 比重约为 2.1%；全国基本医保基金（含生育保险）累计结存 31500 亿元，其中职工基本医疗保险（以下简称职工医保）个人账户累计结存 10096 亿元。

我国商业健康险赔付支出占卫生总费用的比例，2011 年以来快速上升，2019 年达到 3.57%（图 3-8），但与成熟市场相比，仍然处于较低水平（德国、加拿大、法国等发达国家的平均水平在 10% 以上，美国高达 37%）。截至 2019 年，健康险支付 / 个人现金卫生支出的比例仅为 12.6%。

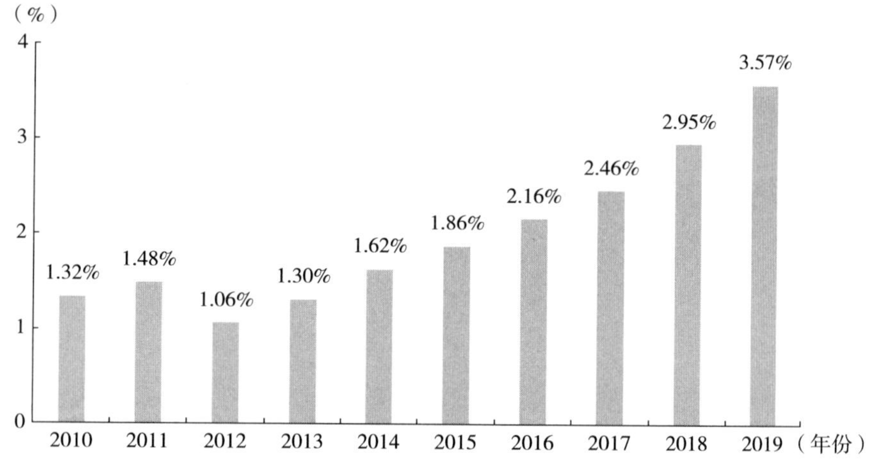

图 3-8　商业健康险赔付支出占卫生总费用比例

资料来源：健康险深度报告——平安保险

1.2 医疗卫生行业深刻变革带来机遇

1.2.1 我国医疗制度现状。

现如今，我国公立医疗体制占绝对主导。社会医疗保险是最大支付方，医疗体系建设的最终目标是实现公平和效率的最优组合。我国以公立医疗网络和社会保障体系为基础的医疗体系，更侧重于公平，但在效率等方面仍然存在一些问题：公立医院负荷过重，医疗资源发展不均衡，社保压力大，医疗体制改革导致缺乏社保支付的先进医疗资源外溢。目前我国的分诊体系尚在搭建中，公立医院负荷过重，商业健康险在医疗体系的直接支付功能还未完全建立。

从国际经验看，健康险将逐步成为补充医保自费项目的重要支付方，商业健康险与医疗产业融合是提高商保支付方角色地位的重要模式基础。

1.2.2 医疗改革带来的机遇。

医疗卫生行业正在进行深刻变革，为商业健康险与医疗产业的融合提供了机遇。三医联动：医保体制改革、医药卫生体制改革与医药药品流通体制改革联动。如：药品带量采购、药品器械零加成等政策的推进，互联网医疗的发展，处方外流，DRG、DIP 付费模式。

（1）医疗行业改革。

药品、器械零加成：医院收入下降，急需开辟新的业务渠道，培育新的收入增长点，而协同健康险搭建健康管理产业链正当时。互联网医院：在线医疗迎来发展的红利期，但是互联网医院没有纳入医保报销体系，也需要商业健康险的支持，另外保险公司通过与平台方的合作可以控制医疗成本。处方外流：商保可以融合“药、医、险”，解决用户诊疗、购药、支付三大问题，承接处方外流。DRG、DIP 付费模式：会使医院失去更新诊断设备的动力，而药效强、费用高昂的药品和全面、高质量的医疗诊断亟须商业险提供。

（2）医药行业改革。

4+7 带量采购：医保支付价的执行使得原研药在社保下的自付比例提高，健康险能解决普通人用不起原研药的问题。仿制药的利润 / 创新药、原研药的发展：医院无法开到原研药，只能到医院外购买，医保无法报销，为健康险产品研发提供思路，如建立原研药、进口药等药品商保目录，满足患者用药需求。

2. 监管政策变化与监管环境对融合的既往影响

伴随着新的健康保险管理办法出台、重疾定义修改、长期医疗险费率调整规范化等一系列举措，监管和政策红利也将在实操层面逐步释放。其中特别值得注意的是，新的健康保险管理办法强调了健康管理服务在健康险产品供给中的重要性，多维度、多层次结合健康管理服务为客户提供保险保障将是健康险未来突破和发展的重要方向。

（1）鼓励及规范“惠民保”城市型普惠医疗险发展。

2021 年 5 月，为规范城市定制型商业医疗保险业务的开展，银保监会发布《中国银保监会办公厅关于规范保险公司城市定制型商业医疗保险业务的通知》。惠民保有医保局协作，有些城市能和医保一站式结算，打通了商业保险参与医疗支付的障碍，助推了商业保险与医疗诊治的融合。

（2）规范短期健康险，鼓励长期医疗险发展。

银保监会发布的《长期医疗保险产品费率调整有关问题的通知》提出引入费率调整机制，明确传达了鼓励发展长期医疗保险的积极信号。另外多次发文，规范短期健康险，包括明确短期健康保险不得保证续保，要求保险机构定期在公司官网披露短期健康保险业务整体综合赔付率，严禁保险公司通过随意停售保险产品，弥补其因激进经营造成的损失等。

（3）鼓励健康险 + 健康管理。

新《健康管理保险办法》将健康保险产品包含健康管理服务成本比例上限提升至净保险费的 20%，保险公司可以将健康保险产品与健康管理服务相结合，提供健康风险评估和干预，以及疾病预防、健康体检、健康咨询、健康维护、慢性病管理、养生保健等服务（表 3–11）。

表 3-11 鼓励健康险与健康管理融合的政策文件

序号	类别	文件名称	部门	时间
1	医疗保险	关于长期医疗保险产品费率调整有关问题的通知	银保监会	2020 年 3 月 25 日
2		关于规范短期健康保险业务有关问题的通知	银保监会	2021 年 1 月 11 日
3		关于短期健康险续保表述备案事项的通知	银保监会	2021 年 4 月 22 日
4	重大疾病保险	关于使用《中国人身保险业重大疾病经验发生率表（2020）》有关事项的通知	银保监会	2020 年 11 月 5 日
5		重大疾病保险的疾病定义使用规范（2020 年修订版）	中国保险行业协会、中国医师协会	2020 年 11 月 5 日
6	护理保险	关于规范保险公司参与长期护理保险制度试点服务的通知	银保监会	2021 年 5 月 25 日
7	健康保障委托管理业务	关于进一步规范健康保障委托管理业务有关事项的通知	银保监会	2020 年 2 月 11 日
8	健康管理服务	关于规范保险公司健康管理服务的通知	银保监会	2020 年 9 月 6 日
9		保险机构健康管理服务指引	中国保险行业协会、中国健康管理协会	2020 年 12 月 28 日
10	惠民保	关于规范保险公司城市定制型商业医疗保险业务的通知	银保监会	2021 年 5 月 28 日

资料来源：健康险深度报告——平安保险

（4）鼓励长期护理保险发展。

2020 年，国家医保局、财政部发布《关于扩大长期护理保险制度试点的指导意见》（医保发〔2020〕37 号），进一步将试点扩大到了全国 28 个省（自治区、直辖市），并明确提出要“坚持独立运行，着眼于建立独立险种，独立设计、独立推进……力争在‘十四五’期间，基本形成适应我国经济发展水平和老龄化发展趋势的长期护理保险制度政策框架”。

将长期护理保险制度作为独立社会保险“第六险”的趋势已十分明显。

2020年，长期护理保险参保人数10835.3万人，享受待遇人数83.5万人。2020年基金收入196.1亿元，基金支出131.4亿元；长期护理保险定点护理服务机构4845个，护理服务人员数19.1万人。

（四）风险控制是商业健康险与健康管理服务融合的内生动力

1. 控制经营成本，降低赔付支出的动机

近年来，我国商业健康保险得到长足发展，增速位居所有险种之首，其中健康险占全行业保费收入的比重从4.66%增长到18%。

与此同时，赔付率居高不下，医疗费用难以控制，商业保险公司经营成本不断增加。究其原因，一是被保险人风险特征的不稳定性和疾病风险的不确定性，加大了健康险费率厘定和产品设计的难度；二是以费用补偿为主要特征的保险产品忽视了个体健康状况及其影响因素；三是第三方付费机制一定程度上助长了医疗费用的不合理上涨。将健康险与健康管理融合，可以使保险公司深入到健康管理公司参与全程风险管理，实现健康服务的全产业链闭环发展，从源头上提高个体的健康素质，降低患病风险，监督医疗行为，减少赔付支出，进而降低经营成本、提高盈利水平，获取健康管理相关数据，帮助产品精准定价，这是商业保险公司开展健康管理服务最大的内在动力。

2. 控制道德风险和逆向选择的动机

道德风险和逆向选择是影响健康险发展的重要因素，其产生的根本原因是保险市场的信息不对称。由于保险公司和被保险人掌握的信息不同，被保险人往往可以利用信息优势做出有利于自身的决策，而保险公司为了减少损失只能提高保费，导致健康险门槛抬高。通常，逆向选择发生在投保环节，道德风险发生在赔付环节。而健康管理为投保人建立以健康档案为核心的网络信息平台，

将分散的医疗资源有效整合，进行高效的信息传导和共享，以此实现对整个健康流程的监控和追踪，在很大程度上减少了道德风险和逆向选择的发生，营造了更有利于保险公司发展的市场环境。

3. 提升议价能力的动机

目前我国保险公司自己搭建的医疗健康体系还不成熟，在与健康管理公司或者药企进行合作的过程中，也由于缺乏客户信息，进而缺乏话语权；合作产生的盈利很少，进而发展动力不足。而国外的健康险巨头，比如凯撒集团、联合健康等和我国保险公司所处制度环境有所区别，它们上市所属板块均非金融保险，而是大医疗板块，它们的成功也在于打造了覆盖保险产品开发、医疗服务、健康管理、医疗信息系统等多个环节的闭环格局，更多是从医疗健康领域走向保险支付，并非像我国的保险公司从保险支付走向医疗健康。所以我国保险公司提升议价能力的关键还是要提升医疗健康方面的管理能力，协助健康管理公司控制费用和提升效率，以支付支持的方式为合作健康医疗机构赢得更多客户，逐步提升在合作中的地位，进而提升议价能力，有了盈利模式就可以壮大健康险，使之与健康管理服务的融合进入良性循环。

四、国外健康保险与健康管理服务的经验借鉴

通过观察海内外健康险的发展，可以看到相较于发达市场，我国健康险产品体系还有很大的丰富空间，比如针对老人及慢性病人群的产品较少；健康险以重疾产品为主，医疗险报销居多、津贴类较少，垂直细分类险种缺乏，护理类产品几乎空白，因此借鉴领先发展经验，有利于我国健康险少走弯路，快速合理发展。

（一）日本健康险发展的经验借鉴

1. 健康险和健康管理融合模式的发展

日本的医疗保障体系最初模仿德国模式而来，逐渐探索出了适合本国的全民覆盖式医保。

日本的健康险基本是以医疗保险为核心，包括住院日额津贴 + 特定治疗方式津贴 + 先进治疗方式医疗费用补偿，并且大多都是定额给付。重疾险更加注重特定疾病保障，比如癌症、心梗、中风等[①]。

日本的社会健康保险组织大部分是以企业、行业或地方政府组成，据统计日本现有 4000 多个健保组织，每个健保组织约为 3 万 ~ 4 万人。日本独有的健保组织为了减少医保费的支出成本，都在旗下设有体检中心或医院，积极开展健康管理服务，并以此作为福利为员工的健康管理提供支付[②]。近 10 年来，健康报告会提交给受检者的雇主，雇主也会将报告作为员工健康管理和企业运营管理的依据。日本的健保支付动力来源于雇主出于企业发展需要的推动或者参保者本人健康意识提高的推动[③]。

日本的医疗保健保险系统具有双重模式，一种是职业保险，即职工及家属参加的健康保险；另一种是社区保险，即其他人口参加的国民健康保险。另外还有临时工健康保险及国家、地方公务员、国营、公立、私立学校教职员工互助会健康保险等。在医疗保健保险系统的双重模式下，健康保险又以多种体制形态存在[④]。

日本现行的保险制度包含有健康保险协会、政管健康保险、国民健康保险等，虽然机构多，但从上而下，都有保险管理和监督机构参与，咨询、协调机

---

①②③ 陈志恒、丁小宸：《日本健康产业发展的动因与影响分析》，《现代日本经济》2018 年第 4 期。

④ 沙利文：《2021 年中国健康保险促进健康管理发展白皮书》，全球健康论坛大会，2021。

关从中协作，并且有清晰的法律法规，以及各个部门职、权、责的明确划分，这使日本复杂的健康保险系统有条不紊地正常发展。作为健康保险的医疗机构有都道府县知事指定的医院、诊所和药局；特定保险人掌管的为被保险人开设的医院、诊所和药局；健康保险组织开设的医院、诊所和药局，但是这些被指定的医疗单位和药局的有效期仅为3年。而国民健康保险的医疗机构是疗养经办机关，执业医生以及有关医务人员都要经过严格注册。

随着政府对社会医疗保险的大力推广，日本已经建立了一个全面覆盖、标准收益、公平支付、效率相对较高的医疗服务体系，所有日本国民必须参加且只能参加一种社会医疗保险，投保成功的国民可持医疗保险卡到任何一家医院、诊所就诊。日本的医疗服务提供者主要为私营医院与医师，绝大多数的诊所、门诊部和医院都是私立的，提供初级医疗服务。此外日本所有的医院均为非营利性，禁止营利性医院经营，一定程度上保证了人们获得医疗服务的公平性[①]。

为延长民众健康寿命并减少政府财政负担，几乎每个城市都设有由健康保险组织建立的健康管理中心，并关联了当地公立医院或者大学附属医院等。健康管理中心的主要工作是定期健康检查和提供检查后的健康建议或转诊服务[②]。一般来说，体检费用由医疗保险来承担，也有某些基础性体检或面向特殊人群的体检是免费的。

2. 日本的融合模式——混合发展模式

日本政府通过介护保险制度，可以提升老龄人群健康管理市场的渗透率，还可增加健康服务供给量，成为政府与市场协同参与的混合发展模式[③]。混合发展模式由政府和市场相互采取措施，无明显的结构倾斜。混合发展模式是处于政府主导与市场主导的中间形态，但是在不同的行业与发展阶段下，结构变

---

①②③ 沙利文：《2021年中国健康保险促进健康管理发展白皮书》，全球健康论坛大会，2021。

动将相互转换[①]。

政府和市场的混合发展有两种模式：一是政府与市场在公共产品或服务中的融合。如政府直接投资供给和市场供给并存，或者在行业发展过程中，政府将某些环节独立，并引入市场力量的竞争性供给。二是产业发展不同领域的融合。政府通过某些制度，引导市场参与，从而实现对行业的选择和干预[②]。

3. 日本健康险与健康管理服务的融合路径

日本的健康保险促进健康管理发展方式是完全以政府医保为主导的健康管理[③]。日本社会健康保险组织基本是以企业或行业或地方政府为单位组成。各个健保组织大多都在所在地建立了属于自己的健康管理中心。日本的健康险早已慢慢渗透到健康管理服务之中（图 3-9）。

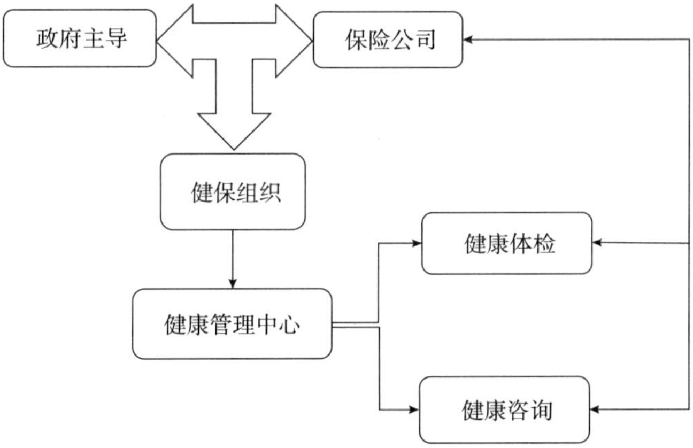

图 3-9 日本健康险与健康管理服务的融合路径

资料来源：课题组整理分析所得

4. 日本融合案例——日本健康管理中心

日本是以政府为主导的健康保险促进健康管理模式。

---

①②③ 沙利文：《2021 年中国健康保险促进健康管理发展白皮书》，全球健康论坛大会，2021。

因为日本医疗保障体系较高的覆盖率和政府对健康管理的重视，日本的健康保险促进健康管理的应用反映在由健康保险组织参与建设的健康管理中心，其服务通常围绕健康咨询和健康体检展开，现已扩展到治疗和转诊，此外社会医疗保险参保者能够享受体检费用的减免或报销。

（1）PL 东京健康管理中心是日本综合健诊医学会认可的优秀医疗服务机构，为客户提供围绕健康检查的一系列相关服务，其中包括专科医生咨询、检查结果解读与健康建议、电子病历系统与风险管理以及转诊服务。作为优秀的医疗服务机构，PL 东京健康管理中心会接受各种类型的社会医疗保险。对于不同健康服务项目，各个都道府县或区市町村规定了不同的报销比例和免费项目。

（2）日本圣路加国际医院预防医疗中心现在已发展成为国际化的能满足多种体检和治疗需求的医疗机构。其健康检查包括一日健康体检和住院健康体检。所有的检查项目都涉及详细日常生活指导及专科医生的精细观察。

（3）日本红十字熊本健康管理中心以全面的一级、二级和三级健康支持为基本方针，推动当地的预防医学发展，同时进行健康管理和健康咨询。主要服务是为客户提供全面的健康支持，重点关注与生活方式相关的疾病；当有必要改善生活方式时，向客户提供具体的健康指导、运动指导、营养指导等，以帮助客户改善健康状况。

（4）日本长野县厚生连佐久综合病院是一所典型的农村医院。诊疗范围内的居民大部分为农民或兼做第三产业的半农半商（工）者，人数达 20 万人。佐久综合病院在管理上的最大特点是不仅重视院内的诊疗业务，而且努力使医院社会化。如到院外开展公共卫生活动。佐久病院提出了“预防重于治疗”的口号，深入偏僻山区，了解农民的疾苦、需求，开展对农民的保健管理活动[①]。

---

① 胡伊拉:《日本农村的健康管理活动——介绍日本长野县厚生连佐久综合病院健康管理中心》，国外医学，黑龙江省卫生干部管理学院。

长野县厚生连健康管理中心下设10个分院，负责全县的健康管理工作，目的是做到对疾病的早期发现、早期诊断、早期治疗；提高居民对维护健康的自我责任感，使居民做到自我保健、自我监护、自我健康管理。长野县厚生连健康管理中心的主要任务有集体健康检查和开展健康教育①。

完成集体健康体检任务，除了让农民到医院进行门诊或住院检查外，主要的方式是组织巡回检诊队，带上各种检查仪器设备，驾驶健康管理车到各个村子部落进行巡回检查。健康管理中心的第二项主要任务是健康教育，采取的措施是：举办常见病防治讲座；组织母亲学习班，讲授妇幼保健知识；出版健康管理杂志，宣传卫生知识②。

此外，健康管理中心还承担健康咨询、保健指导、体检后的卫生教育、治疗后的疾病复查、妇幼保健、预防接种、从业人员健康管理、体育运动的普及、农村常见病的调查统计等任务。

5. 日本健康险与健康管理服务融合的启示

政府推行健康管理计划，实现双赢。在我国保险业中，国民也基本会购买一种健康保险，但是由于保险公司和私立健康管理公司之间利益分配不均匀，导致融合一直遇到某些阻碍。当政府主导参与健康管理中心的建立并推行健康管理计划时，保险公司可以与政府出资的健康管理中心合作。因为我国医院大多都是公立医院，政府可以安排健康管理中心与医院之间进行深度合作，让健康管理得到质的飞跃。

加强不发达地区乡镇社区医疗机构在健康产业中的作用。目前，在我国只有一些发达地区才配有社区保健机构，经济不发达地区和乡镇的医疗资源仍然很紧缺，基础设备和医疗设施落后，社区保健服务无法保障。保险公司可以在

---

①② 胡伊拉：《日本农村的健康管理活动——介绍日本长野县厚生连佐久综合病院健康管理中心》，国外医学，黑龙江省卫生干部管理学院。

未来持续关注不发达地区的医疗领域，让乡镇社区的健康管理机构焕然一新。公立医院也应当按照企业的经营方式进行管理，经常对医务人员进行医德教育，努力提高业务水平和服务质量，获取居民的信赖。要求所有的医生和护士都轮流参加巡回检诊队，深入农村，让社区医疗机构发展起来，可以解决一些医疗基础问题并开展预防保健工作以及社会福利服务。

（二）美国健康险发展的经验借鉴

1. 主流经营管理模式是管理式医疗

美国的健康保障体系是以商业保险为主，商业保险公司是最大的支付方。美国商业健康保险市场的经营主体呈多元化的倾向，既有非营利性的管理式医疗组织［健康维护组织（HMO）、优选医疗服务组织（PPO）、定点服务组织（POS）、指定医疗服务机构（EPO）］，非营利性的健康保险公司，也有营利性的保险公司和专业健康保险公司。

美国商业健康保险的主流经营模式是管理式医疗，市场占比超过 90%。管理式医疗的实质是保险组织与医疗服务提供者在共享利益、共担风险的机制下，共同参与医疗服务的管理，通过对医疗资源的合理使用来控制医疗费用，从而实现医疗服务成本效果最优化。

HMO、PPO 和 POS 均为美国管理式医疗的主要形式，不同计划的区别体现在医疗管理的约束力和保费上，刚性管理的费用低，柔性管理的费用高。

2. 通过健康管理服务合理控费

美国健康管理服务的核心是管理，而不是服务；管理动作深入医院和医生，而不是院外；管理的内涵是强制，而不是自愿；最大支付方赋予了商保公司的管理权力（表 3–12）。

表 3-12 健康管理服务清单

产业 / 生命周期	健康	亚健康	疾病	病后
医疗	全科体检、疾病筛查	就医预约、线上问诊	多学科会诊、第二诊疗意见、海外医疗	
药械	疫苗接种		药品处方、药品供应、药品配送	
护理			就医陪诊、住院护工	病后康复、长期护理
其他服务	健康记录	健康管控	就医垫付、医疗救援	

资料来源：健康险深度报告——平安保险

3. 美国 4 种健康管理模式借鉴

3.1 基于自建医疗体系的健康管理模式

凯撒医疗集团（Kaiser Permanente，以下简称“凯撒”）诞生于 1945 年，是美国最大的整合医疗服务系统之一。根据凯撒 2020 年度报告，凯撒拥有来自 8 个州和华盛顿哥伦比亚特区的 1240 万会员，21.7 万名员工，2.4 万名医生，6.4 万名护士，39 家医院和 723 家社区诊所①。凯撒由凯撒基金健康计划、凯撒基金医院和凯撒医生集团三大独立实体组成，共同为会员提供全方位的医疗服务。凯撒基金计划为非营利的公益组织，负责制订健康计划，招募会员并签订预付合同。凯撒基金医院同为非营利的公益组织，在加州、俄勒冈和夏威夷都拥有社区医院、门诊设施，在其他地区主要是同社区医院合作为会员提供医疗服务。凯撒医生集团为营利性的自治实体，由医生们合伙组成的专业组织构成，负责为会员们提供医疗服务。

凯撒实行按人头付费的医疗模式，三大实体遵循风险共担机制，有效地控制医疗成本。基金医院和凯撒医生集团的资金来自凯撒基金健康计划，按照会员人数拨付，结余资金可以在集团内部进行再分配，通过会员的健康状况影响

① 2020 Annual Report. America: Kaiser Permanente, 2021。

医院医生的支出进而影响利润，此举可以激励医生对会员实施更有效的健康管理服务和更合理的治疗方案，从而减少医疗资源的浪费。此外，凯撒还通过多种途径降低医疗费用，如执行电话转诊中心项目，为会员提供一周 7 天，每天 24 小时的电话转诊服务，从而减少需要转入急诊的患者人数，降低急诊费用；对已病群体进行随访和密集照护从而降低返院率；提供医生决策支持工具，建立诊疗指南引导医疗决策，过度医疗时提醒医生诊疗行为。

凯撒实行闭环管理，只为会员服务，一般不接受与其他保险公司及外部医疗机构的合作，闭环下资金脉络清晰，易于管理。凯撒采用预付费的会员制，会员在缴纳年费的基础上，可以自行选择保险等级并进行总额预付，按照所购保险的不同等级享受不同的医疗保险服务，预付款项后会为会员分配医护人员，确定诊所和医院位置等。

凯撒是 HMO 的鼻祖，HMO 运行模式主要是保险机构通过与经过挑选的医疗服务提供者达成协议，制订改善医疗服务质量的严格医药审核计划，向加入该系统的成员提供预防和治疗疾病等一系列的医疗保健服务（图 3-10）。

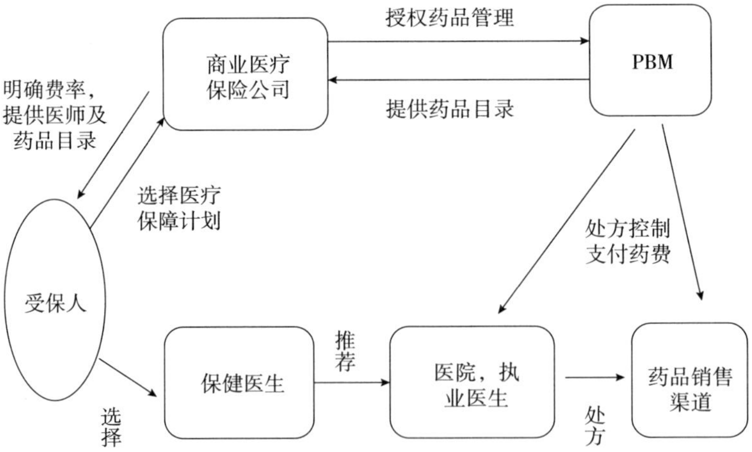

图 3-10　HMO 运行模式图

资料来源：健康险深度报告——平安保险

3.2 基于整合医疗网络的健康管理模式

联合健康集团是一家多元化的医疗健康管理供应商，通过大量收购并购健康服务和健康险公司形成产业链布局，由健康保险业务（United Healthcare）和健康服务业务（Optum）两大平台组成，两大平台协同互助，形成“保险＋服务”的双驱动引擎。根据联合健康2020年度报告，联合健康共拥有33万雇员，12.5万临床专业人员，4万面对客户的团队成员，3万技术专业人员①。健康保险业务和健康服务业务营收分别为2009亿美元、1363亿美元，占比分别为59.6%、40.4%，营业利润占比分别为55.2%、44.8%。

联合健康的健康保险业务目前为全球近6000万人提供服务，与6500家医院及其他医疗机构合作，合作网络涵盖140万名医生，其业务根据用户群体被分成四大板块：雇主和个人业务、Medicare和退休人员业务、社区和州业务、全球业务。健康服务业务通过健康管理（OptumHealth）、健康数据信息系统（OptumInsight）和药品福利管理（OptumRx）3条业务线为医疗保健市场提供服务。OptumHealth目前拥有超过53000名医生和1450个社区诊所，通过当地医疗集团和流动医疗系统为9900万消费者提供包括初级、专科、紧急和外科护理的医疗服务，满足人们管理慢性疾病、疑难杂症和行为健康的服务需求。OptumInsight提供健康信息服务，在为公司提供业务运行支持的同时对外提供系统服务，全美境内超过10万名全科医生和300家保险公司使用OptumInsight推出的技术产品。OptumRx负责经营公司的PBM业务，PBM是相对于药厂、药店、保险公司的第三方机构，通常情况下PBM可以从药厂和药店拿到更多折扣，从而将价格相对较低的药品纳入保险公司的赔付体系中，OptumRx覆盖了超67000个零售药店网络，4个配送中心和70个特药及输注药房（图3-11）。

---

① 2020 Sustainability Report. America: UnitedHealth Group, 2021。

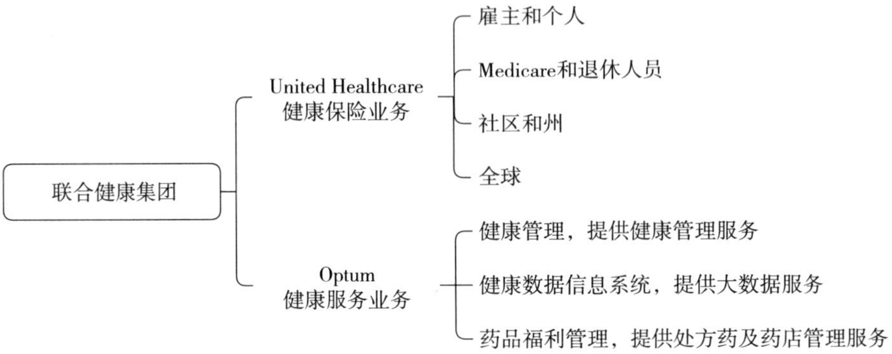

图 3-11 联合健康集团网络体系

资料来源：课题组整理分析所得

健康保险业务吸引用户流，服务于企业员工、个人、政府计划中的老年人、低收入群体。健康服务业务聚焦于后端健康管理，同时也帮助保险业务降低成本，提供更好的医疗资源，既能满足保险业务的服务需求，也能单独获客，服务保险体系外用户。保险业务利用服务功能来帮助协调患者护理、提高医疗服务的负担能力、分析成本趋势、管理药房福利、更有效地与护理提供商合作并创建更简单的消费者体验。保险业务与服务业务互相独立又紧密协同，业务中 1/4 为内部价值转移，公司 2018 年保险业务和服务业务收入中，重叠部分有 585 亿美元，占总收入的 26%。

3.3 基于可穿戴设备的新型交互式保险

恒康人寿已与苹果公司和英国健康生活方式公司 Vitality 联手，通过苹果手表和 Fitbit 智能手环来提取健康数据。

2015 年，为了应对美国人因不健康的生活方式导致生病甚至死亡的情况，恒康人寿与 Vitality 公司合作推出活力计划，作为保险产品的附加项供投保人选择，以此来激励客户采取更健康的生活方式。2018 年，恒康人寿在公开信中宣布其所有的人寿保单都将附带“活力计划”，不再承保传统寿险业务。恒康人寿作为加拿大宏利保险集团在美国的经营机构运行，为美国约千万的客户提供人寿保险、年金、大学储蓄计划等金融产品。Vitality是专业的健康管理平台，从属于南非集团Discovery Limited，通过与雇主或保险公司合作，以精算科学和行为经济学理论为基础，利用奖励激励成员形成健康的生活方式从而降低医疗保健成本。

投保人购买保险后，将进行在线活力健康测试获取其活力年龄（真实年龄加上由于不健康的生活方式导致的衰老岁数）、健康状况和个性化的健康改善计划，并得到一个免费的Fitbit手环，用以追踪其活跃程度。客户只要按照在线健身专家或者营养师的建议，根据自己设置的个人健康目标完成具体的关键指标后，无须缴纳额外费用，就可以获得高达15%的保费折扣、礼品卡、酒店折扣和健康装备等奖励。恒康人寿将自身定位为健康产业融合的制造中心，对健康生活方式的多点进行聚合和串联，并通过互惠商业场景，形成对客户有价值的健康生活圈。

恒康人寿还通过“年金险 + Vitality + Onduo”的Aspire计划为美国3000万糖尿病患者提供健康管理服务。Onduo是糖尿病管理领域专家，设立了线上糖尿病诊所，主要客户为2型糖尿病患者，提供的服务包括糖尿病管理工具、私人指导、临床支持和在线课程，以帮助控制病情。

3.4 基于数据分析的健康管理模式

美国三叶草公司（Clover Health）成立于2014年，是在奥巴马医改的背景下诞生的一家健康险公司，主营业务是为联邦医疗保险优势计划（Medicare Advantage Plan）覆盖的老年客户提供健康保险服务。联邦医疗保险优势计划是美国全国性社会医疗保险项目联邦医疗保险计划（Medicare）中的一种，由美国医疗保险和医疗补助服务中心（CMS）主导，允许私营医疗保险公司和 Medicare 签订合同，通过多项健康保险项目来达到减少医疗费用和提高 Medicare 受保者健康水平的目的，此项保险计划旨在通过多个公司之间制造竞争以降低 Medicare 的医疗总费用。

65 岁及以上的老人患慢性病的风险高，患有慢性病的老年人被反复收治入院是导致医疗费用居高不下的原因。Clover Health 的商业模式是对用户的健康相关数据进行收集、清洗、标准化和建模，根据模型结果提供有效且及时的护理管理。Clover Health 并非只以理赔数据作为健康管理的依据，他们将会员的电子病历、药物处方、病理检验数据、影像数据等作为输入数据，通过机器学习的方法预测会员发病的概率（图 3-12）。与其他保险公司相比，Clover Health 认为其在数据挖掘深度上做得更好。

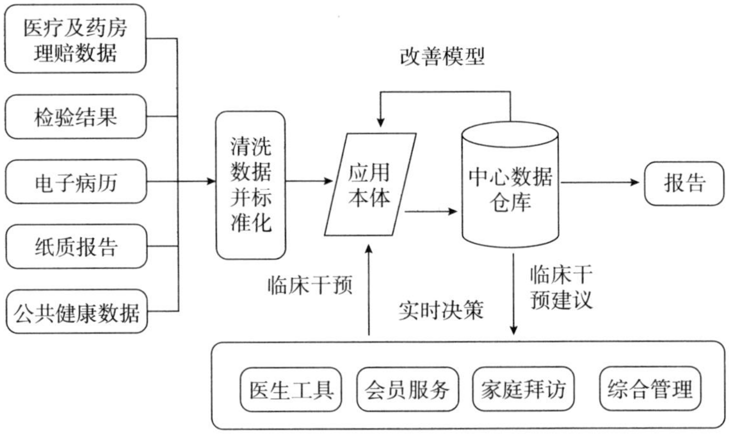

图 3-12　Clover Health 数据处理过程

资料来源：《技术重塑健康险行业：Clover Health》①

Clover Health 试图重建与医疗机构之间的联系，将保险公司作为医疗服务

① 赵岑、王言：《技术重塑健康险行业：Clover Health》，《清华金融评论》2017 年第 12 期。

的一部分，通过自建的医疗护理团队对会员进行家庭拜访，提高护理密度，而不只是通过电话访问的方式。根据 Clover Health 的统计数据，这种护理模式有效地降低了老年人的住院率与返院率。

4. 美国健康险与健康管理服务的融合路径

凯撒医疗集团采用的是基于自建医疗体系的健康管理模式，由凯撒基金健康计划、凯撒基金医院计划、凯撒医生集团 3 个独立运营又相互依存的主体组成，在一体化系统内形成了提供医疗服务并进行支付的商业闭环，为客户提供排他性的医疗和保险服务（图 3–13）。

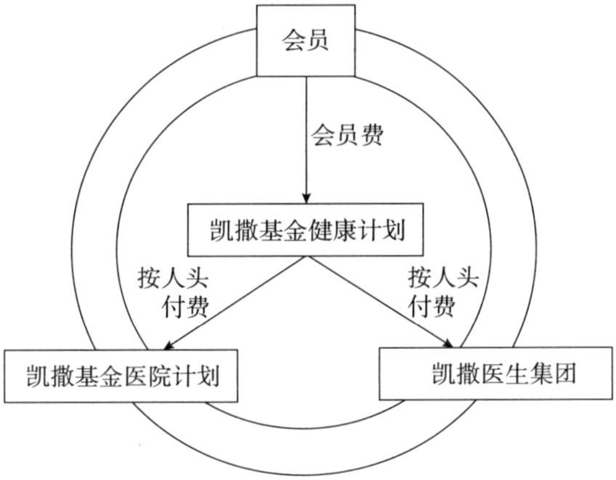

图 3–13 美国凯撒的融合路径

资料来源：课题组整理分析所得

联合健康采用的是整合医疗网络的健康管理模式，健康保险和健康管理协同发展，保险公司不仅扮演理赔角色，还提供健康管理服务、数据分析支持和药品折扣。

恒康人寿采用的是可穿戴设备的新型交互式保险模式，通过与健康管理服务公司 Vitality 的合作，提供给客户可穿戴设备工具以监测客户的身体状况数据，利用不同优惠程度的政策激励客户养成健康的生活习惯（图 3-14）。

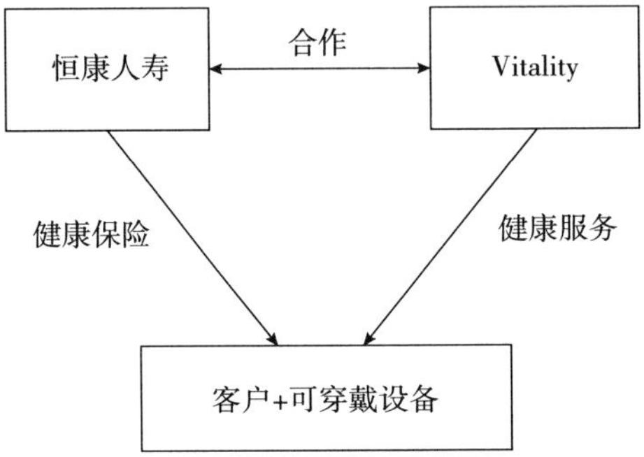

图 3-14　美国恒康人寿的融合路径

资料来源：课题组整理分析所得

Clover Health 采用的是基于数据分析的健康管理模式，对数据进行收集、清洗、标准化、模型分析，根据模型分析的结果提供干预建议，并由自建的医护团队对会员提供相应的护理服务（图 3-15）。

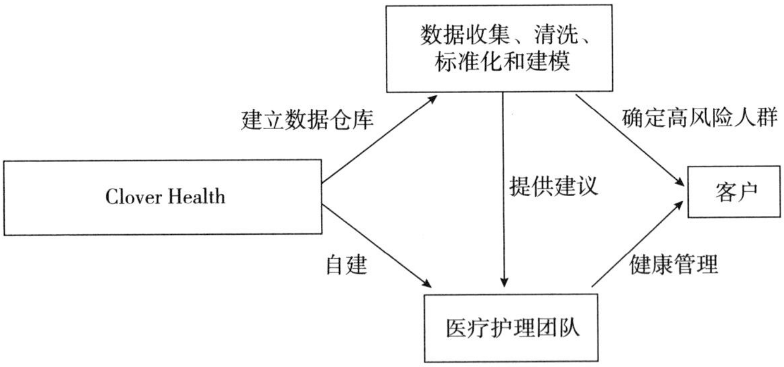

图 3-15　美国 Clover Health 的融合路径

资料来源：课题组整理分析所得

5. 美国健康险与健康管理服务融合的启示

凯撒集团实行的按人头付费和闭合管理模式，在有效控制医疗成本的同时，因为重资产对资金的大量占用导致其扩张缓慢，但其建立的其他控费方式值得借鉴：24 小时转诊服务和提供医生决策支持工具。联合健康的双驱动模式依赖于收购并购大量健康服务和健康险公司从而快速形成的产业生态体系，联合健康实施收并购存在良好的外部条件：美国具有自由的医疗体制和成熟的健康险市场，而且政府期望通过市场力量进行医疗控费。以量换价的同时保证“质”是一大挑战，尽管联合健康正在积极运营虚拟保健医生平台，投资初级保健学校，对其他医疗服务成员进行初级保健知识培养等，联合健康的初级保健医生数量能否继续支撑庞大的客户量的问题依旧亟待解决。恒康人寿基于可穿戴设备的新型交互式保险，通过奖励手段激励客户采取更健康的生活方式，但在获取客户的活动数据时面临着信息安全问题和数据造假产生的道德风险问题。Clover Health 通过自建的医疗护理团队对模型预测得出的潜在患病客户进行密集型健康管理服务，其原始数据包括医疗及药房理赔数据、检验结果、电子病历、纸质报告和公共健康数据等，数据获取和数据清洗并标准化是两大挑战，Clover Health 通过与政府签订合同获取业务，收入稳定，但业务单一会造成大的政策风险。通过研究美国健康险与健康管理服务的融合路径可以得出以下启示：

（1）重资产模式即自建健康服务管理网络可以有效控制医疗成本，但会导致企业资金被长期占用而难以扩张。保险公司可以建立其他有效的控费机制，如 24 小时转诊服务和医生决策支持工具。24 小时转诊服务可以减少需要转入急诊的患者人数，降低急诊费用。医生决策支持工具通过建立诊疗指南来引导医疗决策，并在过度医疗时提醒医生的诊疗行为。

（2）大量收并购行为可以迅速打造产业生态体系，但需要良好的外部条件。

配套资源可能难以支撑扩张，需要提前布局，如初级保健医生的数量。

（3）打造创新型保险方式，如将可穿戴技术和移动技术整合到健康计划中，增加保险公司和保单持有人的互动频率以提高保单持有人对保险的体验感，并通过奖励政策激励其养成良好的生活习惯。

（4）在健康险行业充分应用数据分析技术，释放数据的巨大能量。利用数据科技和网络化手段优化、评估、迭代对会员健康的干预，提高会员的整体健康水平。

（四）英国健康险发展的经验借鉴

1. 英国健康险与健康管理服务融合的模式

1.1 商业健康险定位以补充为主

英国的医疗保障体系由国民健康保健制度（National Health Service，NHS）、社会医疗救助和私人医疗保险（Private Medical Insurance，PMI）这3部分组成（表3-13）。

表3-13 英国医疗保障体系

保障制度	属性	保障对象	资金来源
国民健康保健制度（NHS）	国家保障	全体居民	税收和社会保险缴费
社会医疗救助	国家保障	老人、儿童、精神病患者	政府预算
私人医疗保险（PMI）	商业保险	自愿投保人	雇主或个人缴费

资料来源：张遥，张淑玲（2010）[①]

其中，NHS为政府主导的全民福利性医疗保障，保障全体英国居民，为主体保障，资金主要来源于税收和社会保险缴费。NHS有3方面的特点：向公

① 张遥、张淑玲：《英国商业健康保险经验借鉴》，《保险研究》2010年第2期。

民提供广泛的医疗服务；费用国家开支；服务网络包括初级卫生保健服务（全科医师提供）、地级服务（政府提供的社区服务）和医院服务（专科医疗服务）三级服务体制①。

社会医疗救助和私人医疗保险是 NHS 的重要补充。社会医疗救助制度同 NHS 一样，由国家提供保障，但保障对象和资金来源不同：社会医疗救助的保障对象为老人、儿童和精神病患者，提供老年家庭护理和上门医疗服务，精神病患者和儿童优先服务；资金则来源于政府预算。PMI 定位于高收入及对医疗服务质量要求较高、有购买力的人群，由国民自愿参保，资金来源于雇主或个人缴费。PMI 的重点在于医疗保健服务提供而非保险销售。

1.2 商业健康险促进健康管理服务

20 世纪 70 年代末，随着人口的增加、老龄化的到来以及人民对健康质量要求的提高，医疗服务供不应求的矛盾日益显现，加上英国经济不景气，导致政府资金短缺问题越来越突出。英国政府分别在 1974 年和 1978 年进行了两次卫生改革，然而 NHS 制度费用较高的问题没有很好解决②。20 世纪 80 年代初，NHS 的资金短缺问题进一步恶化，社会人口老龄化加速，NHS 已经很难满足国民的医疗需求。

2002 年，英国政府对医疗卫生体制进行了改革，保证 NHS 的结构和融资渠道不变的条件下改变英国医疗体系的运行机制，在 NHS 中引入具有资质的私营医疗机构，期望私立机构通过深化与 NHS 的合作或自办医疗机构来加强竞争，打破公立医院对 NHS 的垄断③。

2007 年，英国政府推广了“服务外包”模式，允许有资质的商业保险公司为 NHS 提供管理服务，将原有的“政府包揽购买和提供服务”改为“政府购

---

① 王治军：《各国商业健康保险》，《中国保险》2008 年第 8 期。

②③ 沙利文：《2021 年中国健康保险促进健康管理发展白皮书》，全球健康论坛大会，2021。

买，服务竞争"，实现了社保与商保的有效融合①。

故商业保险公司在英国发挥作用的路径主要有两条：一是通过销售私人医疗保险，作为NHS的补充，为追求高质量医疗服务的人群提供进一步的保障，完善了医疗保障体系；二是通过建立或运营私立医院，与NHS签订合同达成合作，与公立医院共同参与医疗服务提供的竞争，防止公立医院的垄断，提高NHS的效率。

2. 健康险与健康管理服务的融合路径

英国健康险主要由NHS和商业保险公司提供。英国商业保险公司通过自建、收购私立医疗保健机构，与NHS建立的公立医疗机构形成竞争关系，促进公立医疗机构的医疗效率，同时也帮助构建更加完善的医疗网（图3-16）。例如保柏这样的商业保险公司，通过自建和收购私立医院、健康筛查中心、诊所、牙科中心、健康管理公司、养老院等医疗保健机构，为购买健康保险的会员提供健康管理服务，实现了健康险与健康管理服务的融合。另外，保柏也建立了医学基金会，作为独立医学研究慈善机构对有潜力的医学研究项目进行拨款，助力医学研究的开展。

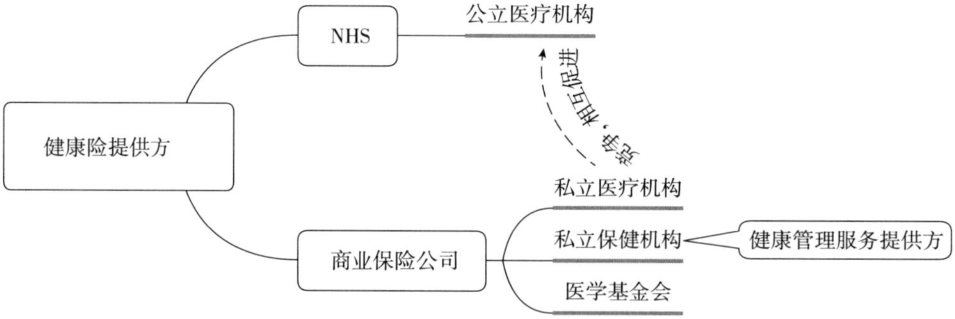

图3-16 英国健康险与健康管理服务的融合路径

资料来源：课题组整理分析所得

① 沙利文：《2021年中国健康保险促进健康管理发展白皮书》，全球健康论坛大会，2021。

3. 融合案例：保柏（BUPA）

3.1 公司简介

1947 年 4 月 3 日，17 家英国互助协会联合起来为顾客提供高质量的私营健康保险服务，创立了英国互助联合会（British United Provident Association）即保柏（Bupa），它是一家无股东的有限责任公司，税后盈余全部再投资于改善设施和提高客户服务质量，主张将关爱精神与自由选择相结合，目的在于预防、缓解以及治疗各类疾病和亚健康状况。70 多年来，保柏致力于提供高质量、可负担得起的医疗服务，其目标是帮助人们活得更长久、更健康、更幸福，创造更美好的世界[①]。

如今，保柏是全球最大的国际健康和保健服务机构之一，在全球拥有超过 3100 万客户和 85000 名员工，已经跻身于全球最大的老年护理服务机构之列，健康保险是其业务的主要部分。保柏还在许多国家市场提供保健服务并经营诊所、牙科中心和医院，还为英国、西班牙、新西兰和澳大利亚的老年人提供护理服务。

3.2 保柏提供的服务

（1）保险服务。

保柏通过其自有医疗机构和大量的医学专家为客户提供医疗服务，根据客户需求设计各种健康保险计划，提供重大疾病保险、医疗保险、失能收入损失保险、长期护理保险、牙科保险等一系列健康保险产品，甚至可以为癌症、心脏病患者量身定制医疗保险计划。

（2）健康管理服务。

保柏在全球有 390 家卫生诊所、1000 家牙科中心、22 家医院[②]。卫生诊所

① 来源于保柏公司官网。

② 数据来源于保柏公司 2020 年年报。

提供的服务包括健康评估、全科医生服务、生育服务和物理治疗。

保柏提供数字化服务，包括在线全科医生服务、护理分诊和咨询、心理健康指导和支持，以及慢性病护理管理。通过健康服务热线，在24小时内为英国保险顾客提供健康信息和建议。英国一半以上的顶尖企业都是保柏的客户，享受其提供的职业健康教育、体检、牙科保健、压力管理、流感疫苗注射、酗酒检查等健康管理服务。保柏的健康产业链还包括医院、疗养院、诊所、健康评估中心、健身俱乐部、幼儿园等，为客户提供体检、疾病预防、治疗、养老护理等全面优质的医疗保健服务。

保柏在澳大利亚发展了很多健康支持计划和服务来帮助成员保持健康状态。这些计划和服务不需要额外的费用或费用很低，向购买了健康保险且符合一定条件的成员开放。这些计划和服务包括提前护理计划、老年护理支持计划、保柏健康指导计划、化疗选择计划、营养师健康辅导服务、基因护理合作计划、心理护理选择计划、骨关节炎健康生活体重计划、临终关怀选择计划、父母和婴儿的健康计划、心血管健康计划、康复支持计划、康复选择计划、虚拟现实治疗计划、孩子心理健康计划。

（3）慢性病管理服务。

保柏集团下属 Health Dialog 公司是全球领先的慢性病管理企业，该公司的全面健康辅导主要针对患有慢性病的客户，服务内容包括防止疾病的进一步恶化、护理复杂病症患者、向患者提供多种合理治疗选择，以及其他的针对客户个人情况和需求提供的个性化服务。

（4）老年护理服务。

保柏的养老院里约有2万名居民，提供的老年护理服务包括养老院、退休村、日间中心和家庭护理。保柏主要在澳大利亚、新西兰、英国和西班牙提供老年护理服务。

（5）直付医疗机构网络。

保柏的直付医疗机构网络包含中国及全球其他地区共计 150 万合作伙伴，到院时向相应医疗服务提供者出示保险卡，医疗服务提供者会直接联系保柏结算在保障范围内的款项。

（6）健康社区基金。

保柏建立了健康社区基金，以支持当地的慈善机构，特别关注支持受新冠肺炎疫情影响最严重的群体，以及学校相关人员的心理健康和恢复力。

4. 英国健康险与健康管理服务融合的启示

英国模式下，基于商业健康险的定位，加强与 NHS 的合作，在提供健康险和健康管理业务时可衔接 NHS，更好地补充了 NHS 的运作。保险公司通过自建或收购医疗保健机构，形成医疗保健网络，使得健康产业链更完善。保险公司提供多样化的保险产品和健康管理服务，为不同保险需求和健康管理需求人士开发了对应的保险和相关的健康管理计划和服务，而且计划和服务费用较低，甚至不需要额外费用。但自建和收购医疗保健机构，形成健康产业链对资金的要求高；而且免费提供健康计划或服务对于保险公司而言经济压力大。

从英国的融合模式中可以得出以下启示：

（1）大的保险公司可考虑建立自有医疗机构、专业医疗团队和健康管理公司，为客户提供高质量、全流程的医疗服务和健康管理服务；小保险公司可以联合起来建立医疗保健机构或者参股医疗保健机构。

（2）产品设计方面，商业健康保险作为社会保险的一种补充，应实现社会健康保险与商业健康保险的融合发展，即开发与基本医疗保险相衔接的补充业务；保险产品中融入基础的健康管理服务。

（3）通过投资、兼并和合作等多种形式涉足健康产业的各个领域，打造涵盖体检、健康咨询、疾病治疗、康复、护理和养老等一系列服务的健康产业链。

（4）保险公司可以通过设立基金会和健康社区基金等，与社区医生签约、合作，形成医疗服务者网络，使用基金等对医生提供健康管理服务进行激励。

（5）保险公司为健康保险客户开发与其健康状况相关的健康管理计划，线上线下相结合，治未病和改善已病。

（五）德国健康险发展的模式

1. 健康险和健康管理融合的模式

德国社会医疗保险体系是参考俾斯麦模式发展而来，以公立保险为核心，雇主、雇员和国家共同承担医疗费用，并以私立保险作为补充[①]。私立医疗保险适用于年收入在规定标准以上的人群以及需要公立医疗保险以外服务的人群。公立医疗保险则适用于年收入在规定标准以下的人员及家庭联保成员。德国健康管理在公立医疗保险和私立医疗保险相互竞争中飞速发展，又由于公立医疗保险与商业健康保险公司合作销售补充医疗保险，进一步加强了健康保险和健康管理服务的联系[②]。

德国从 2004 年开始实施《法定医疗保险现代化法》，鼓励投保人以及被保险人积极主动参加疾病预防及早期诊治计划。在 2007 年联邦议院表决通过《法定医疗保险强化竞争法》，在法定医疗保险和商业健康保险之间引入竞争机制，在一定程度上促使医疗保险和医疗服务机构延伸产业链到健康管理、疾病预防和医疗服务来增强竞争力[③]。

德国还尝试将健康医疗保险和预防医疗等多种健康管理方式相结合，从多角度促进了健康管理目标的实现。

---

① 沙利文：《2021 年中国健康保险促进健康管理发展白皮书》，全球健康论坛大会，2021。

② 冯鹏程、刘青：《谈谈德国商业健康保险》，中国保险报，2015 年 6 月 10 日。

③ 刘青：《德国商业健康保险及经验借鉴》，商业保险 . 英大泰和人寿保险股份有限公司，2015。

2. 德国保险公司健康管理业务的开展

（1）开拓“第二健康市场”。

面对飞速增长的健康服务产业，德国商业健康险公司提出了“第二健康市场”的概念，其中预防性医疗服务是第二市场的重要组成部分，包括预防性健康检查、运动与旅行健康以及预防服务等①。比如MedWell公司专门致力于开发预防性健康保险产品，创立了使病人和医生能够紧密联系的新型健康预防平台，对骨质疏松症、动脉粥样硬化、子宫颈癌风险等方面进行检查，满足了客户对个人健康服务的需求。

（2）参与健康服务链条整合。

保险公司对与保险主业密切相关的健康管理公司、医院等机构进行直接投资或战略合作，可以促进主业发展、深化服务内涵、强化风险管控，也可以延伸投资链条，形成多元盈利，提升竞争优势②。以德国健康保险公司为例，该公司提出“关注健康”的经营理念，发展战略确定为健康保障、健康服务和医疗护理服务三者相互促进的“三角战略”，投资了连锁综合门诊、牙科诊所、健康管理公司、护理和养老机构、医院集团等健康产业③。

（3）医疗风险的控制。

一是投保人承担部分费用，包括设定免赔额、报销比例等。这种做法给投保人提供了节约费用的激励机制。二是付费方式改革。国家划分专门的商业健康保险支付标准，精确规定每一病种都有一个对应的点值（比如说阑尾手术100点），每一点值的费用额度每年由商业健康险保险人协会与医生协会、医院协会谈判确定④。这一做法遏制了医疗服务供给方诱导需求。三是疾病管理。

①②④ 冯鹏程、邵晓军、赵正堂：《德国医保治理及商业健康保险融合发展的研究》，《保险理论与实践》2021年第2期。

③ 刘青：《德国商业健康保险及经验借鉴》，《中国医疗保险》2015年第4期。

即对不同的病症建议最优的治疗方式。

3. 德国健康险与健康管理服务的融合路径

德国商业健康险公司通过参股或联营方式延伸产业链，其主要集中在下游的医疗健康产业，比如医院、养老院、牙科诊所、护理服务、保健、房地产（养老），此外还有医疗数据采集和评估、资产管理以及保险经纪和金融服务等，并且由此打造了一个全面的医疗健康服务网站，围绕健康构成了强大的一站式服务能力。利用医疗健康服务网站，将健康保险同客户的多样化健康需求紧密联系起来，以健康保险的形式，一站式解决了人们生命全周期的健康需求，将保健、预防、治疗、护理、养老等需求全部包含在内，形成了独特的“健康生态圈”①。此外，公司对健康市场进行细分，针对不同年龄段、不同身体状况、不同收入状况的客户群设计不同的健康保险产品。

以德国 DKV 公司为例，在购买需要的健康保险产品组合后，经由 DKV 的子公司及联营公司构成的医疗健康服务网络，客户在生病时可以通过健康热线等方式获取包括就医方案推荐在内的咨询服务；赴 DKV 旗下诊所和医疗集团看病可享受优先就诊；康复期的客户可以享受到护理服务；慢性病客户可以享受日常健康跟踪管理；DKV 旗下有连锁牙医诊所提供专业口腔健康服务；老年客户可以享受 DKV 旗下养老院、老年护理机构等的服务；出国旅游或出差人群若患急症可以享受到国际救援机构的服务②。通过健康保险，为个人和团体提供“从摇篮到坟墓”全生命周期的健康管理（包括医疗、康复、慢性病跟踪、保健和健身、护理和养老）。

4. 德国融合案例——DKV

4.1 德国 DKV 介绍

DKV（Deutsche Kranken Versicherung）于 1927 年在德国成立，是欧洲最大

①② 邓黎：《DKV 发展经验及启示》，中国保险，2015。

的商业健康保险公司。1997 年，DKV 与其他 4 家德国商业保险公司联合成立 ERGO 集团，优化了公司间业务和资源的配置，并发展了线上保险、护理服务和健康管理服务等。公司经营业绩良好，业务量稳定，近年来，DKV 每年签单保费均保持在 50 亿欧元左右，市场占有率约 14%，净利润保持在 1 亿余欧元，赔付率低于 80%；公司保费收入结构理想，以个人保险和期缴为主，客户群体稳定，客户数量长期保持在 440 万左右，约占德国总人口的 5%[①]。

4.2 DKV 融合模式的流程

客户购买了 DKV 公司的健康保险后，将会被邀请进入 DKV 公司内部的医疗网络。DKV 与德国的名医名院有着广泛的业务联系，并利用这些资源组成了名医和专业医院网络。通过该网络，DKV 的客户可以在最短时间内就诊最好的医生，得到最有效的治疗[②]。此外，DKV 还负责安排从异地就医到跟踪照顾等一切医疗服务，使病人安心养病。紧接着根据所购买的健康保险类型进入不同的阶段：

当在保险期内发生一般疾病时，可进入 DKV 旗下医疗中心，客户可接受最佳门诊服务，使诊断和治疗无缝链接。通过中心专家小组诊断，可节约时间、简化手续，病人可得到及时治疗[③]。医疗中心的最大特点是一切以客户为中心，医生定期看望病人，积极医治。医疗中心的专家会积极向客户提供日常实用建议，设计个人保健计划，保持客户身体健康，医疗中心还经常举行营养、保健和治病知识讲座。

当在保险期内患有慢性疾病时，专家小组会根据身体状况建立慢性病防治康复计划。为了让患者了解病情并愿意积极接受治疗，DKV 开辟了一系列慢性病管理特别保健计划，通过教育和远程医疗优化医疗效果，使得每个被

①②③ 罗帅民：《走近 DKV》，中国保险，2008。

保险人都能获得与医生面对面咨询、专业对口联系等服务，这些服务帮助医生和病人共同确定最佳医疗方案，避免住院，防止并发症，使患者生活质量不断改善[①]。

当在保险期内想要对牙齿进行健康管理时，可以根据医疗网络中名医推荐实施创新型牙科医疗护理项目。DKV 按照最高医疗标准建立牙科项目，为客户提供终身专业牙齿预防保健和医护服务。为此，牙科医疗护理项目在全国建立特许经营授权伙伴的牙医服务网络。DKV 提供牙科社会医疗补充保险，将个人洁齿、专业护理和修复结合在一起，使定期护理牙齿的被保险人可以获得更高的补偿[②]。

当需要进行长期护理时，可以进入长期护理中心。DKV 建立长期护理中心，通过与医生、护理师合作，按客户需求设计自主护理方案，将个人情况与具有良好管理水平和价格合理的专家护理相结合，使客户的需求得到满足。DKV 还为退休后希望保持自主的老年人选定地址提供居所[③]（图 3-17）。

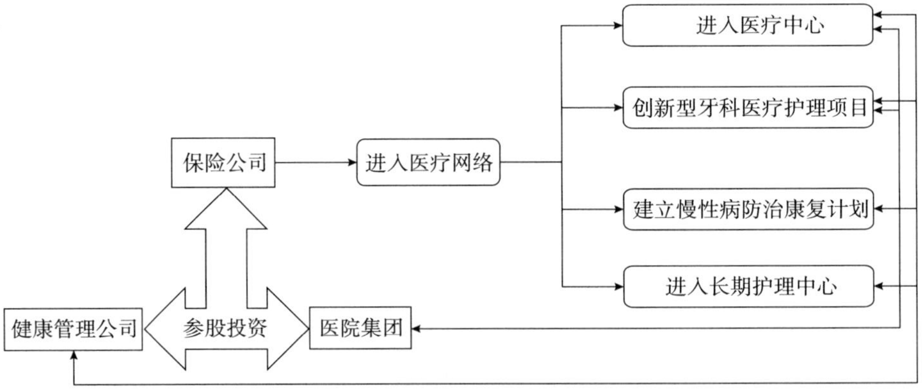

图 3-17　DKV 融合模式的流程

资料来源：课题组整理分析所得

①②③　罗帅民：《走近 DKV》，中国保险，2008。

4.3 DKV 医疗健康管理平台——DKV Digital Health

DKV 公司自建的医疗管理网络的健康管理 App 有 6 个功能（表 3-14）。

表 3-14　DKV Digital Health 的 6 个功能

名称	具 体 内 容
活得健康（Vive la Salud）	包括健康生活方式的培养和提高；各种疾病的预防；肥胖预防；优生优育教育；家长、学校以及职业压力和相关疾病的预防等模块 目前是进行在线注册，完成在线调查以了解被保人的健康风险情况，进而制订相关的计划，定期收集被保人的健康数据，以更新评估身体变化和健康情况，再进行相关活动的建议
我想多照顾自己（Quiero cuidarme Más）	服务内容包括健康生活指引、24 小时在线问诊、健康记录、在线就诊预约、健康咨询、在线健康护理服务。重大疾病第二诊疗意见、免费的第二诊疗意见以及基于生理检测的第二诊疗意见，牙科服务，包括与促进健康相关的健康护理项目
DKV 医疗保险（DKV Seguros Médicos）	客户服务客户端，通过 App 可以实现在线的保单管理和服务查询。具体为：DKV 健康卡管理；在线查询医疗机构和健康护理机构；查询周围 DKV 网点；保单咨询和管理；及时的服务更新
DKV 退款（DKV Reembolso）	理赔申请服务客户端，通过 App 可以实现在线理赔和查询理赔进度
数字医生（Digital Doctor）	虚拟医生服务客户端，通过 App 可以实现在线的疾病诊断和咨询等。具体内容为：在线自我诊断；在线门诊；疾病介绍；保单咨询和管理；在线上传病历、影像资料和接受诊断报告
我想照顾好自己（Quiero cuidarme）	健康管理服务客户端，在线的健康生活方式培养。具体服务内容为：睡眠管理；日常运动管理；饮食管理；科学计算并改善生活和健康指数

资料来源：课题组整理分析所得

4.4 DKV 的发展经验

（1）以客户为核心，持续关注健康领域。DKV 一直专注于商业健康保险产品领域，在该领域内以客户为核心，努力经营，细分市场，提供全面多样灵活组合的健康保险产品。

多样化产品及组合。公司对健康市场进行细分，针对不同年龄段、不同身体状况、不同收入状况的客户群开发不同的健康保险产品，一方面推出优质的综合健康医疗保险（法定医疗保险替代产品）争取高端人群，另一方面针对口腔健康、失能等法定医疗保险未涵盖的内容，开发各类补充型医疗保险产品，吸引参加法定医疗保险的人群购买①。目前公司所设计的产品形式多种多样，相关产品均可灵活组合购买，给客户提供“量体裁衣”式多样化的选择。

一站式全流程服务。在购买需要的保险产品组合后，经由 DKV 的子公司及联营公司构成的医疗健康服务网络，客户在生病时可以通过健康热线等方式获取包括就医方案推荐在内的咨询服务；赴 DKV 旗下诊所和医疗集团看病可享受优先就诊；康复期的客户可以享受护理服务；慢性病客户可以享受日常健康跟踪管理；DKV 旗下有连锁牙医诊所提供专业口腔健康服务；老年客户可以享受 DKV 旗下养老院、老年护理机构等的服务；出国旅游或出差人群若患急症可以享受到国际救援机构的服务②。

（2）延伸产业链，打造医疗健康服务网络。DKV 成功的关键核心在于构建了一个全面的医疗健康服务网站，围绕健康形成了强大的一站式服务能力。公司通过参股或联营方式进行产业链延伸，主要集中在下游的医疗健康产业，包括医院、养老院、牙科诊所、护理服务、保健、房地产（养老），此外还有医疗数据采集和评估、资产管理以及保险经纪和金融服务等。通过医疗健康服务网站，DKV 将健康保险同客户多样化的健康需求紧密联系起来，以健康保险的形式，一站式解决了人们生命全周期的健康需求，保健、预防、治疗、护理、养老这些健康服务都包含在内，形成了独特的“健康生态圈”，也营造了强有力的竞争壁垒③。

（3）积累经验，不断强化专业能力。DKV 经过多年的经验积累，形成了独

① 罗帅民：《走近 DKV》，中国保险，2008。

②③ 邓黎：《DKV 发展经验及启示》，中国保险，2015。

有的专业能力。主要体现在3方面：

专业的产品开发和服务能力。DKV充分利用旗下医疗数据采集和评估子公司，不断深入挖掘健康相关数据资料，为产品设计定价提供有力的技术支持，发掘细分蓝海市场，保证产品精准定价；借助于投资的医疗机构和健康管理机构，公司为客户提供更便捷优惠、高质量、一站式的服务①。比如慢性病跟踪管理、全天候咨询导诊、就医优先、快捷结算等，形成了独特的差异化竞争优势。

积极持续的创新能力。公司为应对不断变化的经营环境和政策环境，不断推陈出新，在产品、服务和业务模式等方面大胆创新。

高效的运营管理能力。一是高效率的运营管理团队。DKV拥有一支精简、高效的工作团队，除销售队伍外，仅有不到300人的管理团队，行政开支占签单毛保费比率不到2.5%②。一方面，DKV充分利用积累多年的管理经验，业务流程设计合理高效；另一方面，新技术、新科技手段的广泛应用功不可没，从承保、理赔到日常运营，相关环节的电子化、自动化程度高，不但减少手工处理，降低人工成本，也提高了运营效率③。二是强大的医疗健康网络管理和协同能力。面对建立起的医疗健康网络，一方面，DKV对各家机构制定了较高的准入门槛和多角度的质量控制措施，结合合理的激励约束机制，有力保证了服务质量和渠道销售能力；另一方面，DKV与这些机构实现需求反馈和共享，以此为指导不断优化产品和服务，进一步提高市场竞争能力和客户黏性。因为DKV强大的管理和协同能力，各子公司和联营公司作为销售渠道、服务终端和信息收集终端的作用有效发挥，母子公司协同效应充分展现④（表3-15）。

①②③④ 邓黎：《DKV发展经验及启示》，中国保险，2015。

表 3-15　DKV 主要子公司 / 联营公司

名称	业务性质	持股比率
goMedus	普通门诊	100%
goDentis	牙科诊所	100%
Sana	医院集团	21.70%
DKV 健康服务	疾病预防和保健服务机构	100%
miCura	居家养老护理机构	100%
DKV—养老院	养老院	100%
DKV—贝塔资产管理有限公司	资产管理	100%
Gemeda	医疗数据采集和评估服务	100%

资料来源：课题组整理分析所得

5. 德国健康险与健康管理服务融合的启示

坚持以客户为导向，持续专注健康领域：德国 DKV 立足专业健康保险定位，坚持以客户为导向，围绕目标客户，做好市场细分，深入挖掘分析客户现有或潜在的需求，丰富产品的种类，后续的健康管理服务的实施准时准确地进行，力争完善产品和服务，使客户认同并得到满足。

延伸产业链，实现共生共赢：医疗健康服务网络是 DKV 能够成功把健康险和健康管理服务融合的核心。通过该健康服务网络，在健康管理平台上建立起客户、医疗健康服务机构和保险公司的健康生态圈。网络平台内的健康管理服务相关项目要确切落实，每个项目的服务都需要让客户感到无微不至，使客户即使在网络上也能及时准确地得到医疗诊断和健康管理。由于我国绝大部分的优势医疗资源集中在公立医院，像 DKV 一样通过投资参股的方式获得对医院的控制权可能会遇到阻碍，但采用其他方式寻求合作还是可以探讨的。相信延伸产业链的方式会是健康保险未来发展的大势所趋。

保障保险公司稳健运行：DKV公司通过数据统计和数据分析能力把握健康保险市场的规律，能较早发现并积极创新应对新的市场环境和需求变化，以准确有力的执行能力抓住市场的机会，以精细化管理并借助信息化、电子化技术提高运营效率，核心的一点是，用高超的管理协同能力将自身和众多的子公司及联营公司有机整合。我国的保险公司应当学习DKV公司稳健强大的运行能力，让融合路径的基础坚不可摧。

制定合理的激励约束机制：DKV公司对旗下子公司与联营公司成功管理的核心是制定了合理的激励约束机制。我国的保险公司也可以与合作的医院集团或健康管理公司形成一定的奖罚约束制度，一方面可以保证保险公司销售人群的流量；另一方面医院集团和健康管理公司也可以通过相互竞争得到更高的收益和更有力的保障。可以使保险公司、医院集团和健康管理公司成为良好运行的利益共同体集团。

（六）新加坡健康险与健康管理服务融合的模式

1. 商业健康险定位以补充为主

新加坡医疗卫生制度体系，包括医疗卫生管理体系、医疗卫生服务体系、双向转诊分级医疗制度和健康保障制度。

双向转诊分级医疗制度强调以社区卫生服务为基础，底层是负责基础性保健服务的诊所，上层是负责综合医疗服务和专科医疗服务的医院及专科诊疗中心。

健康保障制度包括政府补贴（Subisdy）、保健储蓄计划（Medisave）、终身健保计划（Medishied Life）和保健基金计划（Medifund）（表3-16）。

表 3-16　新加坡健康保障制度

保障制度	属性	保障对象	资金来源
政府补贴	直接补贴	全体公民	政府预算
保健储蓄计划	强制缴费	在职人员	雇主和雇员缴费
终身健保计划	社会保险	自愿投保的新加坡公民和永久居民	个人缴费
保健基金计划	医疗救助	需要帮助的公民	政府预算

资料来源：课题组根据丁一磊（2018）① 整理分析所得

政府补贴由财政通过补助供方的方式直接支付给医疗机构。各公立医疗机构根据成本自行制定医疗服务价格，政府直接对这一价格按照一定比例进行补贴，公民按照补贴后的价格支付医疗费用。

保健储蓄计划是强制性中央公积金制度的组成部分。1984 年由政府设立，覆盖所有在职人员，雇主、雇员双方按照工资的一定比例缴纳，建立保健储蓄基金，用于支付投保人及其家庭成员的住院、日间手术及特殊门诊的自付部分费用。保健储蓄基金可用于支付公营或私营医院的收费。

终身健保计划，又称基本医疗保险计划，是新加坡医疗保障制度的主体。该计划是新加坡政府于 1990 年 7 月设立，用于支付参保人员住院或特殊门诊（如透析和肿瘤化疗）的医药费用，该计划覆盖新加坡公民和永久居民。终身健保计划属于社会保险性质，制度实施之初采用自愿参加原则，按照起付线和共付比例制，对投保者住院及部分门诊费用给予偿付。自 2015 年 11 月 1 日起，新加坡公民或永久居民无须申请，自动获得终身健保计划，该计划成为强制性终身保险计划，已患有疾病的人群也能参保。

① 丁一磊：《新加坡健康保障制度演变的特点及启示》，《中国卫生政策研究》2018 年第 10 期。

保健基金计划是一项由新加坡政府发起的用于帮助有需要的新加坡公民的计划，该计划类似于我国的医疗救助计划，承担新加坡健康保障制度的托底功能。

新加坡的健康保障体系均由政府机构管理实施，商业健康保险主要定位于社会医疗保险业务（终身健保计划），客户对象除了企业代表和有购买意向的个人外，主要是社会医疗保险的主办机构，发挥拾遗补阙的作用，重点在服务提供。对商业健康保险经办机构而言，业务内容主要在医疗机构的资源整合和服务提供上，包括参股和设立医院、诊所、体检机构、养老护理中心等以接纳客户进行医疗保健。在保健储蓄计划之外，商业机构也参与终身健保计划的设计和实施，同时也承接保健基金计划的管理①。

2. 公共医疗保健集群

新加坡公共医疗保健主要是 3 个集群，包括新加坡卫生局（SingHealth）、国家卫生保健组织（NHG）和国立大学卫生系统（NUHS）。

国立大学卫生系统（NUHS）是新加坡 3 个公共医疗保健集群之一，也是新加坡一个综合的学术卫生系统和区域卫生系统，提供价值驱动、创新和可持续的卫生保健。

一个区域卫生系统（Regional Health System，RHS），包含学校、医院、综合诊所、国家专科中心等多种机构，也与护理提供商、基层民众、社会机构、组织和志愿者等建立合作伙伴关系，形成了护理连续体，构建了以患者为中心的更大的多学科团队（图 3–18）。其医院、国家专科中心、综合诊所等机构配备了具有专业知识和技术的专家和其他医疗保健人员，为患者提供广泛的医疗保健服务。其临床项目已经证明了该系统对患者和社区有积极影响。

① 王治军：《各国商业健康保险》，《中国保险》2008 年第 8 期。

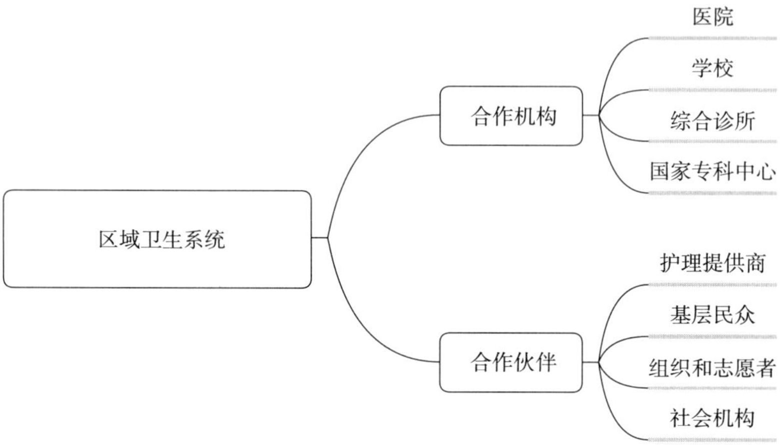

图 3-18　新加坡区域卫生系统

资料来源：课题组整理分析所得

3. 商业保险公司参与集群

新加坡保诚保险公司与医疗机构合作，组建专家小组，为客户提供医疗保健服务。

PRUPanel Connect（PPC）是一个由医院领导的伙伴关系计划。作为 PPC 计划的一部分，参与专家必须由 PPC 合作伙伴医院雇用，或在 PPC 合作伙伴医院 / 日间手术中心经营临床诊所，对投保人的治疗必须由合作伙伴医院 / 日间手术中心的参与专家提供。保诚的大多数合作伙伴 PPC 专家已经在他们各自的专业执业了至少 5 年。目前，在保诚的小组中有 900 多名专家，有 50 多个医学专业的代表。

4. 健康险与健康管理服务的融合路径

新加坡公共医疗保健形成了三大集群，商业保险公司主要利用公共医疗保健集群资源，组建医疗保健小组，给购买健康保险的成员提供医疗保健服务（图 3-19）。此外，商业保险公司也参股或设立医院、诊所、体检机构、养老护理中心等，以接纳客户进行医疗保健。

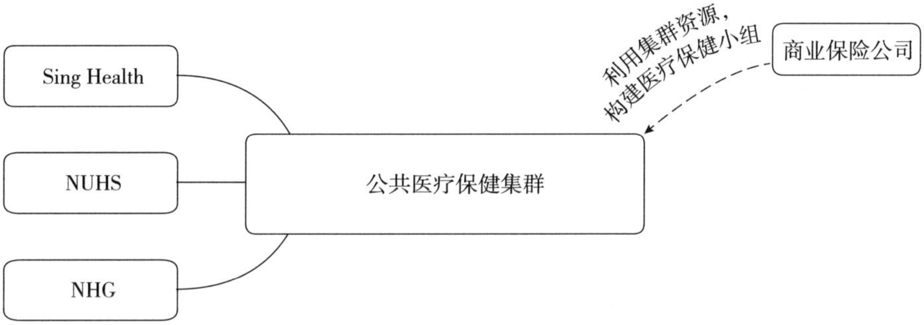

图 3-19 新加坡健康险与健康管理服务的融合路径

资料来源：课题组整理分析所得

5. 新加坡健康险与健康管理服务融合的启示

新加坡模式下，医院、诊所、学校等机构与护理提供商等机构形成区域性的医疗保健集群，构建多学科团队，提供专业的医疗和保健服务。商业保险公司参股或设立医疗保健机构，帮助形成医疗保健集群，以医疗保健集群为中心，获取医疗保健资源。

从新加坡的融合模式中可以得出以下启示：

（1）保险公司与公共医疗卫生体系合作，构建医疗保健队伍。

（2）保险公司可与学校等机构进行合作，例如开展人才培养合作计划，使得优秀医学人才、健康管理师等成为保险公司的资源。

（3）加强健康人才培养培训，加强医教协同，建立完善医学人才培养供需平衡机制。改革医学教育制度，加快建成适应行业特点的院校教育、毕业后教育、继续教育三阶段有机衔接的医学人才培养培训体系。

（4）严格的分级诊疗及转诊制度是医疗合作体系的核心，政府和保险公司可对先在社区等初级保健机构进行治疗的人群、初级保健机构中提供转诊推荐的医护人员进行一定的费用优惠激励，推进分级诊疗及转诊制度的构建。

（七）南非 Discovery 保险公司健康险与健康管理服务融合的模式

1. Vitality 计划

南非 Discovery 集团于 1992 年成立，于 1997 年成立 Discovery Health 保险公司，于 1999 年成立 Discovery Vitality 健康管理公司，该公司提出了 Vitality 计划。2004 年公司推出 Discovery card，让 Vitality 计划开始走向社会大众。2009 年 2 月推出 Healthy Food 福利，福利的诱惑让社会大众迅速接纳 Vitality 计划[①]。

Vitality 计划由 Vitality 健康计划、Vitality 驱动计划、Vitality 货币计划 3 部分组成，这些计划可以鼓励和奖励客户的健康生活、良好驾驶和良好银行业务行为。Vitality 计划涉及包括健身产业、百货公司、航空公司、旅行社等在内的一个非常庞大的产业圈，产业圈之间衔接密切，动态结合[②]。

2. Vitality 健康计划——健康检查 + 健康饮食 + 健康运动

成为 Vitality 健康会员的门槛是购买本公司的健康保险。

Vitality 健康计划旨在激励会员提高生活质量，Vitality 健康会员的生命健康状态决定了其享受的福利水平。具体来讲，Vitality 会员在参与健康生活方式或购买健康食品后，会根据获取的积分来提升自己的健康评级，共有青铜、白银、黄金、钻石 4 个评级，不同层次的健康评级享受不同程度的价格折扣和现金返还，其中现金返还部分可以存入 Discovery card 的医疗费用储蓄账户，用于医疗消费使用[③]。

Vitality 健康计划提供的健康检查和评估包括血压、血糖、胆固醇、体重、

①②③ 吕秀萍、段紫欣:《我国健康管理与商业健康保险协同发展困境与对策——借鉴南非 Discovery 保险公司经验》,《保险职业学院学报》2021 年第 2 期。

非吸烟者声明，还可能包括子宫颈抹片检查、乳房 X 光、结肠镜检查、青光眼筛查、艾滋病毒检测、牙齿健康检查、流感疫苗接种，并为 65 岁及以上人群准备额外积分奖励活动。

健康饮食是公司通过与餐饮企业合作，为会员提供健康饮食选择。线上选购：会员将 Uber Eats 应用程序与 Vitality 关联后，在餐厅合作伙伴中选择任何健康的膳食，在 Uber Eats 进行购买，将获得奖励。线下就餐：在合作伙伴餐厅享受健康的饮食，使用 Discovery 应用程序扫描收据，会获得健康餐饮奖励。线上验证：创建一个 Vitality 账户或登录合作伙伴的网站，验证账户并选择健康餐饮或餐包，可以获得高达 25% 的奖励。

健康运动是公司与健身房等机构合作，会员到合作机构进行健身等可以获得积分奖励。

3. 南非健康险与健康管理服务的融合路径

保险公司自主成立健康管理公司，为购买健康保险的会员开发健康管理计划，与健身行业、餐饮行业等合作发展健康生态圈（图 3-20）。

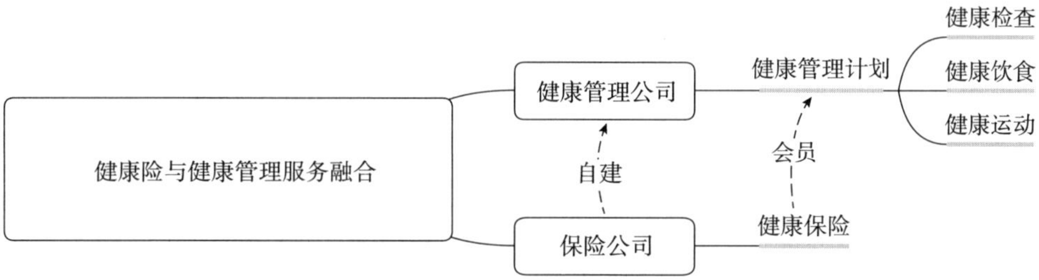

图 3-20　南非健康险与健康管理服务的融合路径

资料来源：课题组整理分析所得

4. 南非 Discovery 保险公司健康险与健康管理服务融合的启示

南非 Discovery 保险公司的融合模式下，保险公司在意识到简单医疗低效后，创新健康管理与商业健康保险的协同发展模式，打造健康管理生态圈，重点关注客户的“未病”管理，培养客户主动进行健康管理的意识[①]。但构建健康管理生态圈对资本的要求很高，中小型保险公司构建自己的健康管理生态圈不现实。

该模式还具有数据搜集和信息处理的优势。保险公司从健康管理生态圈内的各项业务中获取客户的健康行为数据，及时、准确地识别客户潜在的健康问题，并为客户提供准确的健康管理服务指引。例如，根据客户在健康平台的购物信息或购药信息及时了解消费者的健康需求[②]。

该模式下，健康保险产品丰富，健康管理服务贴近生活。由保险公司提供多样的健康保险产品，由保险公司自建的健康管理公司为购买本公司商业健康保险的客户提供健康管理服务，为消费者提供了专属消费福利。该形式下，健康管理保险产品和健康管理服务分开销售，又通过服务将二者紧密融合，将健康保险与客户健康生活挂钩，并以一种消费者易于接受的方式服务于消费者[③]。

从南非 Discovery 保险公司的融合模式中可以得出以下启示：

（1）保险公司可以自主成立健康管理公司，为购买健康保险的投保人开发健康管理计划。

（2）保险公司可以对进行健康管理的成员进行积分或实物奖励，激励其保持良好的健康状况，提高身体素质，降低部分慢性病的发病率。

（3）保险公司可以与药店、社区医疗机构等进行合作，促进相同保险需求的人形成社群，定期开展社区活动、健康知识讲座等。

①②③　吕秀萍、段紫欣：《我国健康管理与商业健康保险协同发展困境与对策——借鉴南非 Discovery 保险公司经验》，《保险职业学院学报》2021 年第 2 期。

五、商业健康保险与健康管理服务融合发展的政策建议

我国目前的健康险和健康管理的融合模式呈现多元化、碎片化的现象，有其特定的适用性或限制条件，还没有形成系统的、统一的融合体系。目前各家保险公司已经逐渐从没有健康管理服务或者只有体检服务转变为增加多样化的健康管理服务。但是，与健康管理进行有效协同的健康保险并不广泛，只在某些特定区域和特定病种的健康保险中体现，各家保险公司还在进行融合模式的探索。上节课题组总结了很多国外的经验和案例，归纳了商业健康险与健康管理服务融合的路径，但是国内健康险企业有着截然不同的发展环境。美国商业健康险主导的、以团险为主的保障市场中，并没有国内如此庞大的社会保障制度。我国的商业健康险与健康管理服务融合发展问题还是需要结合我国的制度环境和现有基础进行研究，课题组从保险公司层面和政府层面分别提出几点建议。

（一）保险公司层面发展建议

1. 开发融合健康管理服务且满足民众需要的保险产品

在寻找产品的突破路径上，保险公司需要厘清商业健康险的定位。基本医保的定位是现收现付，以收定支，解决有病可医和基本支付。惠民保的定位是商业属性本质下承担社会属性，政府的规范指导和参保率是可持续发展的关键。商业健康险的定位则是补医保之不足，提高先进医疗资源的可及性，提升保障水平和支付的有效性。惠民保业务对商业健康险有部分替代作用，但并不会完全替代，为商业健康险的发展预留了空间。

商业健康险具有强烈的消费属性，各个保险公司应破除寿险思维，抓住“惠民保”的机会将健康管理融入保险设计，用好银保监会给予的政策，将健康管理服务量化（如京惠保的探索），逐步形成适合本公司的健康管理模式，使用触达

率高的健康管理服务帮助保险公司提高客户转化率，将客户引流到其他保险产品。

开发多样化的满足民众需要的保险产品，如增加先进医疗责任、增加特需医疗和优质私立医疗责任、增加定额住院津贴责任。

基本医保的构建逻辑是覆盖基本层次的医疗需求，对于先进医疗的覆盖具有排他性和滞后性。保险公司可以在保险条款中尽快纳入先进疗法和器材，并传达给客户，增加市场对先进疗法的认知，创造保险需求，商业保险可以通过医疗资源的配置，让有需求的被保险人能有效触达先进疗法。

将特需医疗部纳入保障范围是百万医疗险走向中端的最佳选择，特需医疗部植根于公立医院，软硬件实力均受到民众信任，而且可以按照市场条件价格收费，在环境舒适度、医生服务质量、先进疗法可及性等方面有独特优势。

健康险产品保障可以考虑覆盖专科领域口碑良好的私立医疗机构，加强与公立医院的竞争。

惠民保产品推出后，民众对于商业医疗费用补偿型产品需求会降低，但定额津贴 + 先进医疗型产品会成为商业健康险的主流，津贴相当于以另外的形式补充免赔的额度。

中小保险公司可以针对单一特定疾病设计保险产品，融入特定疾病慢性病管理，进行个性化发展（表 3–17）。

表 3–17　中小保险公司开发产品的 4 个方向

方　向	内　　容
注重创新疗法	打包稀缺或昂贵的医疗资源，通过分摊费用降低被保险人医疗负担
注重人群细分	定制化特定被保人保险（如罹患慢性病或有特定高端需求），解决长尾市场需求
注重产品获取	针对特定药品（如慢性病药品、肿瘤药、高值耗材等），帮助患者解决产品可及性问题
注重医保补充	对于基本医保覆盖范围动态补充，改善药品配送便利性（仿制药原研产品、OTC 等）

资料来源：健康险深度报告——平安保险

未来保险公司要使健康服务成为保险产品的一部分，发挥健康管理的干预作用，从“保疾病”到“保健康”，实现事后治疗向事前预防的转变，而推动健康管理服务与保险产品深度融合的关键在于细分客群、专业合作、数据管理（图 3-21）。

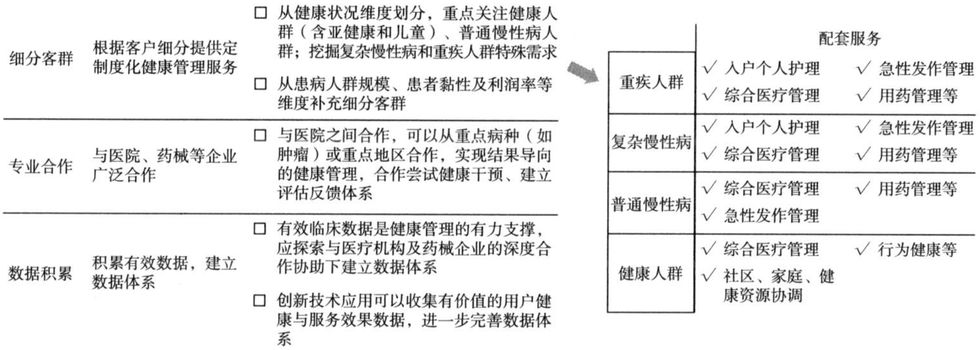

图 3-21 深度融合及差异化服务结构图

资料来源：健康险深度报告——平安保险

细分客群方面，根据分群提供差异化的服务进行健康干预。具体来看，在服务提供上，根据人群的不同，在防病、识病、控病、治病 4 个阶段提供差异化服务计划（图 3-22）。

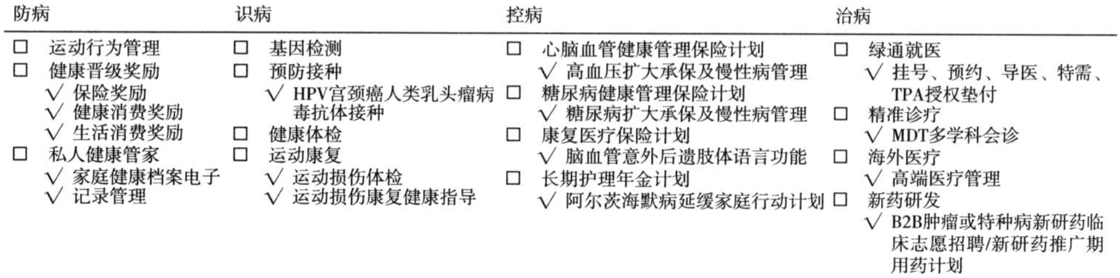

图 3-22 用户健康管理服务

资料来源：健康险深度报告——平安保险

可以细化产品分层，不同级别产品配套不同类别的健康管理差异化服务（图 3–23）。

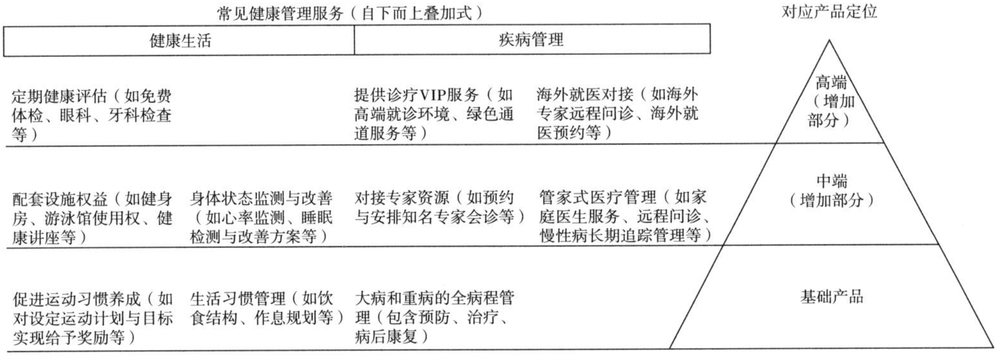

图 3–23　产品和服务分层

资料来源：健康险深度报告——平安保险

保险公司需要提升产品开发的基础能力，目前经营健康险的公司在发展方面更多考虑的是获客渠道和获客问题，与健康管理服务的融合也是为了获客。产品开发的基础非常薄弱，除头部大公司外很多公司依赖于再保险公司的报价和技术分析，自身的数据积累和外部数据的利用、分析都较弱，建议整合公司内部的精算资源向健康险倾斜，强化健康险精算能力，跟踪健康管理服务的前沿发展，才能开发适合客户需要的产品。

2. 寻求产业融合的结构性机会

产业融合是未来健康险的发展趋势，目前已经进入初级阶段，国内头部保险企业、保险科技企业、大健康企业、健康科技企业共同关注美国联合健康。

保险领域，中国平安、泰康集团都在深度学习、研究、对标美国联合健康。保险科技领域，2021 年美股上市公司水滴创始人沈鹏明确提出打造中国版的联合健康。同样是 2021 年，创业 6 年的南燕科技更换企业标志，去掉了“保险科技”后缀，通过收购医杏跨入了医疗服务领域，提出打造中国商保特色的联合健康。大健康领域，2021年完成B轮、C轮共计30亿元融资的国内健康“独角兽”企业，中国版药品福利计划（PBM）打造者镁信健康，2021年刚刚完成A轮融资的华美浩联都提出打造具有中国特色的升级版联合健康①。

但是我国公立医院和社会基本医疗保险主导了医疗和医药，我国不具备成就联合健康的制度环境，目前以商业健康险的规模体量要跟医疗产业融合是没有力量的，商保介入医疗和医药要寻找结构化机会（先进和昂贵的医疗资源）。现在商业健康保险公司总是把融合当作获客渠道，对自身优势定位不清，导致在融合中处于劣势。事实上，保险公司支付方的地位和风险管理能力是核心竞争力，提升支付有效性和效率，保险公司需要建立与健康管理服务的直接支付系统，并将保费中健康管理服务量化，提高保险公司“议价”能力。

健康险需要按照保险的模式做到事前、事中、事后全流程管控，而不是全部事后管控，要为健康、非健康客户提供全流程一体化的健康服务：一是疾病治疗，通过行为健康管理、健康信息记录提醒、慢性病管理、重疾管理等引导客户使用网络内的医疗机构，提高就诊和用药的依从性；二是健康服务，通过预防医疗、生活方式管理等方式减少客户发生疾病的概率。

健康管理服务的发展方向应为医疗产业融合，提高医疗资源的可及性，通过整合医疗资源触达被保险人，从而达到被保险人行为管理和降本增效的目的。

随着保险公司议价能力的提升，可以不断提升资源整合能力。

（1）在目前医药分开、处方外流、“4+7”带量采购等举措的推行下，为符合我国实际情况的药品福利计划的推行创造了良好的环境。保险公司可以通过社区药房和药品供应商形成药品供给网络，试点开展我国的药品福利计划，通

---

①《中国平安和泰康集团都在对标学习的联合健康是谁？》，健康界，2021年11月15日。

过正面药品目录和约定赔付流程，开启精细化、可控化模式。针对单价昂贵、院内很难开出来的肿瘤靶向药，可以通过零售药房和邮寄服务为患者提供药品，利用规模经济与药厂谈判获得更低的处方药成本。理赔过程秉承着早介入、早调查、早审核的原则，全程追踪患者的用药合理性。用药品支付服务方式替代传统的先付费再报销，革新客户对保险服务的体验，实现“险＋医＋药”的融合。

（2）模式打通：打通产品背后的协议框架、财务结算、账单管理、合规要求等建立全过程管理模式。

要建立一套完整的激励约束制度。一方面可以通过健康管理公司保证保险公司的销售流量；另一方面可以使健康管理公司之间相互竞争达到控费以获得更好的收益和更有力的保障，使其形成一个良好的利益共同体并长期发展。

保险公司还可以通过设立基金会和健康社区基金等，与社区医生签约、合作，使用基金对医生提供健康管理服务的行为进行激励，也可以对主动进行健康管理的成员进行积分或实物奖励，激励其保持良好的健康状况，提高身体素质，降低部分慢性病的发病率。签约小型诊所、远程医疗、康复护理、慢性病管理等非传统医疗机构，通过这些机构提供的健康管理手段尽可能让患者远离医院，形成服务闭环。

3. 推动建立健康管理生态圈

从海内外健康险和健康管理融合模式看，保险公司可以完善产业链，通过自建、收购、合作等多种形式涉足健康产业的各个相关领域，包括健康管理公司、医院、药企、养老院等机构，打造涵盖体检、健康咨询、疾病治疗、康复、护理和养老等一系列服务的全生命周期健康产业链。

我国保险巨头平安、泰康等可以尝试重资产模式，通过自建实体医院、互联网医院等医疗机构、健康管理公司等机构，线上线下相结合，打造健康产业链，形成完整的健康管理闭环和医疗健康网络。海内外的重资产模式对资金的大量占用可能导致其扩张缓慢，所以我国保险公司要控制扩张和收购速度，确保自由现金流，稳扎稳打，警惕重资产带来的风险。

对于体量小的保险公司，不建议采用重资产模式即通过大量收购等行为自建健康管理服务网络。我国小型保险公司可以与医疗保健机构、健康管理公司等机构合作或联合起来自建医疗保健机构，为客户提供健康管理服务；小保险公司还可以考虑加入联合体，成为其健康生态圈的一部分。针对我国目前医联体各机构间联系松散的现状，小型保险公司可以以支付方的身份连接各机构，形成有力的纽带，具体可以通过设立基金会和健康社区基金等，与社区医生签约、合作，使用基金等对医生提供健康管理服务的行为进行激励，达到控制赔付支出、获得客户医疗服务资源、促进分级诊疗三重效果。

保险公司可基于美国经验，建立 24 小时转诊服务，从而减少需要转入急诊的患者人数，降低急诊费用，可提供医生决策支持工具，建立诊疗指南引导医疗决策，过度医疗时提醒医生诊疗行为。

医疗险要由赔付变为支付，融入医疗体系，将盈利方式和医疗行为管理结合。

4. 掌握数据处理技术，搭建线上服务平台

借鉴 DKV 公司、美国 Clover Health 公司等的经验，强化数据处理技术和分析能力，顺应互联网等新技术的发展，搭建智能健康平台，将行业最先进的集成数据平台与最强大的预测分析技术结合，根据长期服务过程中积累的医疗理赔数据、疾病进展数据、用药数据等进行深度分析，对个人、团体等不同客户群分类进行信息加工处理，帮助健康管理公司分析和预测病人的风险，通过数据统计和数据分析能力把握住健康保险市场的规律，发现并积极创新应对新的市场环境和需求变化，以准确有力的执行抓住市场机会，以精细化管理并借助信息化、电子化技术提高运营效率。

中小型保险公司可以从模式创新或数据分析中寻找突破口。如“可穿戴设备＋家庭健康管理”，通过家庭式可穿戴设备即家庭成员均佩戴手环，对整个家庭进行数据监测，家庭成员之间可以互相看到对方的健康数据以达到互相监督的目的。通过家庭式投保，将可穿戴设备的中老年潜在客户和商业健康保险的低年龄潜在客户同时通过某一家庭成员渠道引入成为投保人。可充分利用穿戴设备及其他途径收集的数据进行分析建模，根据模型结果对有慢性病的中老年人提供密集性护理，由于同个家庭成员的家庭环境和基因序列高度相关，可以通过奖励政策激励其形成良好的健康习惯进行超前预防，达到降低医疗成本的目的。

5. 扩大宣传，培养国民的健康意识和保险意识

我国国民的健康意识和保险意识相对较低，对健康险的关注和了解较少；保险产品包含的内容复杂不易被人理解，这可能是保险公司的部分产品和健康管理服务规模小的原因，因此需要专门的人员进行宣传。如果宣传力度不大或未触及正确的目标客户，需求就无法转化成购买力。保险作为一个较新的复杂的行业，需要持续不断地进行国民教育，保险公司可以考虑与社区等社群合作，通过发放宣传海报、线上宣讲、由签约医生进行口头讲解等方式加大宣传力度；也可以定期开展社区活动、健康知识讲座、保险讲堂等，培养国民的健康意识和保险意识；还可以通过健康管理公司或药店深入患病群体宣传商业健康险。

（二）政府层面政策建议

1. 将保险上升到国家治理体系的一部分

保险本身具有社会管理功能，政府应该持续完善支持政策，将保险上升到国家治理体系的一部分，使其能够更好地为国家治理体系现代化提供保险方案。

加强保险知识培训。政府应将保险知识培训纳入领导干部的培训课程中，使各级领导干部懂保险，懂得运用保险。

进一步强化商业保险与基本医保的合作，发展普惠型商业健康险，建立多层次医疗保障制度体系。目前我国健康保险的普及率与海外发达国家相比较低，人均收入低的落后地区或农村地区更甚，为进一步巩固脱贫攻坚成果，有效衔接乡村振兴，政府可以考虑各级医保部门与商业保险机构合作，支持发展面向农村居民、城乡低收入人群、残疾人等特殊群体的普惠保险[①]。

鼓励推行健康管理计划。政府可以参考日本等国家的经验，主导或参与健康管理中心的建立并推行健康管理计划，鼓励保险公司与政府出资的健康管理中心进行合作。因为国内医院大多都是国有医院，可以鼓励医院的健康管理中心与保险公司进行深度合作，让健康管理得到质的飞跃。

2. 加速推进分级诊疗

英国、新加坡、日本等国家的先进经验表明，严格的分级诊疗及转诊制度是医疗合作体系的核心。政府和保险公司可先对在社区等初级保健机构进行治疗的人群、初级保健机构中提供转诊推荐的医护人员进行一定的费用优惠激励，有助于推进分级诊疗及转诊制度的构建。

实际上医联体建设和分级诊疗制度实施是复杂的系统性工程，需要政府实施相关的配套政策，在提升基层医疗服务能力，完善基层首诊相关制度基础，构建各级医疗机构之间分工协作的工作机制，在化解各级医疗机构利益冲突的基础上，还要开放医疗数据，实现基本医疗系统、基本公共卫生系统、家庭医生签约系统的数据互联互通，使得医联体真正联合，破除“信息孤岛”的困境。

---

① 2021 年 3 月 7 日，在主题为“凝聚多方力量，构建多层次医疗保障体系”的专场论坛上，青海省医疗保障局提出的建议。

3. 促进医疗健康信息平台的搭建，为保险公司提供数据支持

消除数据壁垒，建立跨部门跨领域密切配合、统一归口的健康医疗数据共享机制，实现公共卫生、计划生育、医疗服务、医疗保障、药品供应、综合管理等应用信息系统数据采集、集成共享和业务协同，允许医保信息平台、医疗信息平台对保险公司提供必要的数据支持。DKV、Discovery、Clover Health 等公司的先进经验也表明，医疗数据在健康管理中具有重要意义，可以帮助保险产品精准定价。

4. 加强对优秀医疗、健康管理人才的培养

在健康管理服务中，医疗卫生人员不可或缺；完善、成熟的分级诊疗制度的建立需要更多优秀的基层卫生人才；推进健康中国建设也需要加强健康人才培养培训。因此，政府应加强医教协同，建立完善医学人才培养供需平衡机制；改革医学教育制度，加快建成适应行业特点的院校教育、毕业后教育、继续教育三阶段有机衔接的医学人才培养培训体系；大力培养全科医生、药剂师，充实社区家庭医生和社区药房管理队伍，借助于保险公司提供的社区基金提升社区家庭医生的待遇，吸引更多的医生和药剂师服务于社区。

5. 推动建立我国药品福利计划

2017 年发布的《国务院办公厅关于进一步改革完善药品生产流通使用政策的若干意见》明确：“推进医药分开。医疗机构应按药品通用名开具处方，并主动向患者提供处方。门诊患者可以自主选择在医疗机构或零售药店购药，医疗机构不得限制门诊患者凭处方到零售药店购药。”然而从我国目前医疗体系的整体情况看，通过医生的劳动来实现药品的高附加值和以药品的高利润拉动医院的经济效益来维持医院正常运转的模式依然根深蒂固，医疗机构是处方外流的最大阻力。政府应继续深化改革医疗领域，破除以药养医模式，促进医药分开，形成药价市场化竞争机制，为药品福利管理（PBM）模式提供良好的发展环境。

PBM 企业作为介于患者、医院、药房、制药商和保险公司之间的管理协调组织，最大的功能是降低医疗费用支出，可以满足我国目前医保控费的强烈需求。

我国各地医疗体系和医保体系都实行属地化管理，其结果是医保与医疗政策不一致，各地信息系统技术水平、数据结构、数据标准千差万别，形成了较高的技术门槛，缺乏全面的标准化体系，导致无法精细化管控。同时医疗、医保、商保之间系统互联互通尚未形成。

目前形势下可以考虑对不在医保目录内的处方药提供保障，由商业保险公司承保，让商业保险公司能够接触到医生的药品处方，打通医生处方、社区药房和药品供应商网络，帮助患者做好健康管理服务，并能以低成本更便捷地享受到前沿药品和医疗服务。

6. 允许短期商业健康险保证续保

现在的政策不允许财险公司健康险提供保证续保，这是不公平的，也给投保人带来了不便，会导致保障的空窗期，不能满足人民获得长期医疗保障的需要。长期医疗保障不应该是人身保险公司的专利，百万医疗和惠民保的推出，财产保险公司所作的贡献是有目共睹的，建议允许所有健康险提供保证续保，但是费率在一定范围内可以调整。

7. 设立农村巡回检诊队

政府可借鉴日本等几个国家的丰富经验，设立农村巡回检诊队，增加经济不发达地区比如乡镇农村等一系列地方的健康管理措施，关注不发达地区的医疗领域。政府可要求当地医院集团轮流挑选医生和护士参加农村巡回检诊队，主要目的为健康检查和健康预防，必须全面覆盖当地的各个农村，深入农村巡回检查，了解广大农民的需求和愿望，解决一些医疗问题，开展预防保健工作并提供社会福利服务。

专题四

商业健康保险对医疗服务效率的影响 *

近年来，我国积极推动医药卫生体制改革，包括医药分离、分级诊疗、医保支付方式改革、药品集中招标采购、异地就医直接结算等措施落地，历次政策文件均瞄准于化解老百姓“看病难”与“看病贵”问题。我国在攻坚医药卫生体制改革中取得了重大成效：2020 年末，全国医疗卫生机构总数达 102.3 万个，比上年增加 1.54 万个；医疗卫生机构床位达 910.1 万张，其中基层医疗卫生机构床位增加 1.8 万张；全国卫生人员总数达 1347.5 万人，比上年增加 54.7 万人；卫生总费用预计达 72306.4 亿元，其中政府卫生支出 21998.3 亿元（占 30.4%）；医院次均门诊费用 324.4 元，人均住院费用 10619.2 元。①

我国在医疗资源方面投入了大量的人力、物力与财力，但是“看病难”与“看病贵”问题仍是我国老百姓面临的一大困局。目前“看病难”问题更多地反映在看病就医的可及性方面，突出表现为：大部分老百姓扎堆涌入大医院就诊，导致专家号挂号难，缴费与拿药时间长，医生问诊与检查时间短；而“缺医少药”致使无法满足医疗需求的“看病难”问题往往只发生在经济落后、交通不便的偏远农村地区。“看病贵”问题体现在两个方面，一是由于医疗费用（医

---

* 本专题作者为南开大学金融学院朱铭来、鲁一鸣。鲁一鸣博士生完成初稿撰写，朱铭来教授完善修改。

① 数据来源：《2020 年我国卫生健康事业发展统计公报》。

疗服务、药品）价格上涨，超出个人预期支出所带来的“个人主观感知的看病贵”问题；二是看病就诊费用支出，尤其是大病支出，超过家庭经济支付能力而导致的“家庭无力承担的看病贵”问题。在现有医疗技术人员、医疗服务设施和医疗资金的前提下，提高医疗服务效率是解决上述问题的必要手段。

医疗服务效率关系到所有民众的健康权利。为此，本专题通过回顾医疗服务效率的理论背景，从健康的效率论视角切入，分别展开国际与国内医疗服务效率测度及其影响因素分析，从而总结商业健康保险对医疗服务效率的影响效应，以期提出切实可行的政策建议。本专题所得出的实证结论不仅有助于科学评价医疗服务体系的运行效率，提高人民群众获得感，而且对促进商业健康保险的发展，提高医疗服务资源配置效率具有重要意义。

余下部分的组织结构如下：第一部分进行健康的效率论的理论回顾，并基于国际数据展开健康效率评估及其影响因素分析；第二部分为国际医疗服务效率测度及其影响因素分析；第三部分为我国各省份医疗服务效率测度及其影响因素分析；最后一部分为条件探讨与政策建议。

一、健康的效率论：基于投入产出的分析

（一）理论模型

1. 健康生产函数

一直以来，人们对健康的定义众说纷纭。WHO 提出的健康定义为大多数学者所接受和认可，“健康不仅是指没有疾病或不虚弱，而是要实现身体、心理和社会适应 3 方面的良好状态”，此后又进一步修订为“健康不仅是没有疾病，而且包括躯体健康、心理健康、社会适应良好和道德健康”[①]。由此可见，健康不仅

① 资料来源：《世界卫生组织宪章》。

仅是狭义上的身体健康，更是一种良好的生活状态的总称。

现代社会，各国相继建立医疗保障制度保障国民健康权利，满足民众对基本医疗卫生保障的需求，提高民众健康水平。政府建立起医疗保障制度，一方面，可以减轻人们的经济负担，降低家庭发生灾难性卫生支出甚至陷入贫困的可能性；另一方面，医疗保障制度在扩大覆盖人群的过程中，有利于提高全体国民的营养和健康水平；此外，政府对相关行政机构、医保经办机构、医疗服务机构等的监督、引导，能够一定程度上加强管理，规范医疗服务行为。这有利于维护社会稳定，促进社会公平，推动社会发展。

居民的健康状况会受到健康禀赋、医疗保健、生活方式、环境状况等诸多因素的影响，经济学中常用健康生产函数来表示健康投入要素和产出结果之间的关系。Grossman（1972）提出经典健康生产函数模型，认为健康是一种随着时间流逝、年龄增长而不断折旧的资本[①]。健康的初始存量，也即健康禀赋，是先天的，不为 0，人们通过后天的健康投资，如投入医药费用购买医疗服务、合理锻炼、营养饮食和较高的教育水平等，来获得良好的健康，累积健康存量。Grossman 提出的健康资本存量表达式为：

$$H_{t+1} = I_t + (1-\delta_t)H_t \tag{1}$$

个人和家庭生产健康与其他消费品的表达式为：

$$I_t = I_t\,(M_t, T_{ht}, E_t) \tag{2}$$

$$Z_t = Z_t\,(X_t, T_{ht}, T_t, E_t) \tag{3}$$

式（1）表示第 $t+1$ 期的健康资本存量，其中 I_t 表示第 t 期的健康投资，δ_t 表示第 t 期健康资本的折旧率；式（2）表示健康生产函数，式（3）表示生产其他消费品的函数，其中 M_t 表示医疗服务，T_{ht} 表示进行健康生产投入的时间，

① GROSSMAN M. On the Concept of Health Capital and the Demand for Health. Journal of Political Economy, 1972, 80(2): 233~255.

如锻炼身体的时间，E_t 表示受教育程度，X_t 表示消费商品，T_t 表示总时间。

Leibowitz（2004）扩展了健康生产函数，认为健康的投入要素除了医疗服务，进行健康生产投入的时间、教育之外，还应包括不健康的活动时间（T_c）、环境因素（N）以及对健康产生负面影响的其他因素如求职的压力（T_w）等①。他提出的健康生产函数表达式为：

$$H_t = H_t\,(T_{ht}, T_c, T_w, X_t, N, H_{t-1}, E_t) \tag{4}$$

目前，学界普遍认为影响健康生产的因素大致可以分为以下 4 类：第一，医疗卫生资源情况，主要包括医疗保险制度、医疗服务的质量和可及性等；第二，生活方式，如营养饮食、抽烟、喝酒等生活习惯；第三，环境因素，如环境污染情况、教育条件等；第四，人类生物遗传因素。健康生产函数随着投入因素量的增加而增长，并且表现出边际报酬递减规律（图 4-1、图 4-2），可表示为：

$$H = H\,(医疗卫生，生活方式，环境，人口遗传) \tag{5}$$

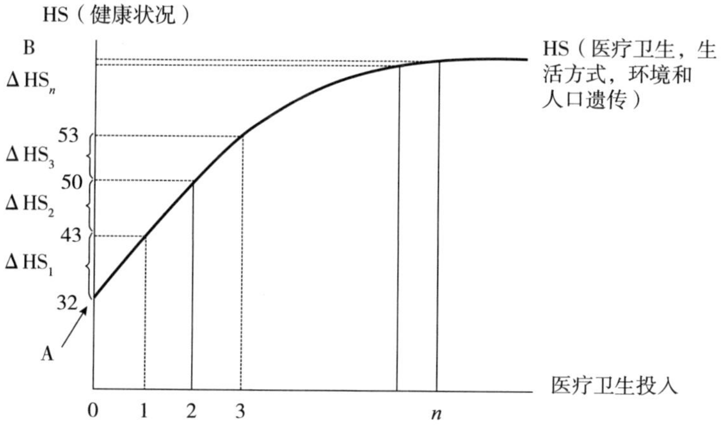

图 4-1　健康生产函数

资料来源：课题组根据健康生产函数基本理论绘制

① LEIBOWITZ AA. The Demand for Health and Health Concerns After 30 Years. Journal of Health Economics, 2004, 23(4): 663~671.

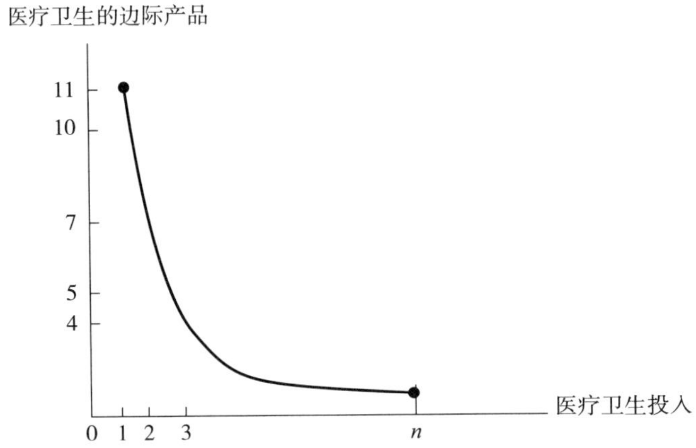

图 4-2　医疗卫生的边际产品

资料来源：课题组根据健康生产函数基本理论绘制

医疗卫生服务对健康的作用主要体现在医疗卫生服务的可及性和质量上，可及性主要受医疗卫生资源的存量和分布情况影响，质量主要由医疗技术、器械和卫生人力资本决定，具体表现在人们花费更少的时间就能享受到较高质量的医疗服务，看病更加方便快捷，而医疗卫生服务可及性和质量的改善很大程度上依赖于医疗卫生筹资。如果采取简单的“人人支付相同的费用才能获得相同的服务”的原则，那么低收入人群、老年人口和弱势群体很难获得必要的医疗卫生服务，最终影响其健康水平。由此可见，完全的市场化规则并不适用于医疗卫生服务领域。大多数国家通过政府进行财政投入用以支持医疗卫生事业发展，建立社会保险制度保障弱势群体的基本医疗卫生需求。除个人自付和政府投入外，各类慈善机构、医疗服务非营利组织和商业医疗保险公司也是医疗费用的资金来源。

生活方式是指个人及其家庭日常生活的方式，包括衣、食、住、行各个方面和闲暇时间的利用等，受经济社会发展、文化传统、社会习俗、个人习惯等多方因素的影响。良好的生活方式有利于身体健康，反之不良的生活习惯，如抽烟、喝酒、熬夜等容易引起疾病，对健康造成不利影响。

环境可以分为自然环境和社会环境。自然环境为人类生存发展提供了一切必要的资源和物质条件，人类在调整自身适应自然环境的同时，也通过自己的行为改造环境。在人类改造自然的过程中，不可避免地产生了大量的废弃物，对环境造成了污染，也不利于人类的身体健康。社会环境也会对人的健康产生潜移默化的影响，比如受教育程度，一般来讲受教育程度越高的人群越注意健康知识的学习、膳食营养的摄入、健康生活方式的保持，会有意识地增加健康投资，健康水平更高。

2. 新古典经济学中的效率思想

资源是有限的，这是经济学家普遍认可的观点。如何利用有限的社会资源得到最大化的产出，是效率分析主要解决的问题。新古典经济学认为效率与资源配置紧密相关，具体来看，效率是指资源是否达到有效配置状态，也即资源配置是否达到均衡，并认为达到经济均衡状态的力量源自个体经济行为的最优化。以企业的经营决策为例，它的目标是实现利润最大化，如式（6）所示：

$$\max \pi = p(q) \times q - c(q) \tag{6}$$

式（6）中，π 为利润、$p(q)$ 为价格、q 为产量、$c(q)$ 为成本。对式（6）求产量的偏导数，可得到式（7）：

$$p + q\frac{dp}{dq} = \frac{dc}{dq} \tag{7}$$

其中，等式左边代表边际收益 MR，等式右边代表边际成本 MC。

如图 4-3 所示，当处于完全竞争市场之时，每个企业都是价格接受者，此时 $p=MR$，那么实现均衡的条件即为 $p=MR=MC$。当企业拥有市场势力，企业就拥有了定价权利，此时 $p > MR$，实现均衡的条件仍为 $MR=MC$，垄断实现的最优产量将导致资源配置效率的无谓损失。

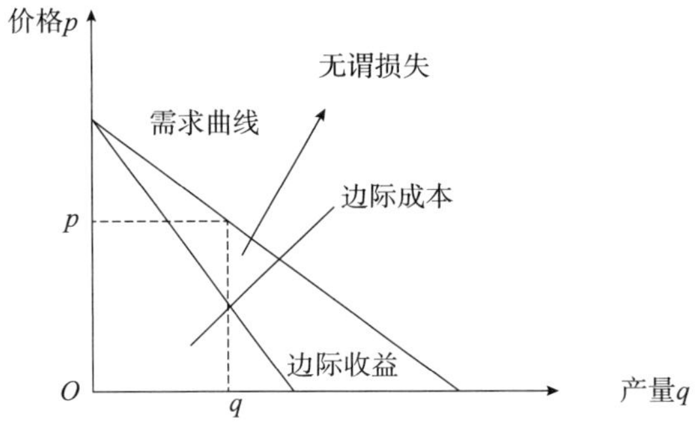

图 4-3 企业利润最大化

资料来源：课题组根据微观经济学基本理论绘制

新古典经济学将资源配置达到最优状态称为帕累托效率（或帕累托最优，Pareto Efficiency），这是资源分配的一种理想状态，具体含义是假定存在固定的一群人与资源投入的情况下，从一种分配状态到另一种状态的变化中，在没有使任何人境况变坏的前提下，不可能使得至少一个人变得更好。帕累托效率的目的是充分利用有限的人力、物力与财力资源，优化资源配置，争取实现以最小的成本创造最大的产出。

3. 规模报酬可变的 DEA 方法

法雷尔（Farrell，1957）提出的生产前沿面（Production Frontier）方法常被用于衡量效率大小[①]。目前，关于借助生产前沿面理论来评价效率的方法主要有参数法和非参数法。参数法必须要建立具体的生产前沿函数，利用多元分析技术，确定生产前沿函数中的待估参数，然后计算最小理论成本与厂商实际成

① FARRELL M J. The Measurement of Productive Efficiency. Journal of the Royal Statistical Society. Series A (General), 1957, 120(3): 253~290.

本之间的比值或者是计算厂商实际利润与理论最大利润之间的比值，进而衡量效率。常用的生产函数主要有 Cobb–Douglas 函数、Translog 函数等。通常研究者需要设定较多的假设条件来构建具体的生产函数形式，客观上需要大量的观测值，因此这种方法对数据的要求较高，不恰当的函数形式或误差项分布也会潜在地将设定误差和效率估计混淆，但是参数方法可以将纯粹的随机误差与非效率值分离，能够方便地检验结果的显著性。按照假设生产前沿函数中无效率分布的不同，参数法一般分为随机前沿法（Stochastic Frontier Approach，SFA）、自由分布法（Distribution–free Approach，DFA）和厚前沿法（Thick Frontier Approach，TFA）。

非参数法的核心是利用线性规划技术以及对偶原理，直接运用实际投入产出数值，通过对投入产出指标的组合分析，估测位于生产前沿面的相对效率。这类型方法不限定效率前沿的情况，也不需要确定具体的生产函数形式，避免了设定误差；不受数据量的影响，能够直观地发现被估算主体之间投入产出数量上的差距，进行效率比较并提出改进的方法，比较简单方便。但是非参数法没有考虑数据本身的问题及其估计过程中的随机误差问题，也不能检验结果的显著性。非参数法主要包括数据包络分析（Data Envelopment Analysis，DEA）方法和自由处置包（Free Disposal hull，FDH）方法。

综合考虑参数方法和非参数方法的优点和不足以及数据的结构和可得性，本节采用 DEA 方法。DEA 方法运用线性规划技术来建立生产前沿面，可以用于评价单一投入或多投入、单一产出或多产出决策单元之间的相对有效性，即通过比较被评价决策单元与前沿面的有效决策单元来确定效率值，它的效率结果值会随着选取的决策单元不同或者增减变化而发生变化。DEA 效率计算方法不需要严格按照经济理论的假设来构建具体的健康生产函数就能得到生产边界，能够自主决定投入指标和产出指标的数量，通过计算能够找到所有决策单元中相对最优的决策单元，而且是进行无量纲数据计算，对决策单元的数据要求较低。

值得注意的是，基本 DEA 模型又可进一步分为规模报酬固定的 CCR 模型（Charnes 等，1978）[①] 和规模报酬可变的BCC 模型（Banker 等，1984）[②]，以及投入导向和产出导向模型。选择规模报酬可变的投入导向型 DEA 模型来测算效率，原因如下：首先，健康生产函数表现出规模报酬变化的特征；其次，医疗保障制度的决策者能够通过改革制度对投入变量进行调节控制，投入导向型 DEA 模型能够从投入指标的角度考察与最优状态的比较结果，从而实现以最小的成本获得最大的收益。具体的 DEA 模型表达式如下：

$$\text{Min } Z_j = \theta - \varepsilon\left(\sum_{i=1}^{m} s_i^- + \sum_{r=1}^{s} s_r^+\right)$$

$$s.t. \sum_{j=1}^{n} \lambda_j X_{ij} - \theta X_{ij} + s_i^- = 0,\ i=1,2,\cdots,m$$

$$\sum_{j=1}^{n} \lambda_j Y_{rj} - s_r^+ = Y_{rj},\ r=1,2,\ \cdots,s$$

$$\sum_{j=1}^{n} \lambda_j = 1$$

$$\lambda_j, s_i^-, s_r^+ \geqslant 0, j=1,2,\cdots,n; i=1,2,\cdots,m; r=1,2,\cdots,s \tag{8}$$

其中 X_{ij} 表示第 j 个决策单元的第 i 项投入数量；Y_{rj} 表示第 j 个决策单元的第 r 项产出数量；ε 设定为极小的正值，Charnes 等称其为非阿基米德数；θ 代表受评价决策单元的射线效率（又称为缩减因素）[③]；s_i^- 和 s_r^+ 分别表示各项投入与产出项的差额（Slack）；λ_j 表示权重。当 $\theta=1$，且 $s_i^-=0$，$s_r^+=0$ 时，该决策单

① CHARNES A, et al. Measuring the Efficiency of Decision Making Units. European Journal of Operational Research, 1978, 2:429~444.

② BANKER R D, et al. Some Models for Estimating Technical and Scale Inefficiencies in Data Envelopment Analysis. Management Science, 1984, 30:1078~1092.

③ CHARNES A, et al. Measuring the Efficiency of Decision Making Units. European Journal of Operational Research, 1978, 2:429~444.

元相对于其他决策单元是有效率的。

从本质上来看，效率是一种在给定投入的条件下，最有效地使用资源以实现目标产出的评价方式。但是，不同主体的投入不同，产出亦存在差异，这也意味着主体之间的效率水平存在高低之分。可见，效率是一种比较主体投入—产出水平的评价指标。以下借助多投入、单产出的案例，利用图解的方式来说明投入导向型 DEA 模型。

假设市场上有 5 家公司，其投入指标包括劳动与资本，产出指标为总产出[①]。表4-1 呈现了这5 家公司具体的投入产出资料以及投入转换成产出的相对效率（标准化资料）。

表 4-1　5 家公司的投入产出资料与标准化资料

公司	投入产出资料			标准化资料	
	劳动	资本	总产出	劳动 / 单位产出	资本 / 单位产出
A1	350	350	70	5	5
A2	700	70	70	10	1
A3	900	300	150	6	2
A4	600	600	200	3	3
A5	400	1200	200	2	6

资料来源：《组织效率与生产力评估——资料包络分析法》

根据投入导向型 DEA 模型原理，在固定产出的情况下，投入越少，效率越高。从标准化资料来看，在相同产出的情况下，从劳动 / 单位产出角度看，A5 公司劳动投入最少，效率最高；而从资本 / 单位产出角度看，A2 公司资本投入最少，效率最高。以下通过绘制图形来说明在多个投入指标的情况下，上述 5

① 吴济华，何柏正：《组织效率与生产力评估——资料包络分析法》，经济管理出版社 2015 年版。

个公司的效率情况。

如图 4-4 所示，效率边界为西南方的折线边界。离原点越近，表示公司的效率越高。因此，当衡量效率的时候，我们需要构建从原点连到决策单位点（DMU）的路径，即缩减路径。如果无效率的 DMU 要成为有效率的，所需要缩减的幅度称之为缩减因子，即相对效率。以 A1 公司为例，A1（5,5）的缩减路径从原点连到 A1，与效率边界交于 A1_1（3,3）；A1_1 的缩减因子为 0.6，即 A1 公司的劳动与资本投入需要缩减至现有水平的 60%，才能达到效率边界，实现“有效率”；此时，A1 公司的相对效率为 0.6。

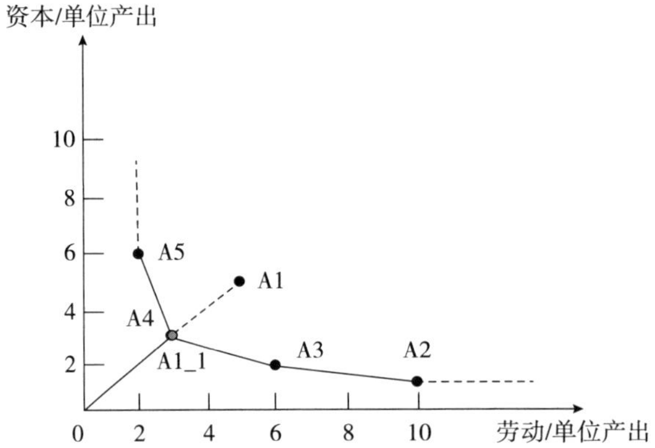

图 4-4　投入导向型 DEA 模型的效率边界及相对效率（以表 4-1 的公司资料为例）

资料来源：课题组根据表 4-1 数据绘制

由此可见，DEA 模型根据相对距离比值来计算效率水平，是一种相对性的比较方法。

我们通常使用的 DEA 模型是标准模型，也就是 DEA 有效的决策单元的效率值等于 1，但实际测算结果显示，模型中会有很多决策单元的效率值都等于 1，这就导致研究过程中难以比较区分不同决策单元的效率高低，于是本专题采用超效率 DEA 模型对效率值进行排序。Andersen 和 Petersen（1993）提出，将有效率的决策单元分别从效率边界中剔除，以其他剩余的决策单元为基础，形成新的效率边界，计算剔除的决策单元到新效率边界的距离，由此实现对有效率的决策单元加以排序的目标①。超效率 DEA 模型的线性规划表达式如下：

$$
\begin{aligned}
&\text{Min } \theta \\
&\theta X_{ik} \geqslant \sum_{j=J-k}^{n} \lambda_j X_{ij},\ i=1,2,\cdots,m \\
&Y_{rk} \leqslant \sum_{j=J-k}^{n} \lambda_j Y_{rj},\ r=1,2,\cdots,s \\
&\lambda_j \geqslant 0, j \in J-k
\end{aligned} \tag{9}
$$

由于超效率是计算剔除的决策单元到新效率边界的距离，因此距离越大，超效率的值会越大；反之，距离越小，则超效率的值就会越小。

（二）数据与变量选择

运用 DEA 方法测算效率，最关键的是要选择合适的投入产出指标。本节参考卫生经济学关于健康生产函数的理论来选择效率测算的投入产出指标，选择的产出指标为预期寿命，其含义是预期寿命越高健康状况越好；投入指标为医疗资源（用人均医疗费用表示）、生活方式（用人均酒精消费量表示）、环境因素（用人均二氧化碳排放量表示）、教育状况（用接受高等教育的人口占比表示），这些因素均会影响到健康水平。

在以往研究过程中，一些学者将医院数量、医疗器械数量、药品数量、医

① ANDERSEN P H, PETERSEN N C. A Procedure for Ranking Efficient Units in Data Envelopment Analysis. Management Science, 1993, 39: 1261~1264.

疗技术人员数量纳入投入指标中进行考量，本节没有沿用这一做法，原因如下：任何国家都有医院、医疗技术人员的存在，即使是在医疗保障制度不完善的国家，人们生病后也需要看病就医、使用设备检查诊治、购买药品治疗病情，因此这些医疗资源数量并不直接影响一个国家的健康生产情况。在以上分析的基础上，综合考虑所研究的问题以及数据的可及性和可比性，在反映决策单元真实情况的前提下尽量精简，选取的投入产出指标如表 4-2 所示。

表 4-2 投入产出指标说明

投入变量	变量说明
Med_cost	人均医疗费用（美元）
Alc_con	人均酒精消费量（升）
CO_2	人均二氧化碳排放量（吨）
Edu_ratio	接受高等教育的人口占比（%）
产出变量	变量说明
Life_exp	预期寿命（年）

由于数据的可及性[①]，本节收集了 2013—2018 年 36 个 OECD 国家的数据进行研究，共 216 个决策单元。事实上，DEA 方法可以将全部 350 个决策单元视为总体进行效率评估，但是考虑到政策改革变化等因素的影响，每年的效率前沿面存在不同的可能性，所以我们按照年份来分别运行 DEA 模型，每年均有 36 个决策单元。投入产出变量的描述性统计如表 4-3 所示。

① 38 个 OECD 国家中由于澳大利亚、墨西哥 2 个国家存在数据统计信息不全的问题，所以在研究中将其剔除。

表 4-3 投入产出指标描述性统计

变量名	均值	中位数	标准差	最小值	最大值
Med_cost	3612.06	3467.25	1804.74	925.4	10528.5
Alc_con	8.81	9.30	2.72	1.30	14.50
CO_2	8.30	7.60	3.85	1.40	17.80
Edu_ratio	3.97	3.87	1.01	1.03	7.15
Life_exp	80.49	81.40	2.50	74.10	84.30

资料来源：OECD 数据库、国际能源署（IEA）统计数据

（三）部分 OECD 国家健康效率的评估结果

本节运用 DEAP2.1 软件对 36 个决策单元（即 36 个 OECD 国家）逐年进行了 6 次测算，得到其标准 DEA 模型效率结果，并运用 MATLAB 软件进一步测算了超效率模型下的 DEA 效率值，具体结果如表 4-4、表 4-5 所示。可以看出，36 个 OECD 国家之间的国民健康效率差异较大，从标准 DEA 和超效率 DEA 结果能够得出以下结论：

第一，一个国家的健康生产效率与医疗保障制度模式之间没有必然的关系。我们发现哥伦比亚、哥斯达黎加、以色列、日本、卢森堡和土耳其 6 个国家的国民健康生产效率每年都是 1，说明它们都在生产有效前沿面上。它们中既包括类似于日本、哥伦比亚等实施法定医疗保障制度[①]的国家，也包括类似卢森堡、以色列等实施国家医疗保障制度[②]的国家，而与日本医疗保障制度类似的德国效率值却小于 1，与卢森堡医疗保障制度类似的英国效率值也小于 1，是非有效运行的。由此可见，不同国家选择相同的医疗保障制度模式与其国民健康

① 法定医疗保障制度的特点是通过立法实施强制性的医疗保障制度，要求每个国民都必须参与法定医疗保险，在此基础上可参与商业保险作为补充，并将商业保险公司纳入国家医疗法律监管范围。

② 国家医疗保障制度的特点是由中央政府负责提供全民医疗保障服务，医疗资金绝大多数来自政府税收等公共资金，个人和家庭需要负担的医疗费用较少。

效率水平之间没有必然的相关关系。由于经济社会、管理机制和执行环境等存在差异，相同的医疗保障制度在不同的国家运行中会产生不同的效率，这也说明试图通过直接套用其他国家的医疗保障制度模式来提高本国国民健康效率水平是行不通的。

表 4-4　标准 DEA 模型效率测算结果

国家	2013 年	2014 年	2015 年	2016 年	2017 年	2018 年
奥地利	0.689	0.714	0.730	0.746	0.740	0.762
比利时	0.638	0.666	0.656	0.664	0.663	0.677
加拿大	0.768	0.754	0.774	0.752	0.746	0.750
智利	0.651	0.689	0.699	0.732	0.747	0.734
哥伦比亚	1	1	1	1	1	1
哥斯达黎加	1	1	1	1	1	1
捷克	0.669	0.709	0.765	0.808	0.814	0.808
丹麦	0.610	0.597	0.593	0.593	0.604	0.584
爱沙尼亚	0.622	0.686	0.752	0.803	0.832	0.820
芬兰	0.547	0.565	0.584	0.597	0.600	0.598
法国	1	1	1	1	1	0.991
德国	0.700	0.697	0.706	0.696	0.705	0.707
希腊	0.565	0.583	0.587	0.596	0.583	0.584
匈牙利	0.844	0.913	0.938	0.972	1	0.995
冰岛	0.601	0.591	0.594	0.616	0.634	0.646
爱尔兰	0.727	0.666	0.651	0.629	0.637	0.620
以色列	1	1	1	1	1	1
意大利	0.909	0.968	0.971	0.983	0.988	0.978
日本	1	1	1	1	1	1
韩国	0.606	0.646	0.658	0.681	0.699	0.685
拉脱维亚	0.747	0.813	0.839	0.849	0.860	0.843

续表

国家	2013 年	2014 年	2015 年	2016 年	2017 年	2018 年
立陶宛	0.741	0.759	0.724	0.706	0.761	0.774
卢森堡	1	1	1	1	1	1
荷兰	0.692	0.687	0.618	0.630	0.611	0.612
新西兰	0.636	0.653	0.659	0.673	0.682	0.695
挪威	0.702	0.671	0.672	0.652	0.639	0.631
波兰	0.619	0.696	0.742	0.769	0.790	0.783
葡萄牙	0.862	0.903	0.926	0.944	0.946	0.957
斯洛伐克	0.715	0.798	0.862	0.958	1	1
斯洛文尼亚	0.672	0.758	0.811	0.839	0.861	0.864
西班牙	0.855	0.868	0.890	0.911	0.892	0.897
瑞典	0.725	0.775	0.792	0.821	0.850	0.851
瑞士	0.906	0.917	0.936	0.941	0.956	0.956
土耳其	1	1	1	1	1	1
英国	0.810	0.837	0.860	0.882	0.899	0.891
美国	0.666	0.658	0.666	0.671	0.668	0.662

资料来源：课题组根据 2013—2018 年 36 个 OECD 国家数据计算得出

第二，大部分 OECD 国家国民健康效率水平在 2013—2018 年不断提高。绝大部分国家的健康效率值在 2013—2018 年呈上升趋势，其中斯洛伐克国民健康 DEA 效率值从 2013 年的 0.715 提高到 2018 年的 1，增长 0.285，实现了从 DEA 无效率到有效率的转变；爱沙尼亚国民健康效率也增幅较大，从 2013 年的 0.622 增长到 2018 年的 0.820，增加 0.198；斯洛文尼亚健康效率值逐年上升，从 2013 年 0.672 增长到 2018 年的 0.864，提高 0.192；此外还有波兰、匈牙利、捷克、瑞典等国家在 2013 年到 2018 年健康效率均有较大幅度提升；仅有加拿大、丹麦、爱尔兰、荷兰、挪威出现了小幅下降，美国的健康效率在这

6年间基本保持稳定。

第三，国民健康的DEA效率与国家经济发展水平之间没有必然的关系。可以发现哥斯达黎加、哥伦比亚的标准效率值每年都是1，超效率值也都非常高，这表明其国民健康效率在生产有效前沿面上运行。作为中等经济发展水平国家，它们在2018年投入的人均医疗费用分别是1548美元和1195美元，占投入最大的美国人均医疗费用的14.7%和11.4%，哥斯达黎加和哥伦比亚能实现如此高的国民健康效率确实不易。而美国作为全球第一经济体，尽管人均医疗费用一直居高不下，却并没有取得较高的效率水平，2013—2018年其效率值都小于1，说明国民健康DEA效率是非有效的。需要特别说明的是，超效率值并不会改变国家的生产前沿面，而只是为了方便对标准DEA效率值为1的决策单元之间进行效率大小的比较，例如2018年日本的超效率值为1.011（表4–5），表示当其投入增加1.1%时，日本医疗保障制度仍然是有效率的。

表4–5　DEA超效率模型效率测算结果

国家	2013年	2014年	2015年	2016年	2017年	2018年
奥地利	0.689	0.714	0.730	0.746	0.740	0.762
比利时	0.638	0.666	0.656	0.664	0.663	0.677
加拿大	0.768	0.754	0.774	0.752	0.746	0.750
智利	0.651	0.689	0.699	0.732	0.747	0.734
哥伦比亚	1.227	1.230	1.202	1.183	1.170	1.176
哥斯达黎加	1.767	1.696	1.512	1.379	1.477	1.471
捷克	0.669	0.709	0.765	0.808	0.814	0.808
丹麦	0.610	0.597	0.593	0.593	0.604	0.584
爱沙尼亚	0.622	0.686	0.752	0.803	0.832	0.820
芬兰	0.547	0.565	0.584	0.597	0.600	0.598

续表

国家	2013 年	2014 年	2015 年	2016 年	2017 年	2018 年
法国	1.000	1.057	1.033	1.017	1.031	0.991
德国	0.700	0.697	0.706	0.696	0.705	0.707
希腊	0.565	0.583	0.587	0.596	0.583	0.584
匈牙利	0.844	0.913	0.938	0.972	1.012	0.995
冰岛	0.601	0.591	0.594	0.616	0.634	0.646
爱尔兰	0.727	0.666	0.651	0.629	0.637	0.620
以色列	1.022	1.130	1.133	1.184	1.142	1.111
意大利	0.909	0.968	0.971	0.983	0.988	0.978
日本	1.026	1.048	1.053	1.059	1.062	1.011
韩国	0.606	0.646	0.658	0.681	0.699	0.685
拉脱维亚	0.747	0.813	0.839	0.849	0.860	0.843
立陶宛	0.741	0.759	0.724	0.706	0.761	0.774
卢森堡	1.964	2.145	2.143	2.148	2.130	2.444
荷兰	0.692	0.687	0.618	0.630	0.611	0.612
新西兰	0.636	0.653	0.659	0.673	0.682	0.695
挪威	0.702	0.671	0.672	0.652	0.639	0.631
波兰	0.619	0.696	0.742	0.769	0.790	0.783
葡萄牙	0.862	0.903	0.926	0.944	0.946	0.957
斯洛伐克	0.715	0.798	0.862	0.958	1.026	1.077
斯洛文尼亚	0.672	0.758	0.811	0.839	0.861	0.864
西班牙	0.855	0.868	0.890	0.911	0.892	0.897
瑞典	0.725	0.775	0.792	0.821	0.850	0.851
瑞士	0.906	0.917	0.936	0.941	0.956	0.956
土耳其	2.001	1.817	1.924	2.023	1.993	2.064
英国	0.810	0.837	0.860	0.882	0.899	0.891
美国	0.666	0.658	0.666	0.671	0.668	0.662

资料来源：课题组根据 2013—2018 年 36 个 OECD 国家数据计算得出

第四，标准 DEA 效率模型和 DEA 超效率模型测算的结果对决策单元的效率排名影响不大。在运用了标准 DEA 效率模型的基础上，使用超效率 DEA 模型的目的是将处在生产前沿面上的有效决策单元哥伦比亚、哥斯达黎加、以色列、日本、卢森堡和土耳其这 6 个国家进行效率比较。结果发现这 6 个有效决策单元在进行了 DEA 超效率测算之后，哥伦比亚的 DEA 超效率均值是 1.1980，哥斯达黎加的 DEA 超效率均值是 1.5504，以色列和日本的 DEA 超效率均值分别为 1.1203 和 1.0431，卢森堡和土耳其的 DEA 超效率均值为 2.1623 和 1.9704（表 4–6），这 6 个有效决策单元的效率排名发生变化。值得注意的是，虽然法国在标准 DEA 效率模型和超效率模型下均值排名相同，但 2013—2018 年标准 DEA 效率值不全等于 1，在计算 DEA 超效率值进行平均之后，DEA 超效率均值就达到了 1 甚至超过了 1，这是由于 2018 年法国国民健康效率值下降导致的，意味着其国民健康效率从生产有效前沿面上远离，处于非有效运行状态。相反，斯洛伐克 2013—2016 年效率值小于 1，但是 2017 年、2018 年效率值达到甚至超过 1，是效率变化增幅最大的国家，国民健康生产朝着更有效率的方向发展。最后，对于标准 DEA 效率值每年都小于 1 的国家，即使是采用了 DEA 超效率模型重新测算，其效率值结果也没有发生变化，因此它们的标准 DEA 效率均值排名和 DEA 超效率均值相近。

表 4–6　36 个 OECD 国家 DEA 效率均值

国家	标准 DEA 效率均值	超效率 DEA 均值
奥地利	0.7302	0.7300
比利时	0.6607	0.6607
加拿大	0.7573	0.7571
智利	0.7087	0.7088
哥伦比亚	1	1.1980

续表

国家	标准 DEA 效率均值	超效率 DEA 均值
哥斯达黎加	1	1.5504
捷克	0.7622	0.7620
丹麦	0.5968	0.5969
爱沙尼亚	0.7525	0.7526
芬兰	0.5818	0.5819
法国	0.9985	1.0215
德国	0.7018	0.7018
希腊	0.5830	0.5831
匈牙利	0.9437	0.9457
冰岛	0.6137	0.6135
爱尔兰	0.6550	0.6550
以色列	1	1.1203
意大利	0.9662	0.9662
日本	1	1.0431
韩国	0.6625	0.6626
拉脱维亚	0.8252	0.8250
立陶宛	0.7442	0.7443
卢森堡	1	2.1623
荷兰	0.6417	0.6416
新西兰	0.6663	0.6664
挪威	0.6612	0.6613
波兰	0.7332	0.7331
葡萄牙	0.9230	0.9230
斯洛伐克	0.8888	0.9060
斯洛文尼亚	0.8008	0.8007
西班牙	0.8855	0.8855
瑞典	0.8023	0.8023

续表

国家	标准 DEA 效率均值	超效率 DEA 均值
瑞士	0.9353	0.9355
土耳其	1	1.9704
英国	0.8632	0.8631
美国	0.6652	0.6652

资料来源：课题组根据测算结果计算而得

第五，为了检查模型的敏感性，文章将 36 个决策单元共 6 年的数据作为整体，即一共 216 个决策单元视作面板数据进行 DEA 效率测算，结果与逐年测算 36 个决策单元得出的效率值相比发生了很大变化。例如，2013—2018 年意大利在面板数据模型中的效率值为 1（表 4-7），比标准 DEA 效率模型中每年测算的效率值都要高，甚至处于生产前沿面上，是 DEA 有效率的状态；类似的情况也出现在法国、西班牙、瑞士。之所以出现这种差异是由于 DEA 效率方法的测算结果是相对值，而不是绝对值，效率值的结果受每年投入指标和产出指标数据变化的影响较大，加上决策单元在不同年份的政策环境和统计方法发生变化等，最终导致相同决策单元的生产有效前沿面发生了较大变化。因此要依照纵向比较和横向比较的方法分别进行效率的评估，否则就会出现较大的偏差甚至错误。

表 4-7　麦氏指数 DEA 效率测算结果

国家	2013 年	2014 年	2015 年	2016 年	2017 年	2018 年
奥地利	0.713	0.722	0.735	0.747	0.740	0.762
比利时	0.669	0.679	0.663	0.669	0.666	0.677
加拿大	0.769	0.754	0.780	0.761	0.751	0.756
智利	0.773	0.813	0.793	0.800	0.788	0.773

续表

国家	2013 年	2014 年	2015 年	2016 年	2017 年	2018 年
哥伦比亚	1	1	1	1	1	1
哥斯达黎加	1	1	1	1	1	1
捷克	0.727	0.766	0.803	0.842	0.847	0.818
丹麦	0.615	0.604	0.595	0.594	0.606	0.588
爱沙尼亚	0.684	0.735	0.792	0.830	0.859	0.834
芬兰	0.580	0.595	0.610	0.611	0.618	0.615
法国	1	1	1	1	1	1
德国	0.715	0.705	0.707	0.699	0.712	0.708
希腊	0.947	0.976	0.908	0.928	0.907	1
匈牙利	0.846	0.922	0.953	0.988	1	1
冰岛	0.651	0.814	0.726	0.652	0.678	0.692
爱尔兰	0.757	0.686	0.674	0.655	0.679	0.662
以色列	1	1	1	1	1	1
意大利	1	1	1	1	1	1
日本	1	1	1	1	1	1
韩国	0.920	0.933	0.927	0.930	0.968	0.882
拉脱维亚	0.761	0.834	0.861	0.875	0.877	0.865
立陶宛	0.753	0.767	0.737	0.716	0.767	0.782
卢森堡	1	1	1	1	1	1
荷兰	0.692	0.689	0.618	0.632	0.614	0.615
新西兰	0.717	0.709	0.719	0.706	0.720	0.703
挪威	0.703	0.671	0.677	0.655	0.640	0.631
波兰	0.673	0.766	0.782	0.806	0.815	0.797
葡萄牙	0.936	0.950	0.962	0.960	0.961	0.957
斯洛伐克	0.724	0.813	0.864	0.959	1	1
斯洛文尼亚	0.794	0.880	0.897	0.928	0.935	0.930
西班牙	1	1	1	1	1	1

续表

国家	2013 年	2014 年	2015 年	2016 年	2017 年	2018 年
瑞典	0.910	0.925	0.953	0.874	0.906	0.879
瑞士	1	1	1	1	1	1
土耳其	1	1	1	1	1	1
英国	0.850	0.851	0.865	0.882	0.899	0.892
美国	0.669	0.688	0.703	0.709	0.704	0.696

资料来源：课题组根据 2013—2018 年 36 个 OECD 国家数据计算得出

（四）国民健康效率影响因素分析

国民健康是一个国家发展的基本保障，只有保障国民的健康，国家才有发展的基础。国民健康效率测算为我们纵横向比较一国的健康效率水平提供了依据，而对国民健康效率影响因素的分析则为提高健康效率水平指出了可能的方向。国内外已经有学者研究国民健康效率的影响因素，综合前人的研究成果，可以发现影响因素大致可分为 3 类：一是医疗保障制度因素，二是经济类因素，三是人口因素。综合考虑数据可得性和数据性质的情况下，本节选择 65 岁及以上人口比例作为人口因素，失业率、人均净收入作为经济类因素，人均公共医疗费用、每千人床位数、每千人医疗技术人员数量、商业医疗保障参保率作为医疗保障制度因素。

建立起如下计量分析模型：

$$\mathrm{DEA}_{it} = \alpha_0 + \alpha_1\, \mathrm{65YEAR}_{it} + \alpha_2\, \mathrm{UNE}_{it} + \alpha_3\, \mathrm{lnINC}_{it} + \alpha_4\, \mathrm{GovRatio}_{it} + \alpha_5\, \mathrm{BED}_{it} + \alpha_6\, \mathrm{PHY}_{it} + \alpha_7\, \mathrm{PHI}_{it} + \lambda_i + \gamma_t + u_{it}$$

其中被解释变量为运用标准 DEA 效率方法逐年测算得到的国民健康效率值，被解释变量和解释变量的具体情况如表 4-8 所示。

表 4-8　被解释变量和解释变量说明

解释变量	变量说明
DEA_{it}	国民健康的 DEA 效率，表示第 t 年第 i 个国家的健康效率值
被解释变量	变量说明
$65YEAR_{it}$	人口老龄化程度，表示第 t 年第 i 个国家的 65 岁以上（包括 65 岁）人口占总人口的百分比
UNE_{it}	失业率，表示第 t 年第 i 个国家的失业率
$\ln INC_{it}$	平均年收入，表示第 t 年第 i 个国家的平均年收入，为了消除与其他变量之间的相关性，此处取对数形式
$GovRatio_{it}$	政府卫生支出占人均卫生总费用比例，表示第 t 年第 i 个国家的人均政府卫生支出占人均卫生总费用的百分比，代表各国政府对医疗保障事业的支持，一定程度上反映了各国的医疗保障制度情况
BED_{it}	每千人床位数，表示第 t 年第 i 个国家每千人拥有的床位数量，衡量医疗服务固定投资和设备的重要指标
PHY_{it}	每千人医疗技术人员数量，表示第 t 年第 i 个国家每千人拥有的医疗技术人员数量，衡量医疗服务可及性的重要指标
PHI_{it}	商业医疗保障参保率，表示第 t 年第 i 个国家居民在加入基本医疗保障体系之后，参与私人（商业）医疗保障的人口占总人口的比例

由于数据的可及性，采用非平衡面板数据模型进行实证分析。本节的自变量数据中失业率数据来自国际劳工组织（International Labor Organization，ILO），其余数据均来自 OECD 数据库，所有回归变量的描述性统计值如表 4-9 所示。为了克服模型可能存在的异方差问题，对平均年收入变量取自然对数。

表 4-9　实证模型变量的描述性统计

变量名	平均值	中值	最大值	最小值	标准差	偏度	峰度
DEA	0.8411	0.8505	1.0000	0.5800	0.1386	-0.2001	-1.4366
65YEAR	16.7641	17.9901	28.1374	6.9582	4.1842	-0.4496	0.3311
UNE	7.8250	6.8400	27.4700	2.2400	4.4566	2.2139	6.0508

续表

变量名	平均值	中值	最大值	最小值	标准差	偏度	峰度
lnINC	10.5911	10.6511	11.1909	9.8828	0.3513	-0.3468	-1.0944
GovRatio	0.7417	0.7564	0.8570	0.4940	0.0834	-0.5688	-0.6504
BED	4.6448	3.8000	13.3000	1.1100	2.5914	1.4912	2.4130
PHY	48.4016	49.8250	106.7400	11.2700	23.3325	0.4574	-0.7199
PHI	33.4293	26.3500	98.0000	0.0000	31.0449	0.6277	-0.9771

资料来源：OECD 数据库、国际劳工组织（ILO）统计数据和前文计算所得 OECD 国家国民健康 DEA 效率

表 4-10 展示了国民健康效率影响因素分析的回归结果，可以发现，人口老龄化程度与国民健康 DEA 效率之间有正向显著关系。通过面板数据的回归结果可以得出在控制其他变量不变的情况下，老龄化程度（用 65 岁及以上人口比例来表示）每提高 1% 能够促使 DEA 效率值提高 4%。这是由于随着人口老龄化趋势日益严重，老年人机能老化和患病的概率要高于其他人群，客观上引起他们对医疗服务需求量的增加，相应地造成了医疗服务费用的增加和医疗资源使用的增加。这些因素对国民健康生产提出了更高的挑战，能够推动政府或医疗保障制度实施者提高其运行效率，满足更多的医疗服务需求。

失业率对国民健康 DEA 效率有显著负影响。回归结果显示，失业率提高 1%，国民健康生产效率降低 0.7%。健康作为人们的生存权利之一，一直受到许多国家和政府的重视。失业率提高，意味着劳动人口的收入减少，那么在资金有限的情况下，人们甚至要动用储蓄来支付医疗费用，进而造成不同程度的经济负担。通常情况下，政府会采取各种措施提高和改善医疗保障制度，使得医疗服务惠及更多的人群，尤其是遭受失业的低收入人群和贫穷人口，保障其健康权利，这是保持劳动力资本和维护社会稳定的重要措施。但是，相比于失业率的浮动变化，医疗保障制度的改革并非朝夕之间就可以实现，所以在数据时

间跨度有限（本节数据区间为2013—2018年）的情况下，失业率和国民健康生产效率有可能显示出负向的关系。

平均年收入对国民健康DEA效率的影响虽不显著但影响系数为正，这表明人们收入水平的提高能够推动国民健康效率的改善和提高。人的一生都与疾病、意外事故等风险相伴，收入为人们获得健康提供了所需的物质基础和条件。无论是医疗保障制度出现之前人们通过自费获得医疗服务，还是之后出现的自愿计划形式的互助医疗，乃至现代社会的基本医疗保障制度，人们只有提高收入水平才能增强自身的购买能力，获得更方便、更快捷的医疗服务。因此，在其他条件不变的情况下，平均收入水平的提高对国民健康DEA效率的提高有积极的影响，但是由于存在道德风险和逆选择，收入对健康生产效率的影响还需进一步综合判断和研究。

政府卫生支出占人均卫生总费用比例、商业医疗保险参保率对国民健康DEA效率的回归系数为正但不显著。医疗卫生领域存在着广泛的信息不对称，是典型的存在市场失灵的领域，需要政府力量的介入。政府卫生支出占人均卫生总费用比例的增加，意味着在其他条件不变的情况下，为医疗服务筹集到了更多的资金，这有利于改善医疗卫生机构的基础设施、提高医疗技术人员专业水平、推动药品购置和研发、加强健康管理和健康教育。基本医疗保障制度是世界上绝大多数国家医疗卫生服务体系的支柱，政府加大卫生费用投入对国民健康生产效率的提高有正向的影响。商业医疗保险是人们在参加了基本医疗保障制度之外自愿选择的，其主要作用是对基本医疗保障范围不足的部分进行补充，提供医疗费用补偿、健康管理等服务。国际社会普遍认为商业医疗保险对提高民众健康水平有积极的影响，表4-10中的回归结果也支持了这一观点，但基本医疗保障制度在大多数国家处于主导地位，商业健康保险的影响范围有限，而且相较于商业医疗保险具有的产品服务多样化、管理人员专业化等诸多优势，其较为高昂的价格导致覆盖面较低。在大多数国家建立起基本医疗保障制度的情况下，商业医疗保险对国民健康效率的影响并不显著。

表 4-10 国民健康 DEA 效率影响因素分析

DEA	Coef.	Std.Err.	t	P>t
65YEAR	0.04***	0.015	2.75	0.007
UNE	-0.007**	0.003	-2.13	0.036
lnINC	0.125	0.097	1.29	0.199
GovRatio	0.050	0.114	0.44	0.660
BED	-0.015	0.017	-0.89	0.374
PHY	0.005	0.003	1.44	0.154
PHI	0.000	0.002	0.03	0.978
_cons	-1.374	1.031	-1.33	0.186
R-squared	0.9434	Prob > F	0.0045	

注：*** $p<0.01$, ** $p<0.05$, * $p<0.1$。

资料来源：课题组根据 2013—2018 年 36 个 OECD 国家数据测算得出

每千人医疗技术人员数量对国民健康的 DEA 效率影响系数为正，每千人床位数的影响为负，且均不显著。医疗技术人员是医疗服务的直接提供者，医疗技术人员数量的增加一方面可以满足民众看病就医需求，提高医疗服务质量和效率；另一方面患者受医学专业知识和医疗专业技能有限的影响，与医生之间天然存在着信息不对称，医生诱导需求是目前世界各国健康保障领域面临的普遍问题之一，这种行为不但增加了医疗费用，占用了社会公共医疗资源，还增加了患者的经济和心理负担，不利于患者的健康，所以医疗技术人员数量对国民健康生产效率的影响还需进一步讨论。各类医院、护理机构、卫生所等是提供医疗服务的具体场所，一方面现实中很多病人并不需要住院治疗，床位过多会造成资源浪费或诱导需求，另一方面对于政府或医疗机构本身而言，床位过多也意味着成本增加，甚至产生寻租行为，所以对于每千人床位数对国民健康DEA效率的影响尚没有定论。

综合上述分析，我们可以推断发现，国民健康的DEA效率受人口和经济类因素影响较大，这为如何提高和改善国民健康DEA效率指明了方向。

二、医疗服务效率：国际分析

国际社会普遍认为引入市场机制可以提高公共服务效率，医疗保障体系关系国计民生，政府在其中通常扮演着重要的角色，然而在民众医疗需求增加、医疗费用快速上涨的背景下，财政压力不断增大，如何提高医疗服务体系的效率成为关注的焦点。引入市场化运营的商业保险公司参与医疗服务体系的费用控制、技术创新、管理优化，对提高医疗服务效率水平具有积极影响。国际上，越来越多的国家通过在医疗服务提供者间引入市场机制，对国内医疗保障制度进行改革。本节从国际视角切入，首先通过对医疗服务效率相关文章进行综述并总结国际经验，然后运用OECD国家数据测算医疗服务效率并研究其影响因素，从而为我国医疗服务效率分析提供对照和参考。

（一）国际经验

本节综述了20世纪90年代以来使用前沿效率测量技术进行的医疗服务效率研究，以确定具有医疗服务前沿效率测量相关背景和技术代表性的文章，这些研究的参考文献也被用来确定其他相关的文章。附表3展示了以往基于不同研究背景、数据来源、评估手段与指标体系来研究医疗服务效率的文献（已按出版年排序）。

图 4–5 呈现了附表 3 中文献的数据来源：我们分析了 40 份文献，其中绝大多数（17 篇）来自美国的医院数据，有不少关于欧洲国家的论文（13 篇），另有 6 篇关于中国、2 篇关于日本、1 篇关于印度、1 篇关于墨西哥的论文。

现有学者采用前沿效率测量技术，譬如随机前沿模型（SFA）方法和数据包络分析（DEA）方法，对医疗服务效率进行测量。前沿效率测量技术使用生产可能性前沿来绘制一个组织在某个时间点能够产生的潜在技术效率产出组合的轨迹。如果一个组织不能在其生产可能性边界上实现产出组合，并且落在这个边界之下，那么可以说它在技术上是低效的。在某种程度上，如果它使用某种投入组合将其置于生产前沿，但与这些投入的相对价格不一致，就可以认为它是配置效率低下的。同样地，成本函数将生产前沿的定量实物信息转化为货币价值，因此，成本效率需要产生技术上有效的产出和投入的组合。图 4–6 显示了附表 3 中文献的效率评估方法占比情况：57.5% 的文献（23 篇）使用 DEA 的非参数评估方法测算医疗服务效率，40% 的文献（16 篇）使用 SFA 的参数评估方法测算医疗服务效率，1 篇文献同时使用 DEA 与 SFA 进行医疗服务效率评估结果的比较分析。

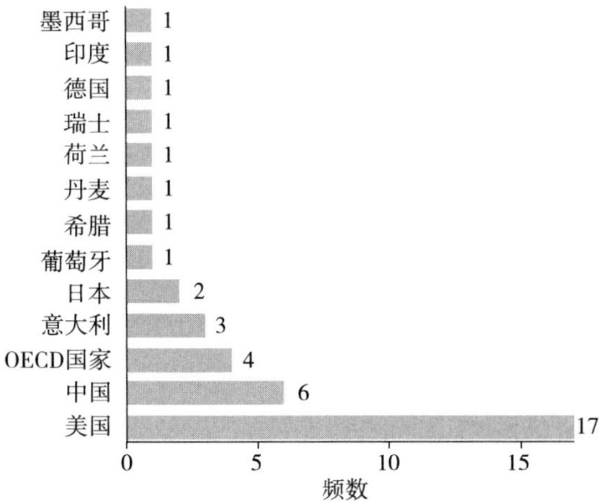

图 4–5　文献的数据来源

资料来源：课题组对附表 3 文献整理而得

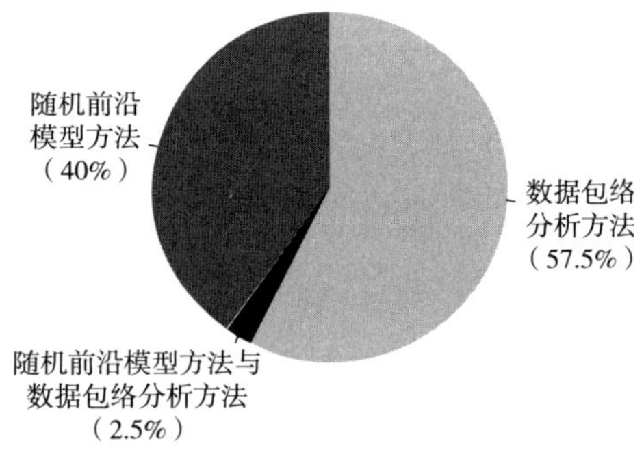

图 4–6　效率评估方法的使用占比

资料来源：课题组对附表 3 文献整理而得

在用 DEA、SFA 效率评估方法对医疗服务作效率评估时，投入和产出指标的选取对结果有非常重要的影响，因为其关系到评价结果的科学性与准确性。我们通过对附表 3 中 40 篇文献的投入指标与产出指标进行文本分析，绘制了对应的词云图，如图 4-7 和图 4-8 所示。

在构建指标体系方面：第一，投入指标主要涵盖人力、物力与财力，体现在文献中就是较多地使用包括医生等劳动力的数量、医生等劳动力的工资、床位数、床位折旧与利息支出、净资产、资产价值等在内的测量指标；第二，产出指标主要通过中间产出甚至最终健康结果来衡量，体现在文献中就是更多地使用住院天数、住院人数、出院人数、就诊数量、死亡率等量化指标。

图 4-7 投入指标词云图

资料来源：课题组对附表 3 文献整理而得

图 4-8 产出指标词云图

资料来源：课题组对附表 3 文献整理而得

尽管附表 3 中呈现的文献研究背景、数据来源、评估方法与指标体系存在不同，但这些研究都有一个共同的经验程序：（1）前沿效率测量方法的选择；（2）所选方法中的投入和产出变量的决定；（3）解释效率差异的相关因素，甚至展开进一步的回归分析。如图 4-9 所示，这个通用流程为下文开展文献回顾建立了一个方便的框架。

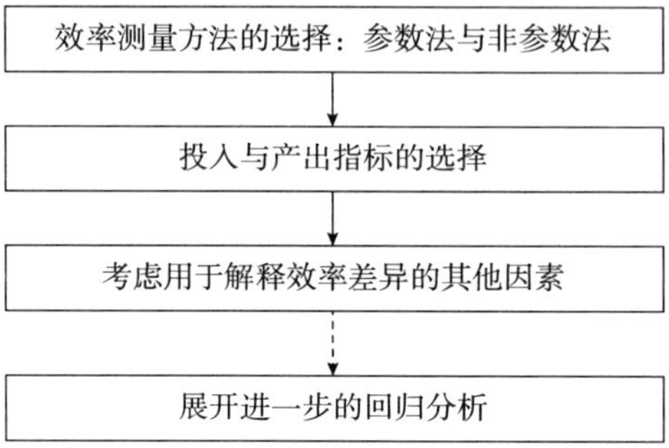

图 4-9　医疗服务效率评估流程

资料来源：课题组对附表 3 文献整理而得

从整体来看，现有文献采用参数法或非参数法，对医疗服务效率展开测算。鉴于数据来源不一，这里主要存在 3 种不同的研究视角。其一，多数文献基于一国的医院数据对医疗服务效率进行评估，部分文献还尝试分析造成效率低下的潜在原因。譬如，Giménez 等（2019）基于 2013 年墨西哥的数据，运用 DEA 分析发现，医院整体的效率为 86%[①]。Rosko（2001）采用 SFA 分析了美国 1631 家医院 1990—1996 年的效率情况，结果表明平均效率下降了约 28%，这种低效率与健康维护组织（HMO）渗透率和行业集中度相关[②]。Besstremyannaya（2011）使用 SFA 模型探讨了 1999—2007 年日本 617 家普通地方公立医院管理绩效与成本效率的关系，研究结果支持日本地方公立医院通过提高管理质量来提高效率[③]。其二，不少文献基于某个地方医院数据展开医疗服务效率分析。譬如，Nayar 和 Ozcan（2008）以美国弗吉尼亚州的医院为样本，采用 DEA 计算

① GIMÉNEZ V, et al. Do Healthcare Financing Systems Influence Hospital Efficiency? A Metafrontier Approach for the Case of Mexico. Health Care Management Science, 2019, 22: 549~559.

② ROSKO M D. Cost Efficiency of US Hospitals: A Stochastic Frontier Approach. Health Economics, 2001, 10(6): 539~551.

③ BESSTREMYANNAYA G. Managerial Performance and Cost Efficiency of Japanese Local Public Hospitals: A Latent Class Stochastic Frontier Model. Health Economics, 2011, 20 Suppl 1(19–34).

医院效率得分后发现，就质量措施而言，技术上高效的医院表现良好，一些技术上效率低下的医院在质量方面也表现良好，这个结论较好地回应了人们对医院可能为了提高效率而牺牲质量的担忧[①]。Guerrini 等（2017）基于 2011—2012 年意大利威尼托地区 72 家医院数据，使用 DEA 测量效率后发现，该地区医院的整体平均效率约为69%[②]。Gao 和 Wang（2021）利用中国某一个代表性城市的 149 家公立医院的患者数据，发现医院总体效率为 67.67%，细分来看，三级医院的整体效率高于低一级医院，而二级医院的平均效率低于一级医院[③]。其三，少数文献基于多国数据展开研究，并按国别对效率进行比较。譬如，Retzlaff-Roberts 等（2004）基于 27 个 OECD 国家的健康数据，分析了降低婴儿死亡率和增加预期寿命的总体健康结果产生的技术效率，结果显示一些国家取得了相对效率优势，包括日本、瑞典、挪威、加拿大、墨西哥和土耳其[④]。Ozcan 和 Khushalani（2017）基于 2000—2012 年 34 个 OECD 国家的健康数据，使用 DEA 方法测算后表明，经过重大医疗改革的国家的平均效率得分为 0.98，而没有经过医疗改革的国家的效率得分为 0.95[⑤]。Bekaroğlu 和 Heffley（2018）基于 2000—2011 年 34 个 OECD 国家的健康数据，通过两阶段 DEA 方法分析了整体

---

① NAYAR P, OZCAN Y A. Data Envelopment Analysis Comparison of Hospital Efficiency and Quality. Journal of Medical Systems, 2008, 32(3): 193~199.

② GUERRINI A, et al. Public Vs. Private in Hospital Efficiency: Exploring Determinants in a Competitive Environment. International Journal of Public Administration, 2017, 41(3): 181~189.

③ GAO Q, WANG D D. Hospital Efficiency and Equity in Health Care Delivery: A Study Based in China. Socio-Economic Planning Sciences, 2021.

④ RETZLAFF-ROBERTS D, et al. Technical Efficiency in the Use of Health Care Resources: A Comparison of OECD Countries. Health Policy, 2004, 69(1): 55~72.

⑤ OZCAN Y A, KHUSHALANI J. Assessing Efficiency of Public Health and Medical Care Provision in OECD Countries After a Decade of Reform. Central European Journal of Operations Research, 2017, 25(2): 325~343.

的技术效率，结果显示技术无效率为 3.05%[①]。

除了分析整体效率得分，现有文献还从医院层面对医疗服务效率评估展开异质性分析。多数学者研究了医疗服务效率的所有权类型差异。关于所有权类型（公立医院和民营医院）的证据是混合的，一方面，多数学者认为公立医院的医疗服务效率低于民营医院。Herr 等（2011）结合 2002—2006 年德国 541 家医院的资产负债表，对德国的多层面行政数据集进行了 SFA 分析，结果表明民营医院的利润效率高于公立医院[②]。另一方面，少数学者持有相反观点。Lee 等（2009）采用美国医院协会（AHA）在佛罗里达州的急症护理综合医院调查数据，使用DEA 计算后证实公立医院的效率高于民营医院[③]。Daidone 和D'Amico（2009）基于 2000—2005 年意大利医院出院记录和卫生部数据，采用 SFA 分析发现，与公立医院相比，民营医院的效率较低[④]。甚至还有学者发现医疗服务效率不存在所有权类型差异。譬如，Folland 和 Hofler（2001）基于美国医院数据进行 SFA 分析后发现，所有权类型的群体内部之间几乎不存在效率差异[⑤]。

除此之外，有的学者还研究了综合医院与专科医院、单一专科执业与多专科执业在医疗服务效率方面的差异性。譬如，Carey 等（2008）基于 1998—2004 年美国医疗保险费用报告和得克萨斯州、加利福尼亚州、亚利桑那州的住院病人出院数据，使用 SFA 分析后认为，没有证据表明专科医院比综合医

---

① BEKAROĞLU C, HEFFLEY D. A Multi-Stage Efficiency Analysis of Oecd Healthcare Systems. Yönetim Ve Ekonomi Araştırmaları Dergisi, 2018, 16 (2): 264~285.

② HERR A, et al. Profit Efficiency and Ownership of German Hospitals. Health Economics, 2011, 20(6): 660~674.

③ LEE K H, et al. The Association Between Hospital Ownership and Technical Efficiency in A Managed Care Environment. Journal of Medical Systems, 2009, 33(4): 307~315.

④ DAIDONE S, D'AMICO F. Technical Efficiency, Specialization and Ownership Form: Evidences from a Pooling of Italian Hospitals. Journal of Productivity Analysis, 2009, 32(2): 203~216.

⑤ FOLLAND S T, HOFLER R A. How Reliable Are Hospital Efficiency Estimates? Exploiting the Dual to Homothetic Production. Health Economics, 2001, 10(8): 683~698.

院更有效率[①]。Rosenman 和 Friesner（2004）从 1998 年美国医疗集团管理协会（MGMA）调查数据中对效率区分医生执业类型进行研究，DEA 结果显示单一专科执业比多专科执业更低效，而大部分的低效率是由于技术低效而不是配置原因造成的[②]。

为了确定影响医疗服务效率的决定因素，不少文献还将所测量的医疗服务效率得分作为因变量，基于回归模型（譬如 Tobit 模型）展开对医疗服务效率影响因素的研究。研究结果呈现了从内部因素（成本效率、入住率、医保患者比例等）到外部因素（公共政策、网络服务、失业率等）影响医疗服务效率的重要性。譬如，McKay 和 Deily（2005）使用 1999—2001 年美国佛罗里达州的医院数据进行研究，研究结果显示医院如果入住率较高、有相对更多的医疗保险和医疗补助的患者，以及自费患者比例更高，则更有可能盈利[③]。Deily 等（2006）基于 1999—2001 年美国佛罗里达州的医院数据，通过 SFA 测算出医院的成本无效率得分，将其对住院死亡率指数进行回归，结果显示成本无效率降低 1 个百分点，每 1 万名出院患者的住院死亡率就会减少 1 人[④]。Proenca 等（2005）基于美国医院数据研究网络服务对效率的影响，发现在网络层面提供中等至高比例服务的医院比不使用该服务的医院效率更高[⑤]。Cozad 和 Wichmann（2013）使用 2000—2007 年美国各州卫生保健数据研究发现，医疗保险覆盖率

---

① CAREY K, et al. Specialty and Full-Service Hospitals: A Comparative Cost Analysis. Health Services Research, 2008, 43(5 Pt 2): 1869~1887.

② ROSENMAN R, FRIESNER D. Scope and Scale Inefficiencies in Physician Practices. Health Economics, 2004, 13(11): 1091~1116.

③ MCKAY N L, DEILY M E. Comparing High- and Low-Performing Hospitals Using Risk-Adjusted Excess Mortality and Cost Inefficiency. Health Care Management Review, 2005, 30(4): 347~360.

④ DEILY M E, MCKAY N L. Cost Inefficiency and Mortality Rates in Florida Hospitals. Health Economics, 2006, 15(4): 419~431.

⑤ PROENCA E J, ROSKO M D, DISMUKE C E. Service Collaboration and Hospital Cost Performance: Direct and Moderating Effects. Medical Care, 2005: 1250~1258.

每增加 1%，技术效率就会降低 1.3 个百分点，这可能是因为健康保险的扩张会通过影响市场供给侧而增加卫生保健成本[①]。

学者还进一步探讨了医疗保险与医疗服务效率之间的关系。多数研究结论支持医疗保险政策，包括医保基金投入、服务支付导向以及颁布一项新的医保制度，均有助于降低医疗服务的无效率。譬如，Bhat（2005）使用 DEA 方法对 1996 年 24 个 OECD 国家的卫生保健系统效率进行评估，发现包括中央、州或地方政府的资金、社会保障资金以及卫生设施投资等公共资金占比较高的国家可能更有效率，这是因为这些国家的政府可以对成本实施更严格的控制[②]。Hu 等（2012）基于 2002—2008 年《中国卫生统计年鉴》数据，采用 DEA 方法研究新农合对医疗服务效率的影响，结果显示新农合在促进农村居民医疗服务可及性方面具有明显成效[③]。Kashian 等（2020）使用 SFA 方法对 2008—2016 年美国医疗服务效率进行评估，发现平价医疗法案颁布后其效率得分从原来的 81.8% 上升至 86.3%[④]。除此之外，DRGs 支付方式对医疗服务效率的影响研究也受到学者的广泛关注。譬如，Dismuke 和 Sena（1999）评估了 1992—1994 年葡萄牙医院采用 DRGs 支付方式对效率的影响，SFA 与 DEA 结果显示 DRGs 支付系统对葡萄牙一些常用诊断技术的技术效率产生积极影响[⑤]。Rosko

---

① COZAD M J, WICHMANN B. Efficiency of Health Care Delivery Systems: Effects of Health Insurance Coverage. Applied Economics, 2013, 45:4082~4094.

② BHAT V N. Institutional Arrangements and Efficiency of Health Care Delivery Systems. European Journal of Health Economics, 2005, 6(3):215~222.

③ HU H H, et al. Analysis of Hospital Technical Efficiency in China: Effect of Health Insurance Reform. China Economic Review, 2012, 23(4):865~877.

④ KASHIAN R, et al. Has the Affordable Care Act Affected Health Care Efficiency? Journal of Regulatory Economics, 2020, 58:193~233.

⑤ DISMUKE C E, SENA V. Has DRG Payment Influenced the Technical Efficiency and Productivity of Diagnostic Technologies in Portuguese Public Hospitals? An Empirical Analysis Using Parametric and Non-Parametric Methods. Health Care Management Science, 1999, 2(2):107~116.

和 Chilingerian（1999）基于 1989 年美国宾夕法尼亚州 195 家急症护理医院数据对影响效率的因素进行 SFA 分析，结果显示平均无效率得分范围为 0.075 到 0.180，然而加入 DRGs 病例混合指数（CMI）后无效率得分降低 50% 以上①。但是，也有学者持有与上述结论不一致的观点。譬如，Audibert 等（2013）对 2000—2008 年中国山东省乡镇卫生院的数据进行分析后认为，乡镇卫生院的技术效率受到一些外部环境因素影响从而随时间的推移而下降（从 2000—2002 年的 68.82% 降至 2006—2008 年的 50.5%），在这些环境因素中，新农合总体上对效率的演变产生了负面影响②。此外，Bates 等（2010）基于 2002—2006 年美国健康数据，利用 DEA 所得的医疗服务效率进行回归后也证实，医疗保险覆盖率对技术效率有着负向影响，每增加 1% 的医疗保险覆盖率，就会降低 0.0045 的效率指数③。

综上所述，国际上现有文献采用参数法或非参数法，对医疗服务效率展开了充分研究。多数文献基于一国的医院数据对医疗服务效率进行评估，部分文献还尝试分析造成效率低下的潜在原因；此外，不少文献还基于某个地方的医院数据展开医疗服务效率分析；少数文献基于多国数据展开研究，并进行国别之间的效率比较。在此基础上，现有文献还从医院层面对医疗服务效率评估展开异质性分析，譬如区分所有权类型等。为了确定影响医疗服务效率的决定因素，不少文献还将所测量的医疗服务效率得分作为因变量，基于回归模型研究医疗服务效率的影响因素，研究结果证实了内部因素（成本效率、入住率、医

---

① ROSKO M D, CHILINGERIAN J A. Estimating Hospital Inefficiency: Does Case Mix Matter?. Journal of Medical Systems, 1999, 23: 57~71.

② AUDIBERT M, MATHONNAT J, PELISSIER A, et al. Health Insurance Reform and Efficiency of Township Hospitals in Rural China: An Analysis from Survey Data. China Economic Review, 2013, 27: 326~338.

③ BATES L J, et al. Medical Insurance Coverage and Health Production Efficiency. The Journal Ofrisk and Insurance, 2010, 77(1): 211~229.

保患者比例等）与外部因素（公共政策、网络服务、失业率等）的重要性。与本节研究联系最为密切的是：医疗保险与医疗服务效率之间的关系探究。多数研究结论支持医疗保险政策，包括医保基金投入、服务支付导向以及颁布一项新的医保制度，均有助于降低医疗服务的无效率。

（二）模型与变量选择

考虑到本节所研究的问题为医疗服务效率，所以把卫生总费用作为主要投入变量，其他投入变量包括代表医疗卫生资源的指标，如医疗技术人员数量、床位数等。具体来看，投入变量包括人均卫生总费用、每千人医疗技术人员数量、每千人床位数。医疗机构努力提高自身效率水平，其最终目标是希望通过有限的医疗资源投入来满足更多的民众医疗服务需求，所以这里将产出水平定义为医疗机构提供的服务，通过诊疗人次、出院人数、住院时长等指标来衡量。表4-11为投入产出指标的说明。考虑到所研究问题的特点以及各效率测算方法的优劣势，本节依旧选用规模报酬可变的投入导向DEA模型逐年测算效率值，然后运用超效率DEA模型实现对各决策单元的排序，最后运用麦氏指数DEA模型实现对各国医疗服务效率的较为全面的横纵向分析。

表4-11　国际医疗服务效率分析投入产出变量说明

投入变量	变量说明	产出变量	变量说明
Med	人均卫生总费用（美元）	Diag	平均每人每年诊疗次数（次）
Tech	每千人医疗技术人员数量（人）	Day	平均住院天数（天）
Bed	每千人床位数（张）	Dischar	每千人次出院人数（个）

由于数据可及性，本节选取24个OECD国家2013—2018年数据，共144个决策单元。24个国家分别为：澳大利亚、奥地利、比利时、智利、哥斯达黎加、捷克、丹麦、爱沙尼亚、芬兰、法国、德国、匈牙利、意大利、日本、韩国、拉脱维亚、立陶宛、卢森堡、墨西哥、挪威、波兰、斯洛文尼亚、瑞典、土耳其。表4-12为投入产出变量的描述性统计。

表4-12 国际医疗服务效率分析投入产出变量描述性统计

变量	均值	中位数	标准差	最小值	最大值
Med	3331.5	3074.8	1575.3	947.7	6536.8
Tech	46.5	33.5	25.9	9.2	106.7
Bed	5.3	4.8	2.9	1.0	13.3
Diag	7.0	6.6	3.3	2.2	17.1
Day	8.6	7.7	5.0	3.9	30.6
Dischar	164.4	167.5	50.7	38.4	265.6

资料来源：OECD数据库

（三）OECD国家医疗服务效率测算结果

本节首先运用标准DEA模型对部分OECD国家医疗服务效率逐年进行测算，然后运用超效率DEA模型对已经处于生产前沿面上的决策单元效率值进行排序，测算结果如表4-13和表4-14所示，由测算结果可以得出如下结论：

表4-13 部分OECD国家医疗服务效率标准DEA模型测算结果

国家	2013年	2014年	2015年	2016年	2017年	2018年
澳大利亚	0.795	0.774	0.764	0.790	0.777	0.781
奥地利	0.581	0.568	0.546	0.569	0.573	0.591

续表

国家	2013 年	2014 年	2015 年	2016 年	2017 年	2018 年
比利时	0.486	0.484	0.470	0.492	0.504	0.516
智利	0.808	0.785	0.757	0.763	0.766	0.785
哥斯达黎加	1	1	1	1	1	1
捷克	0.753	0.761	0.765	0.773	0.760	0.817
丹麦	0.818	0.919	0.935	0.900	0.877	0.885
爱沙尼亚	0.875	0.862	0.827	0.823	0.791	0.760
芬兰	0.630	0.666	0.655	0.718	0.852	0.769
法国	0.535	0.531	0.520	0.539	0.548	0.558
德国	0.516	0.515	0.509	0.532	0.539	0.547
匈牙利	0.883	0.900	0.907	0.922	0.945	0.950
意大利	0.733	1	1	1	1	1
日本	1	1	1	1	1	1
韩国	1	1	1	1	1	1
拉脱维亚	0.899	0.891	0.887	0.907	0.892	0.971
立陶宛	1	1	1	1	1	1
卢森堡	0.546	0.542	0.532	0.551	0.557	0.566
墨西哥	1	1	1	1	1	1
挪威	0.815	0.815	0.708	0.730	0.724	0.723
波兰	0.733	0.749	0.761	0.778	0.775	0.862
斯洛文尼亚	0.685	0.691	0.668	0.686	0.675	0.707
瑞典	1	1	1	1	1	1
土耳其	1	1	1	1	1	1

资料来源：课题组根据 2013—2018 年 24 个 OECD 国家数据计算得出

表 4-14 部分 OECD 国家医疗服务效率超效率 DEA 模型测算结果

国家	2013 年	2014 年	2015 年	2016 年	2017 年	2018 年
澳大利亚	0.7950	0.7739	0.7643	0.7897	0.7774	0.7812
奥地利	0.5808	0.5675	0.5465	0.5685	0.5729	0.5907
比利时	0.4862	0.4843	0.4701	0.4923	0.5043	0.5160
智利	0.8078	0.7848	0.7574	0.7628	0.7662	0.7851
哥斯达黎加	1.3200	1.3205	1.4573	1.5435	1.3329	1.4911
捷克	0.7532	0.7613	0.7651	0.7730	0.7604	0.8169
丹麦	0.8177	0.9189	0.9353	0.9003	0.8774	0.8846
爱沙尼亚	0.8748	0.8624	0.8266	0.8230	0.7913	0.7595
芬兰	0.6300	0.6664	0.6550	0.7184	0.8519	0.7688
法国	0.5353	0.5307	0.5199	0.5392	0.5484	0.5576
德国	0.5157	0.5150	0.5086	0.5320	0.5385	0.5473
匈牙利	0.8826	0.9004	0.9073	0.9217	0.9448	0.9497
意大利	0.7329	1.0477	1.0063	1.0595	1.0659	1.0564
日本	1.1232	1.1117	1.0312	1.1172	1.1072	1.0649
韩国	1.2844	1.3470	1.3386	1.2955	1.3153	1.3209
拉脱维亚	0.8989	0.8914	0.8869	0.9070	0.8922	0.9714
立陶宛	1.2925	1.2544	1.1881	1.1161	1.0855	1.0028
卢森堡	0.5456	0.5415	0.5325	0.5512	0.5571	0.5658
墨西哥	1.2167	1.2311	1.0696	1.0347	1.1266	1.0799
挪威	0.8148	0.8154	0.7077	0.7296	0.7238	0.7232
波兰	0.7329	0.7488	0.7612	0.7780	0.7748	0.8617
斯洛文尼亚	0.6852	0.6906	0.6680	0.6861	0.6748	0.7071
瑞典	1.0503	1.0298	1.0282	1.0678	1.1097	1.1579
土耳其	2.0117	1.9650	1.9532	1.8991	1.8982	1.8279

资料来源：课题组根据 2013—2018 年 24 个 OECD 国家数据计算得出

第一，医疗保障制度模式与医疗服务效率高低没有必然联系。哥斯达黎加、日本、韩国、立陶宛、墨西哥、瑞典和土耳其 7 个国家的医疗服务 DEA 效率值每年都是 1，均处于生产有效前沿面上。它们中既包括类似日本实施法定医疗保障制度的国家，也包括类似瑞典实施国家医疗保障制度的国家，而与日本医疗保障制度类似的德国效率值却小于 1，与瑞典医疗保障制度类似的实行国家医疗保障制度的波兰效率值也小于 1，是非有效运行的。由此可见，不同国家选择相同的医疗保障制度模式与其医疗卫生机构提供医疗服务的效率水平之间没有必然的相关关系，相同的医疗保障制度模式在不同的国家由于经济社会、人口结构、管理机制等条件的差异会产生不同的效率值，这也暗示我国试图通过复制其他国家的医疗保障制度模式来提高本国医疗服务效率水平是不可行的。

第二，大部分 OECD 国家的医疗服务效率水平在 2013—2018 年有所提高。其中意大利医疗服务的 DEA 效率值从 2013 年的 0.733 增长到 2014 年的 1，并一直保持至 2018 年，增长了 0.267，实现了 DEA 从无效率到有效率的转变；芬兰、波兰的医疗服务 DEA 效率也有较大增幅，分别提高了 0.139、0.129；仅有澳大利亚、智利、爱沙尼亚、挪威出现了小幅下降。

为了检验模型的敏感性，文章还运用麦氏指数 DEA 模型对 24 个决策单元 6 年度面板数据进行测算比较，结果如表 4–15 所示。可以发现，测算结果与逐年回归得出的效率值有较大差异，哥斯达黎加、日本、韩国、立陶宛、墨西哥、瑞典、土耳其、奥地利、芬兰、德国、意大利共 11 个国家在麦氏指数 DEA 模型下医疗服务效率值为 1，处于生产有效前沿面上；麦氏指数 DEA 模型下，各决策单元效率值普遍高于标准 DEA 测算结果。之所以出现这种现象，是因为 DEA 效率测算方法得到的结果是相对值，而非绝对值，受投入产出指标变化的影响较大，因此应将纵向比较和横向比较相结合综合分析各决策单元的医疗服务效率水平。

表 4-15 部分 OECD 国家医疗服务效率麦氏指数 DEA 模型测算结果

国家	2013 年	2014 年	2015 年	2016 年	2017 年	2018 年
澳大利亚	0.962	0.919	0.967	1	0.976	0.995
奥地利	1	1	1	1	1	1
比利时	0.702	0.669	0.677	0.697	0.678	0.709
智利	0.857	0.797	0.765	0.765	0.772	0.795
哥斯达黎加	1	1	1	1	1	1
捷克	1	1	0.991	0.969	0.968	0.962
丹麦	0.863	0.928	0.936	0.901	0.918	0.917
爱沙尼亚	0.977	0.943	0.921	0.936	0.904	0.955
芬兰	1	1	1	1	1	1
法国	0.864	0.845	0.870	0.889	0.874	0.901
德国	1	1	1	1	1	1
匈牙利	1	1	1	1	0.982	0.977
意大利	1	1	1	1	1	1
日本	1	1	1	1	1	1
韩国	1	1	1	1	1	1
拉脱维亚	0.995	1	1	1	1	1
立陶宛	1	1	1	1	1	1
卢森堡	0.826	0.762	0.821	0.836	0.778	0.874
墨西哥	1	1	1	1	1	1
挪威	1	1	0.864	0.908	0.817	0.888
波兰	0.734	0.752	0.765	0.829	0.855	0.871
斯洛文尼亚	0.980	0.981	0.982	0.995	0.957	0.980
瑞典	1	1	1	1	1	1
土耳其	1	1	1	1	1	1

资料来源：课题组根据 2013—2018 年 24 个 OECD 国家数据计算得出

（四）OECD 国家医疗服务效率影响因素分析

在测算出部分 OECD 国家医疗服务效率水平之后，进一步研究其效率水平的影响因素，本节构建的计量分析如下：

$$
\begin{aligned}
\mathrm{Med\_DEA}_{it} = {} & \beta_0 + \beta_1 \ln\mathrm{GDP}_{it} + \beta_2 \mathrm{Urban}_{it} + \beta_3 \mathrm{Ginitype}_{it} + \beta_4 \mathrm{Ageing}_{it} \\
& + \beta_5 \mathrm{Edu}_{it} + \beta_6 \mathrm{SocInsur}_{it} + \beta_7 \mathrm{PriInsur}_{it} + \beta_8 \mathrm{CO2}_{it} + \lambda_i + \gamma_t + u_{it}
\end{aligned}
$$

其中被解释变量为运用标准 DEA 方法计算得到的 OECD 国家 i 在第 t 年的效率值，解释变量指标包括：

（1）经济社会发展指标：人均 GDP（单位：购买力平价美元）、城镇人口占比（%）、基尼系数，代表一国的经济规模、基础设施建设和居民收入差距情况，一定程度上反映了该国的医疗水平和居民的消费能力。在回归时使用了人均 GDP 的自然对数 lnGDP；根据基尼系数大小引入虚拟变量 Ginitype，如果基尼系数大于 0.4 则取值为 1，反之取值为 0。

（2）人口特征指标：65 岁及以上老年人口占比（%）、高等教育人口占比（%），代表该国的人口结构。一般情况下，老年人口医疗服务需求更多、高等教育人群健康管理的意识和能力更强，这会影响到一国的医疗服务效率。

（3）基本医疗保险指标：政府卫生支出在人均卫生总费用中占比（%），基本医疗保险制度是大多数国家医疗保障体系的支柱，奠定了民众健康保障的基石，对医疗服务效率的分析离不开对基本医疗保险的考量，一般认为政府卫生支出占比越高，该国的医疗卫生体系越完备，越有利于民众享受到更多的基本医疗服务，相应的医疗服务效率也处于较高水平。

（4）商业健康保险指标：商业健康保险赔付支出在卫生总费用中占比（%），国际社会普遍认为商业健康保险引入市场机制对医疗服务效率的提高具有积极的影响，本节将该指标引入模型以说明商业保险对医疗服务效率可能产生的影响。

（5）环境指标：人均 CO_2 排放量（吨），人们普遍认为健康状况和自然环境息息相关，自然环境恶化，如空气污染、水污染、土壤污染等会影响居民健康状况，进而影响医疗服务需求，本文通过引入 CO_2 排放量这一指标来代表一国的环境污染情况。

本节所用数据中，CO_2 排放量数据来自国际能源机构（International Energy Agency）、基尼系数数据来自世界银行 WDI（World Development Indicators）数据库，其余数据均来自 OECD 数据库，各变量的描述性统计信息如表 4-16 所示。

表 4-16 部分 OECD 国家医疗服务效率影响因素变量描述性统计

变量名	平均值	中值	最大值	最小值	标准差	偏度	峰度
Med_DEA	0.9440	1.0000	1.0000	0.6690	0.0885	-1.5803	1.4362
lnGDP	10.5292	10.5836	11.6655	9.6513	0.4023	0.3054	0.3868
Urban	40.6018	43.1850	70.5900	17.5200	13.5756	0.3855	-0.7227
Ginitype	0.1250	0.0000	1.0000	0.0000	0.3408	2.2917	3.2976
Ageing	16.8702	18.3699	28.1374	6.4871	4.8612	-0.5737	0.1983
Edu	3.9645	4.0316	5.8860	1.0325	1.0465	-0.6536	0.4431
SocInsur	0.7373	0.7526	0.8570	0.4968	0.0965	-0.6631	-0.4493
PriInsur	5.0493	4.0000	16.0000	0.3000	3.5522	1.4267	1.4608
CO_2	8.1856	8.0469	16.2706	1.4000	3.6793	0.3969	-0.7714

资料来源：OECD 数据库、国际能源机构统计数据、世界银行 WDI 数据库和前文计算所得 OECD 国家医疗服务 DEA 效率

从表 4-17 可以看出，一国经济发展水平对该国医疗服务效率有正向的显著影响，也即一国经济发展水平的提高能够推动医疗服务效率的提高。在经济发展水平更高的地区，政府和社会可以有更多的资源投入到医疗卫生保障事业

中，比如医疗卫生机构建设、卫生科研投入、医疗技术人员培训、药品和器材配置、健康管理和健康教育等，这些都会促进医疗服务效率水平的提高。

表 4-17　医疗服务效率影响因素分析

Med_DEA	Coef.	Std.Err.	*t*	*P*>*t*
lnGDP	0.349***	0.126	2.780	0.007
Urban	-0.006	0.019	-0.320	0.746
Ginitype	-0.005	0.021	-0.230	0.819
Ageing	0.036**	0.015	2.460	0.016
Edu	0.028	0.018	1.550	0.125
SocInsur	0.168	0.527	0.320	0.750
PriInsur	0.004	0.007	0.600	0.550
CO_2	-0.013	0.011	-1.210	0.229
_cons	-3.386**	1.681	-2.010	0.047
Adj R-squared	0.9555	Prob > F	0.1118	

注：*** $p<0.01$, ** $p<0.05$, * $p<0.1$。
资料来源：课题组根据 2013—2018 年 24 个 OECD 国家数据测算得出

人口老龄化对医疗服务效率 DEA 效率也有显著的正向影响。回归结果显示，65 岁及以上老年人口占比每提高 1%，医疗服务效率水平提高 3.6%。人口老龄化是世界上许多发达国家和发展中国家面临的重要人口问题之一，老年人口身体机能退化，客观上导致老年群体医疗需求显著高于其他年龄段人群，医疗资源使用的增加和医疗费用的增长给医疗保障体系带来不小的压力。这些因素推动着医疗卫生机构在提供医疗服务的过程中不断提高效率水平，提供满足患者需求的医疗服务。

国际社会普遍认为商业健康保险对提高医疗服务效率有积极的影响，对部分 OECD 国家的分析显示，商业健康保险对医疗服务效率的影响系数为正但并不显著。一方面，商业健康保险参与医疗服务支付中可以发挥其专业优势，在保证医疗服务质量的前提下合理控制医疗资源的消费，提高医疗服务效率；另一方面，商业健康保险的发展也会在一定程度上促使被保险人更多地使用医疗资源，也即道德风险问题，这不利于医疗服务效率的改善；而且，在大多数国家，基本医疗保险处于主导地位，商业健康保险的覆盖面和对医疗服务流程环节的影响有限，因此综合以上可能的因素，商业健康保险的系数虽为正但并不显著。

三、医疗服务效率：我国各省份分析

2009 年新医改以来，我国医疗保障体系建设取得了举世瞩目的成就。2020 年全国基本医疗保险参保人数超 13 亿人，参保率稳定在 95% 以上，实现了基本医疗保障制度的全民覆盖，参保人员待遇水平稳步提高，异地就医更加便捷；积极促进补充医疗保险、商业健康保险、医疗互助、慈善捐赠事业发展，初步构建起多层次医疗保障体系。然而，随着人口老龄化程度不断加深、民众健康保障需求不断增加、财政压力不断加大，如何利用有限的医疗资源最大限度地满足人民群众对医疗服务的需求受到人们的关注。医疗服务效率是指在既定的资金、人力、物力等资源投入的条件下，产出数量上达到最大并在质量上满足患者需求的医疗服务。基于生产前沿法，通过对投入、产出指标的测算，可以量化各省份医疗服务效率情况，分析其影响因素，从而为政策制定提供有力的理论支持。

（一）模型与变量选择

考虑到数据结构以及各效率测算方法的优缺点，本节依然采用 DEA 模型。

在对我国医疗服务效率的分析中，各决策单元（此处指各个省份）在提供医疗服务的过程中，更容易量化和控制的是投入资源的数量，比如医疗技术人员、医疗器械、资金等，因此采用投入导向的DEA模型。

为衡量医疗服务的产出，本节选取的产出指标包括：医疗卫生机构诊疗人次、出院人数、平均住院日；投入指标为医疗资源相关指标，包括：人均卫生总费用、卫生技术人员数、医疗卫生机构床位数，由此衡量在既定的资金、人力、物力等医疗资源投入条件下医疗服务效率情况。投入产出变量的说明如表4-18所示。

表4-18 我国各省份医疗服务效率分析投入产出变量说明

投入变量	变量说明	产出变量	变量说明
Med_Ch	人均卫生总费用（元）	Diag_Ch	医疗卫生机构诊疗人次（亿人次）
Tech_Ch	每千人口卫生技术人员数	Day_Ch	出院人数（万人）
Bed_Ch	每千人口医疗卫生机构床位数	Dischar_Ch	平均住院日（天）

本节收集了2013—2018年31个省（区、市）的数据进行研究，共186个决策单元。除2018年人均卫生总费用数据来自2019年《中国卫生总费用研究报告》外，其余数据均来自2014—2019年《中国卫生健康统计年鉴》（2013年由《中国卫生统计年鉴》更名为《中国卫生和计划生育统计年鉴》，2018年再次更名为《中国卫生健康统计年鉴》，在本节中统称为《中国卫生健康统计年鉴》），各个变量的描述性统计信息如表4-19所示。

表 4-19 我国 31 省（区、市）医疗服务效率分析投入产出变量描述性统计

变量名	均值	中位数	标准差	最小值	最大值
Med_Ch	3490.70	3154.54	1536.49	1577.70	11609.06
Tech_Ch	6.18	6.00	1.46	3.60	15.50
Bed_Ch	5.27	5.19	0.83	3.53	7.21
Diag_Ch	2.52	2.05	1.95	0.12	8.45
Day_Ch	9.56	9.50	0.77	8.10	11.90
Dischar_Ch	545.56	466.21	351.40	15.93	1456.78

资料来源：2014—2019 年《中国卫生健康统计年鉴》，2019 年《中国卫生总费用研究报告》

考虑到政策、人口、资源分配等多重因素的影响，每年的效率前沿面存在不同的可能性，因此本节首先对各省（区、市）的医疗服务效率逐年进行测算，在此基础上运用超效率 DEA 模型进行效率值排序，最后运用麦氏指数 DEA 模型对 31 个决策单元 6 年度面板数据进行测算比较。

（二）我国各省份医疗服务效率测算结果①

运用DEAP 2.1 软件对 31 个决策单元（即 31 个省份）逐年进行了 6 次测算，得到了标准 DEA 模型效率结果，如表 4-20 所示，然后运用 MATLAB 软件进一步测算了超效率模型下的 DEA 效率值，具体结果如表 4-21 所示。可以看出，我国各省份之间医疗保障制度效率差异较大。从标准 DEA 和超效率 DEA 结果能够得出以下结论：

① 数据不包括港澳台地区。

表 4-20 我国 31 省（区、市）医疗服务效率标准 DEA 模型测算结果

省（区、市）	2013 年	2014 年	2015 年	2016 年	2017 年	2018 年
北京	0.8422	0.8085	0.8210	0.8144	0.8087	0.8440
天津	0.9781	1.0000	1.0000	1.0000	1.0000	1.0000
河北	0.9385	0.9536	0.9823	0.9597	0.9620	0.9572
山西	0.9757	1.0000	1.0000	1.0000	1.0000	1.0000
内蒙古	0.7759	0.8030	0.8448	0.8474	0.8365	0.8161
辽宁	0.8374	0.8940	0.9333	0.9029	1.0000	0.8961
吉林	0.7715	0.8084	0.8626	0.8419	0.8886	0.8419
黑龙江	0.8687	0.9368	0.9740	0.9632	0.9837	0.9958
上海	0.8239	0.8654	0.8364	0.8142	0.8432	0.8855
江苏	0.9226	0.9264	0.9124	0.8902	0.8968	0.8868
浙江	0.9193	0.9030	0.8903	0.8887	0.8745	0.8496
安徽	0.9835	1.0000	1.0000	1.0000	1.0000	1.0000
福建	0.8178	0.8424	0.8659	0.9111	0.9171	0.9139
江西	1.0000	1.0000	1.0000	1.0000	1.0000	1.0000
山东	0.9150	0.9329	0.9506	0.9835	0.9985	0.9386
河南	1.0000	1.0000	1.0000	1.0000	1.0000	1.0000
湖北	0.8643	0.8352	0.8322	0.8300	0.8374	0.8501
湖南	0.8888	0.9256	0.9342	0.9188	0.9034	0.9211
广东	1.0000	1.0000	1.0000	1.0000	1.0000	1.0000
广西	0.9599	0.9606	0.9875	0.9269	0.9228	0.9135
海南	0.9823	0.9810	0.9576	0.9431	0.9307	0.9389
重庆	0.8806	0.8298	0.8509	0.8097	0.8562	0.8355
四川	0.9107	0.9221	0.9497	0.9639	1.0000	1.0000
贵州	0.9814	0.9257	0.9153	0.8820	0.7932	0.7774
云南	0.9269	0.9885	0.9413	0.8873	0.8456	0.8454
西藏	1.0000	1.0000	1.0000	1.0000	1.0000	1.0000
陕西	0.7688	0.7741	0.7705	0.7644	0.7473	0.7239
甘肃	0.9147	0.9122	0.9794	0.9105	0.8995	0.8452
青海	0.7565	0.7432	0.7955	0.7707	0.7500	0.7558
宁夏	0.8042	0.7888	0.9273	0.8115	0.7497	0.7663
新疆	0.5989	0.6115	0.6479	0.6523	0.6880	0.7130

资料来源：课题组根据 2013—2018 年我国 31 个省级行政区域数据计算得出

表 4-21 我国 31 省（区、市）医疗服务效率超效率 DEA 模型测算结果

省（区、市）	2013 年	2014 年	2015 年	2016 年	2017 年	2018 年
北京	0.8422	0.8085	0.8210	0.8144	0.8087	0.8440
天津	0.9781	1.0537	1.2086	1.1637	1.1662	1.0787
河北	0.9385	0.9536	0.9823	0.9597	0.9620	0.9572
山西	0.9757	1.0027	1.0244	1.0339	1.1012	1.1372
内蒙古	0.7759	0.8030	0.8448	0.8474	0.8365	0.8161
辽宁	0.8374	0.8940	0.9333	0.9029	1.1258	0.8961
吉林	0.7715	0.8084	0.8626	0.8419	0.8886	0.8419
黑龙江	0.8687	0.9368	0.9740	0.9632	0.9837	0.9958
上海	0.8239	0.8654	0.8364	0.8142	0.8432	0.8855
江苏	0.9226	0.9264	0.9124	0.8902	0.8968	0.8868
浙江	0.9193	0.9030	0.8903	0.8887	0.8745	0.8496
安徽	0.9835	1.0150	1.0376	1.0314	1.0416	1.0337
福建	0.8178	0.8424	0.8659	0.9111	0.9171	0.9139
江西	1.0421	1.0519	1.0387	1.0599	1.0246	1.0173
山东	0.9150	0.9329	0.9506	0.9835	0.9985	0.9386
河南	1.2273	1.2343	1.1815	1.2844	1.2437	1.3051
湖北	0.8643	0.8352	0.8322	0.8300	0.8374	0.8501
湖南	0.8888	0.9256	0.9342	0.9188	0.9034	0.9211
广东	1.7267	1.6724	1.6733	1.6789	1.7191	1.7118
广西	0.9599	0.9606	0.9875	0.9269	0.9228	0.9135
海南	0.9823	0.9810	0.9576	0.9431	0.9307	0.9389
重庆	0.8806	0.8298	0.8509	0.8097	0.8562	0.8355
四川	0.9107	0.9221	0.9497	0.9639	1.0051	1.0167
贵州	0.9814	0.9257	0.9153	0.8820	0.7932	0.7774
云南	0.9269	0.9885	0.9413	0.8873	0.8456	0.8454
西藏	1.2291	1.1503	1.0110	1.0784	1.0213	1.0040
陕西	0.7688	0.7741	0.7705	0.7644	0.7473	0.7239
甘肃	0.9147	0.9122	0.9794	0.9105	0.8995	0.8452
青海	0.7565	0.7432	0.7955	0.7707	0.7500	0.7558
宁夏	0.8042	0.7888	0.9273	0.8115	0.7497	0.7663
新疆	0.5989	0.6115	0.6479	0.6523	0.6880	0.7130

资料来源：课题组根据 2013—2018 年我国 31 个省级行政区域数据计算得出

第一，医疗服务效率值大小与地区经济发展水平之间没有必然联系。江西、河南、广东、西藏4个省份医疗服务的DEA效率每年都是1，均处于生产前沿面上。这其中既包括2020年经济总量排名前5位的广东、河南，也包括排名中等的江西以及排名靠后的西藏。与广东、河南类似的经济体量排名靠前的省份如江苏、浙江，其医疗服务效率值小于1，甚至在2013—2018年存在一定程度的下降。与江西经济发展水平相近的陕西、辽宁，与西藏相近的宁夏、青海也均未处于生产前沿面上，而是处于非有效运行的状态。由此可见，不同省份的地区经济发展水平与其医疗服务效率水平之间没有必然的联系，并非经济发展水平高的地区医疗服务效率就一定位于前列，也与不同省份的人口结构、管理机制和执行环境等多重因素相关，需要根据实际情况因地制宜地做出改革。

第二，全国大部分省份医疗服务效率水平在2013—2018年有所上升。2013—2018年我国大部分省份的医疗服务效率呈上升趋势，其中黑龙江医疗服务的DEA效率值从2013年的0.8687提高到2018年的0.9958，增长0.1271，实现了较大幅度的提高；新疆医疗服务效率逐年提高，从2013年的0.5989增长到2018年的0.7130，增加0.1141；福建医疗服务效率也有较大增幅，从2013年的0.8178增长到2018年的0.9139，提高0.0961；此外还有四川、吉林、上海等地区在2013—2018年，医疗保障制度效率均有较大幅度提升；北京、湖北、青海的医疗服务效率在这6年间基本稳定；相比于2013年，2018年共有13个省份医疗服务效率出现不同程度的下降，其中贵州下降幅度最大，从2013年的0.9814下降至2018年的0.7774，下降0.2040；云南、浙江、甘肃等省份也出现了小幅下降。

第三，标准DEA模型和DEA超效率模型下各省份医疗服务效率排名差异不大。在标准DEA模型中，有效率的决策单元均给予1的效率值，而超效率DEA模型的基本原理是将有效率的决策单元从效率边界中剔除，以其他剩余的决策单元为基础，形成新的效率边界，计算剔除的决策单元到新效率边界的距离，由此衡量新效率值，实现对处于生产决策前沿面上的决策单元的效率值排序。在标准 DEA 模型下，江西、河南、广东、西藏各年度的医疗服务效率均为 1，但在运用超效率模型测算后，广东的 DEA 超效率均值为 1.6970，河南的 DEA 超效率均值为 1.2460，西藏和江西的 DEA 超效率均值分别为 1.0823、1.0391。值得注意的是，天津、山西、辽宁、四川超效率 DEA 排名相比标准 DEA 排名有所上升，这是因为这些省份均存在个别年份标准 DEA 效率值等于 1、超效率 DEA 值大于 1 的情况，从而导致均值较高，这 4 个省份的医疗服务都朝着更有效率的方向发展。河北、安徽、湖南的医疗服务在运用超效率 DEA 模型测算后全国排名出现了小幅度的下降，这也是因为在超效率模型下部分省份效率值大于 1 进而导致均值提高。最后，对于其他标准 DEA 效率值小于 1 的省份，在超效率模型下其效率值不会发生变化（表 4–22）。

表 4–22　我国 31 个省（区、市）医疗服务 DEA 效率均值

省（区、市）	标准 DEA 效率均值	超效率 DEA 均值
北京	0.8231	0.8231
天津	0.9963	1.1081
河北	0.9589	0.9589
山西	0.9959	1.0458
内蒙古	0.8206	0.8206
辽宁	0.9106	0.9316
吉林	0.8358	0.8358
黑龙江	0.9537	0.9537
上海	0.8447	0.8447
江苏	0.9059	0.9059
浙江	0.8876	0.8876

续表

省（区、市）	标准 DEA 效率均值	超效率 DEA 均值
安徽	0.9973	1.0238
福建	0.8780	0.8780
江西	1.0000	1.0391
山东	0.9532	0.9532
河南	1.0000	1.2460
湖北	0.8416	0.8416
湖南	0.9153	0.9153
广东	1.0000	1.6970
广西	0.9452	0.9452
海南	0.9556	0.9556
重庆	0.8438	0.8438
四川	0.9577	0.9614
贵州	0.8792	0.8792
云南	0.9058	0.9058
西藏	1.0000	1.0823
陕西	0.7582	0.7582
甘肃	0.9103	0.9103
青海	0.7620	0.7620
宁夏	0.8080	0.8080
新疆	0.6519	0.6519

资料来源：课题组根据 2013—2018 年我国 31 个省级行政区域效率测算结果计算得出

第四，本节将 31 个省（区、市）6 年度数据视为一个整体，运用麦氏指数 DEA 模型对面板数据进行测算，测算结果如表 4-23 所示。可以看到，测算结果与逐年回归差异较大。例如，浙江在逐年回归标准 DEA 模型下效率值小于 1，但在面板数据模型中效率值却连续 5 年等于 1，处于生产有效前沿面上，是 DEA 有效率的状态。类似的情况也出现在天津、山西、安徽、山东等；同时我们也发现，面板数据模型中各省份效率值大于标准 DEA 模型的测算结果。这种差异是因为 DEA 效率测算方法的结果是相对的，而不是绝对的，受投入产出指标数据变化的影响较大，导致生产前沿面的变化也较大。因此，要兼顾纵向比较和横向比较来对效率值展开分析，否则容易出现较大误差。

表 4-23　我国 31 个省（区、市）医疗服务效率麦氏指数 DEA 模型测算结果

省（区、市）	2013 年	2014 年	2015 年	2016 年	2017 年	2018 年
北京	1.000	0.893	1.000	1.000	0.878	0.922
天津	1.000	1.000	1.000	1.000	1.000	1.000
河北	0.971	0.988	0.999	1.000	1.000	0.957
山西	1.000	1.000	1.000	1.000	1.000	1.000
内蒙古	0.776	0.807	0.853	0.854	0.846	0.836
辽宁	1.000	1.000	1.000	1.000	1.000	0.908
吉林	0.773	0.818	0.873	0.848	0.889	0.850
黑龙江	0.958	1.000	1.000	1.000	1.000	1.000
上海	0.886	1.000	0.865	0.836	0.891	0.946
江苏	1.000	1.000	0.930	0.918	0.915	0.905
浙江	1.000	1.000	1.000	1.000	1.000	0.930
安徽	1.000	1.000	1.000	1.000	1.000	1.000
福建	0.890	0.902	0.927	0.971	0.993	0.994
江西	1.000	1.000	1.000	1.000	1.000	1.000
山东	1.000	1.000	1.000	1.000	1.000	1.000
河南	1.000	1.000	1.000	1.000	1.000	1.000
湖北	0.869	0.839	0.835	0.845	0.849	0.860
湖南	0.906	0.933	0.950	0.923	0.910	0.921
广东	1.000	1.000	1.000	1.000	1.000	1.000
广西	0.960	0.988	1.000	0.975	0.999	0.991
海南	1.000	1.000	0.989	0.992	0.998	0.984

续表

省（区、市）	2013 年	2014 年	2015 年	2016 年	2017 年	2018 年
重庆	0.887	0.830	0.856	0.813	0.861	0.837
四川	1.000	0.931	1.000	1.000	1.000	1.000
贵州	1.000	1.000	0.992	0.963	0.925	0.943
云南	0.930	1.000	0.983	0.921	0.889	0.857
西藏	1.000	1.000	1.000	1.000	1.000	1.000
陕西	0.770	0.777	0.776	0.767	0.781	0.774
甘肃	0.915	0.922	0.990	0.912	0.903	0.920
青海	0.761	0.747	0.804	0.772	0.754	0.774
宁夏	0.808	0.789	0.928	0.827	0.805	0.809
新疆	0.623	0.648	0.675	0.686	0.709	0.746

资料来源：课题组根据 2013—2018 年我国 31 个省级行政区域效率测算结果计算得出

（三）我国各省份医疗服务效率影响因素分析

医疗服务效率关系国民健康水平，影响民众就医体验，如何运用有限的医疗资源提供数量上达到最大并在质量上满足患者需求的医疗服务一直以来受到社会的关注。从前文的分析可以发现，医疗服务效率会受到多种因素的影响，即使是经济发展水平相近的省份，其医疗服务效率也会存在较大差异，因此在效率测算的基础上进一步分析我国各省份医疗服务效率的影响因素十分必要。

为了研究医疗服务效率的影响因素，特别是商业健康保险对医疗服务绩效水平的作用，本节构造了如下计量分析模型：

$$\begin{aligned}\mathrm{DEA\_CH}_{it} = {} & \gamma_0 + \gamma_1 \ln\mathrm{GDP\_CH}_{it} + \gamma_2 \mathrm{Urban\_CH}_{it} + \gamma_3 \mathrm{Ageing\_CH}_{it} + \gamma_4 \mathrm{Edu\_CH}_{it} + \\ & \gamma_5 \ln\mathrm{Gov\_CH}_{it} + \gamma_6 \ln\mathrm{Insur\_CH}_{it} + \gamma_7 \mathrm{PM2.5\_CH}_{it} + \gamma_8 \mathrm{Gap\_CH}_{it} + \lambda_i + \varepsilon_t + u_{it}\end{aligned}$$

其中被解释变量 $\mathrm{DEA\_CH}_{it}$ 为运用标准 DEA 方法计算得到的省份 i 在第 t 年的效率值，解释变量指标类型如下：

（1）经济社会发展水平指标：人均地区生产总值（万元）、城镇人口占比（%）、城乡收入差距。本节选用人均地区生产总值、城镇人口占比、城乡收入差距来表示一个地区的社会经济发展水平，它们在一定程度上反映了该地区居民消费水平以及基础设施建设和居民福利水平。一般认为，经济水平越高、城镇化水平越高、城乡收入差距较小的地区，医疗服务效率也越高。本节在具体回归中使用了人均地区生产总值的对数 $lnGDP_{it}$，参考陈斌开、林毅夫（2013）[①]使用城镇居民家庭平均每人全年可支配收入 / 农村居民家庭平均每人全年纯收入衡量城乡收入差距并以此为基础生成虚拟变量，对每年度前 50% 分位赋值为 1，反之则为 0。

（2）人口特征指标：65 岁及以上人口占比（%）、高等教育[②]人口占比（%）。各省医疗机构的医疗卫生服务效率还和当地的人口结构密切相关，本节选择老年人口占比、高等教育人口占比代表当地的人口情况。一般来讲，老年人对医疗服务的需求更大，可能会对医疗服务效率产生影响；高等教育人群更关注自身健康管理，对医疗服务质量关注度更高，也会影响到医疗卫生服务效率。

（3）政府投入指标：政府卫生支出（亿元）。医疗服务体系是一个存在一定市场失灵的领域，医疗服务效率还会受到健康教育、医疗卫生科研水平、医疗技术人员培训等多种因素的影响。由于这些领域均有政府支持，因此本节还引入了政府投入指标，用政府卫生支出表示，并取自然对数后加入模型中。

（4）商业健康保险指标：商业健康保险保费收入（亿元）。在我国多层次

① 陈斌开、林毅夫：《发展战略、城市化与中国城乡收入差距》，《中国社会科学》2013 年第 4 期。

② 此处高等教育指大学专科及以上学历。

医疗保障体系中，商业健康保险作为医疗服务的支付方之一，扮演着越来越重要的角色，其在健康管理、控制医疗费用不合理增长、减少道德风险和逆选择等方面具有普遍认可的优势。本节将商业健康保险指标引入模型，由于数据可得性，用各省份商业健康险保费收入表示，取自然对数后加入模型中，由此考察商业健康保险对医疗服务绩效水平影响的具体表现。

（5）环境指标：各省份年度PM2.5均值。自然环境会对居民健康产生影响，这是国际社会普遍认可的事实。一般认为，环境污染程度和居民医疗服务需求呈正相关关系，当需求未被满足时，就会影响该地区的医疗服务效率。由于数据可得性，本节用我国各省份各年度PM2.5数据来表示当地环境情况。

因变量中各省份各年份人均地区生产总值、城镇人口占比、65岁及以上人口占比、高等教育人口占比数据来自2014—2019年《中国统计年鉴》，政府卫生支出数据来自2015—2020年《中国卫生健康统计年鉴》，商业健康险保费收入来自中国银行保险监督管理委员会网站，PM2.5数据由参考文献中常用的算法对原始数据加权而得到①，城镇居民家庭平均每人全年可支配收入、农村居民家庭平均每人全年纯收入数据来自国家统计局。各变量的描述性统计信息如表4–24所示。

表4–24　我国31个省（区、市）医疗服务效率影响因素变量描述性统计

变量名	平均值	中值	最大值	最小值	标准差	偏度	峰度
DEA_CH	0.8999	0.9148	1.0000	0.5989	0.0900	−0.7958	3.2203
lnGDP_CH	1.6299	1.5507	2.6405	0.8416	0.4059	0.5524	2.6179
Urban_CH	57.2492	55.3250	89.6000	23.7100	12.7555	0.5872	3.8031

① 本文所用PM2.5数据来自圣路易斯华盛顿大学官网。

续表

变量名	平均值	中值	最大值	最小值	标准差	偏度	峰度
Ageing_CH	11.2627	10.1230	129.4544	0.0001	9.9652	9.5058	109.3103
Edu_CH	13.8019	11.7600	93.6300	0.0000	9.8028	3.9370	27.1337
lnGov_CH	5.8342	5.9015	7.2695	3.8620	0.6606	-0.7512	3.4020
lnInsur_CH	4.0030	4.1744	6.3767	0.0000	1.2185	-0.8446	4.0466
PM2.5_CH	43.4226	42.4500	91.2000	5.7000	17.8259	0.3274	2.9468
Gap_CH	0.5161	1.0000	1.0000	0.0000	0.5011	-0.6455	1.0042

资料来源：2014—2019年《中国统计年鉴》、2015—2020年《中国卫生健康统计年鉴》、中国银保监会网站、国家统计局和前文计算所得我国各省份医疗服务效率

从表4-25可以看出，地区老年人口比例对医疗服务效率有显著的正向影响，即当地的老龄化程度越高，该地区的医疗服务效率越高；城镇化水平对医疗服务效率存在一定的负向影响，城镇化水平的提高，一方面可以促进基础设施的建设和完善，另一方面随着城镇人口的快速增加可能出现和医疗资源不匹配的现象，逆向选择和道德风险也会增加，进而导致负向的相关关系；城乡收入差距对医疗服务效率有显著的负影响，缩小城乡收入差距有利于医疗服务效率的改善。国际社会普遍认为商业健康保险可以充分发挥市场化机制有效提高医疗服务效率，但在对我国各省（区、市）的分析中发现，商业健康保险对我国各省（区、市）医疗服务效率的影响并不显著。这一发现说明，虽然目前商业健康保险积极地参与到健康管理、药品供应、医疗费用控制等医疗服务的方方面面，但影响力仍然十分有限，期待“十四五”期间商业健康保险发挥更大的影响力。

表 4-25　我国 31 个省（区、市）医疗服务效率影响因素分析

DEA_CH	Coef.	Std.Err.	t	$P>t$
lnGDP_CH	-0.096	0.073	-1.300	0.203
Urban_CH	-0.008**	0.004	-2.230	0.034
Ageing_CH	0.001***	0.000	2.970	0.006
Edu_CH	0.000	0.001	0.110	0.916
lnGov_CH	-0.082	0.061	-1.340	0.190
lnInsur_CH	-0.016	0.017	-0.970	0.342
PM2.5_CH	0.000	0.001	0.620	0.541
Gap_CH	-0.059***	0.016	-3.630	0.001
_cons	2.068	0.375	5.510	0.000
Adj R-squared	0.8954	Prob > F	0.0000	

注：*** $p<0.01$, ** $p<0.05$, * $p<0.1$。
资料来源：课题组根据 2013—2018 年我国 31 个省级行政区域数据计算得出

四、商业健康保险提高医疗服务效率的条件探讨及建议

本节从健康的效率论视角切入，在理论模型的框架下，运用 DEA 方法分别对 OECD 国家的国民健康生产效率、OECD 国家的医疗服务效率与我国 31 个省（区、市）的医疗服务效率进行测度，并对效率的影响因素展开分析。

（1）部分 OECD 国家国民健康生产效率的测度结果及其影响因素分析结果显示：第一，一个国家的国民健康生产效率与医疗保障制度模式之间没有必然的关系；第二，大部分 OECD 国家的国民健康生产效率水平在 2013—2018 年不断提高，仅有加拿大、丹麦、爱尔兰、荷兰、挪威出现了小幅下降，而美国则基本保持稳定；第三，国民健康生产效率与国家经济发展水平之间没有必然的关系；第四，标准 DEA 效率模型和 DEA 超效率模型测算的结果对决策单元的效率排名影响不大；第五，进一步分析医疗服务效率的影响因素后发现，人口

老龄化程度、失业率显著影响国民健康效率，而平均年收入、政府卫生支出占人均卫生总费用比例、商业医疗保险参保率与每千人医疗技术人员数量对国民健康效率的影响并不显著。

（2）部分 OECD 国家医疗服务效率的测度结果及其影响因素分析结果显示：第一，医疗保障制度模式与医疗服务效率之间没有必然的关系；第二，大部分 OECD 国家的医疗服务效率水平在 2013—2018 年有所提高；第三，为了检查模型的敏感性，还将 24 个决策单元共 6 年的数据作为整体进行测算，发现该结果与逐年测算 24 个决策单元得出的效率值相比发生了很大变化，再次证实了分别依照纵向比较和横向比较的方法进行效率评估的合理性；第四，进一步分析医疗服务效率的影响因素后发现，人均 GDP、65 岁及以上老年人口占比显著影响医疗服务效率，而商业健康保险正向影响医疗服务效率，但该影响并不显著。这主要是因为商业健康保险参与医疗服务支付中虽然可以发挥其专业优势，但是由于商业健康保险的发展也会在一定程度上促使被保险人更多地使用医疗资源，即道德风险问题，进而不利于医疗服务效率的改善，此外绝大部分国家的基本医疗保险处于主导地位，商业健康保险的覆盖面有限，对医疗服务流程环节的影响有限。

（3）我国各省（区、市）医疗服务效率测算结果及其影响因素分析结果显示：第一，医疗服务效率与地区经济发展水平之间没有必然联系，并非经济发展水平高的地区医疗服务效率水平就一定处于前列，也与各省份人口结构、管理机制和执行环境等多重因素相关；第二，全国大部分省（区、市）的医疗服务效率在 2013—2018 年有所上升；第三，运用麦氏指数 DEA 模型对 31 个省份 6 个年度的数据进行整体测算后发现，测算结果与逐年回归差异较大；第四，进一步分析我国各省（区、市）医疗服务效率的影响因素后发现，地区老年人口比例、城镇化水平显著影响医疗服务效率，而商业健康保险对我国各省（区、市）医疗服务效率的影响并不显著。这表明虽然目前商业健康保险积极地参与健康管理、药品供应、医疗费用控制等医疗服务的各个方面，但其影响力仍然十分有限，商业健康保险亟待在“十四五”期间发挥更大的作用。

基于上述回归结果，为了提升商业健康保险对医疗服务效率的促进效应，探讨了商业健康保险产业融合发展的条件，并提出了对应的政策建议。

（一）商业健康保险产业融合发展的条件探讨

第一，重视商业健康保险发展，发挥其对医疗服务效率的促进作用。OECD 国家的经验显示，商业健康保险的发展能够显著提高医疗服务的效率。商业健康保险是基本医疗保险的重要补充，其发展有赖于一个国家经济社会环境的发展。结合我国商业健康保险行业的发展现状、人口老龄化加速发展的趋势以及人们工作生活压力加大，亚健康状况令人担忧的社会现实，今后要加大对商业健康保险发展的支持力度，从财税政策方面给予优惠，积极支持商业健康保险的发展，释放民众健康保障需求，提高购买能力。

第二，优化医疗服务市场秩序，在医疗服务市场中引入竞争机制。尽管医疗服务市场包括医疗服务供给和需求两方面（医疗服务供给由各国的医疗资源和供给能力决定，医疗服务需求是由医疗资源和患者的购买能力来决定的），但是由于医疗服务市场的信息不对称性和医疗服务效用的不确定性，导致医疗服务市场具有一定的垄断性，存在着逆选择和道德风险等市场失灵现象。由于医务人员的诱导性医疗需求、小病大治、医药产品定价混乱等现象造成医疗费用上涨过快，以及由于医疗行为操作不当造成医疗事故时有发生，再加上缺乏统一有效的医疗行为监管和透明的治疗效果鉴定等造成了医患纠纷频发，这些问题严重影响了患者对医院和医生等医疗服务供给者的信任。因此，要优化医疗服务市场秩序，打破政府主办医疗服务机构的模式，可以引入包括民营资本、境外资本等形式成立民营医院、外资医院和合资医院，以此来增加医疗服务机构的数量，让患者根据自身的购买能力和病情，对比不同医疗机构的医疗服务费用、医疗服务质量之后，自由选择合适的医疗服务机构，使不同产权医疗机构之间加强竞争，控制经营成本并努力提高医疗服务质量。

第三，加强医疗服务市场的监管。尽管引入市场机制能够促进医疗服务市场效率的提高，但是市场失灵问题客观存在，所以政府仍然要对其加强监管，要根据患者对医疗服务效果的满意程度和第三方医疗服务鉴定机构的医疗服务报告等指标，综合考核医疗服务机构的经营行为和医疗服务行为，然后通过立法、财税政策等实施奖优惩劣，充分提高医疗资源的使用效率尤其是其经济效率，减少医疗资源浪费问题。政府还要改变过去从构建医疗保障制度、经办医疗保障服务、建立医疗服务机构、医疗资金管理和配置、医疗服务质量评估等几乎所有事情都大包大揽的做法，充分发挥宏观调控的功能，将类似经办服务、资金管理、医疗服务等事务进行市场化运作。这样既可以充分调动社会资金进入医疗服务行业，促进其良性有序发展，也可以利用商业保险公司的业务平台、风险管理、精算技术提供专业医保服务，同时政府也能够减少管理、医疗保障制度运行和医疗服务提供的成本，使政府能够专注于解决市场失灵和医疗服务公平性问题。

（二）商业健康保险提高医疗服务效率的建议

第一，开发形式多样的健康保险产品。由于目前我国的基本医疗保障制度采取强制和自愿投保的实施方式，对所有参保人实施统一的缴费比例和报销给付，不能满足居民丰富多样的医疗需求。实际上，每个人的身体和心理健康状况不同，对医疗服务的需求也不同，当具有良好的健康状况时，人们希望通过医疗咨询和预防保健保持这种状态；当处于患病状态时，人们希望能够减少疾病治疗造成的经济损失，获得经济补偿；另外还有些高端人群希望能够获得较为方便快捷的高端医疗服务，比如减少排队等待就医的时间，获得医疗服务绿色通道和健康基金管理等高端服务；患有既往症的人群也希望有相应的产品可以得到额外的保障。建议商业保险公司更快速地捕捉市场需求，根据不同人群的特点提供多样化的产品，对参保基本医疗保险的人群，提供基本医疗保险保障之外的产品和服务，提高医疗保障水平；对于基本医疗保险没有或暂时未覆盖的人群，提供灵活多样的保障产品和服务。

第二，积极将商业健康保险纳入多层次医疗保障体系。商业健康保险是多层次医疗保障体系的重要一环，但长期以来难以真正融入以基本医保为主体的医疗保障体系中去。2020 年以来，在地方政府的支持下，城市定制型普惠医疗保险（简称“惠民保”）快速发展，为商业健康保险创新发展和商业保险公司改革提供了机遇。不少险企在紧盯健康险市场的同时，也开始关注医疗新技术、新药品、新器械的应用并逐步纳入保障范围，加强在医、药、险上的融合协同，这将极大地提升病患的就医获得感，这一切都离不开政策的支持和政府有关部门的落地实施。建议有关部门出台更多有益于商业健康保险发展的优惠政策，如在保障信息安全的前提下最大限度地与商保公司共享数据信息、实现一站式结算等，让商业健康保险更多地参与到医疗保障体系中来，提高商保公司与医院的议价能力，支持商保建立药品、器械、诊疗服务目录，为提高我国医疗服务效率水平发挥积极的作用。

第三，充分发挥商业保险公司的管理优势。商业保险公司对健康保险的销售、承保、理赔、产品、精算进行专业化的管理，能够为个人、家庭、企业团体、政府机构等不同的客户提供从医疗保障到经办委托医疗等专业化的服务。商业保险公司可以发挥自身的风险管理优势和精算优势根据市场需求进行产品开发和销售，同时能够根据经营状况和政策变化及时调整销售策略；通过建立统一的业务标准，如病种代码、医疗服务机构代码、医疗服务项目代码等进行投保人健康数据的管理和分析，并在此基础上进行核保和理赔，防止信息不对称引发的逆选择和道德风险等现象，提高核保的效率和理赔的合理性，同时利用积累的大量精算数据为科学调整和制定费率以及产品定价提供支持。此外还可以为政府委托医疗保障项目提供管理服务，这样既可以降低政府直接经办医疗服务的各类资源投入，减少不必要的行政管理成本和运行成本，也能够借助商业保险公司的专业管理优势为参保人提供合适的医疗保险产品、合理的定价、方便的医疗服务等。

第四，因地制宜，不要生搬硬套其他地区经验模式。医疗服务效率关系到所有民众的健康权利，任何人都无法回避这一问题，也无法袖手旁观。从效率的角度看，由前文分析可知，即使是医疗保障制度类似的国家或者我国经济体量相近的省份，其医疗服务效率值也存在较大差异，所以没有哪一种制度模式或管理运行机制能在任一国家或地区都是有效的，还要结合当地实际情况进行适当的调整。目前世界各国的医疗保障制度几乎都同时囊括了政府干预与市场运作两部分。结合我国医疗保障制度发展的实际情况和未来的改革方向，我们要在医疗保障体系构建过程中，逐渐引入市场竞争机制，鼓励社会多渠道资金参与提供医疗服务，只要其提供的医疗卫生服务能够符合相关的质量标准，就应该大力支持，为广大居民提供公平、合理、有序的医疗服务市场，在提供基本医疗保障的基础上，充分发挥其自主选择权，通过竞争降低医疗费用开支，同时获得高质、高效的医疗服务。

附录

医疗服务效率研究的文献汇总列表见附表 3。

附表 3 医疗服务效率研究的文献汇总列表（共 40 篇）

序号	数据来源	投入指标	产出指标	方法及效率得分	文献来源
1	1992—1994 年 葡萄牙公立医院的病例数据	DRG 14 的计算机化轴向断层扫描器扫描次数、DRG 127 的心电图次数、超声心动图次数	住院的出院率、住院的死亡率	DEA 与 SFA 1992—1993 年：CAT 效率下降，1993—1994 年情况相反	Dismuke and Sena（1999）
2	1989 年 美国宾夕法尼亚州 195 家急症医院数据	工资率、资本价值	出院人数、门诊次数	SFA TI：18%	Rosko and Chilingerian（1999）
3	1985 年 美国医院协会（AHA）调查数据	护士平均工资、其他工作人员平均工资	普通外科住院天数、儿科住院天数、产科 / 妇科住院天数、门诊次数、住院次数	SFA TI：12.9%	Folland and Hofler（2001）
4	1988—1993 年 美国华盛顿州立医院的数据	劳动力平均工资、资本、其他总成本	住院天数、门诊次数	SFA TI：33%	Li and Rosenman（2001）①
5	1990—1996 年 美国 1631 家城镇医院数据	平均年薪、床位折旧与利息支出	门诊人数、出院人数	SFA TI：15.3%	Rosko（2001）
6	希腊社会保障机构（IKA）的初级卫生保健中心的数据	不同类别分层的人员数量、每个保健中心覆盖的人数	就诊人数	DEA TE：66%~81.2%	Zavras et al.（2002）②
7	丹麦 70 家医院的数据	每家医院的可观测成本	471 个 DRGs 和 12 个与精神科的住院天数和艾滋病急诊次数有关的额外组别	DEA 成本导向 DRGs 系统的效率分数较低	Olesen and Petersen（2002）③

① LI, ROSENMAN. Cost Inefficiency in Washington Hospitals:A Stochastic Frontier Approach Using Panel Data. Health Care Management Science, 2001, 4:73~81.

② ZAVRAS A I, et al. Using DEA to Evaluate Efficiency and Formulate Policy Within a Greek National Primary Health Care Network. Journal of Medical Systems, 2004, 26:285~292.

③OLESEN O B, PETERSEN N C. The Use of Data Envelopment Analysis with Probabilistic Assurance Regions for Measuring Hospital Efficiency. Journal of Productivity Analysis, 2002, 17:83~109.

续表

序号	数据来源	投入指标	产出指标	方法及效率得分	文献来源
8	1998 年 美国医疗集团管理协会（MGMA）成员的成本调查数据	执业设施总平方英尺的价格、其他工作人员工资、医生工资	手术和非手术服务、外科和非外科手术和服务、全部辅助服务	DEA 投入导向 TE：73%~88%	Rosenman and Friesner（2004）
9	2000 年 27 个 OECD 国家的健康数据	社会环境和人口特征、人口的生活方式、态度和行为、可用的医疗保健服务和卫生支出	婴儿死亡率、出生时预期寿命	DEA 譬如，美国 TE：89.6%；德国 TE：93.5%；瑞士 TE：86.7%	Retzlaff-Roberts et al.（2004）
10	1996—1997 年 中国台湾医院数据	床位数、医生数量、护士数量、其他工作人员数量	住院天数、门诊次数、接受手术的患者数量	DEA 产出导向 TE：58.4%~91.1%	Chang et al.（2004）
11	1992—1997 年 美国加州 89 家医院数据	一般服务成本、常规和特殊护理成本、辅助服务成本、累积资本投资成本	常规护理床位天数、特殊护理床位天数	DEA 成本导向 TE：93.6%	Chen et al.（2005）①
12	1999—2001 年 美国佛罗里达州的医院数据	劳动力、资本投入	可观测的死亡率、风险调整后的死亡率	SFA 成本导向 TI：13%~14%	McKay and Deily（2005）
13	1998 年 美国私人短期综合医院的横断面数据	平均年薪、床位折旧与利息支出	住院天数、门诊次数、急诊次数、长期护理天数	SFA TI：14.85%	Rosko and Proenca（2005）
14	1996 年 OECD 的 24 个国家卫生服务系统数据	医生数量、护士数量、床位数、用药情况	0~19 岁、20~64 岁、65 岁及以上的人口数	DEA TE：90.1%	Bhat（2005）
15	1999—2001 年 美国佛罗里达州的医院数据	护理人员的平均年薪、床位折旧与利息支出、支持服务价格	住院次数、门诊次数	SFA 成本前沿 TI：13.4%	Deily et al.（2006）

① CHEN A, et al. Measurement and Sources of Overall and Input Inefficiencies: Evidences and Implications in Hospital Services. European Journal of Operational Research, 2005, 161(2): 447~68.

续表

序号	数据来源	投入指标	产出指标	方法及效率得分	文献来源
16	1998—2004年　美国医疗保险费用报告；得克萨斯州、加利福尼亚州和亚利桑那州住院病人数据	用于医保报销支付所参照的工资率指数	出院人数、门诊次数	SFA 成本导向 TI：28%	Carey et al.（2008）
17	2003年　美国弗吉尼亚州所有非联邦急症护理医院数据	床位数、人员编制数量、经营费用金额、专兼职人员总数、资产总数	出院人数、医院急诊和门诊人数、培训全日制人员的数量	DEA TE：81%	Nayar and Ozcan（2008）
18	2000—2003年　荷兰统计局收集和管理的年度医院和患者统计数据	床位数、医生数量、护士数量、其他工作人员数量、上述4项的价格	调整后的费用（将总费用从总住院费用中减去研究和门诊护理费用来调整总费用）	SFA 成本导向 TE：88%	Herr（2008）
19	1998—2003年　瑞士148家综合医院数据	资本价格、医生平均工资、其他工作人员平均工资	经过DRG调整的住院人数、经过通货膨胀调整的门诊收入	SFA 成本导向 TE：8%~11%	Farsi and Filippini（2008）①
20	2000年　美国10个州的出院数据、国家住院病人数据	全职注册护士数量、执业护士数量、其他全职护士数量、床位数	出生人数、门诊手术与急诊室就诊人数、门诊人数、入院人数	DEA TI：1.06%	Clement et al.（2008）②
21	2001—2004年　美国医院协会（AHA）的佛罗里达州急症护理综合医院的调查数据	医疗服务复杂性、床位数、用工数量、医疗用品费用	出院人数、门诊次数、全职工作人员数量	DEA TE：63.8%	Lee et al.（2009）

① FARSI M, FILIPPINI M. Effects of Ownership, Subsidization and Teaching Activities on Hospital Costs in Switzerland. Health Economics, 2008, 17(3): 335~350.

② CLEMENT J P, et al. Is More Better? An Analysis of Hospital Outcomes and Efficiency with a DEA Model of Output Congestion. Health Care Management Science, 2008, 11(1): 67~77.

续表

序号	数据来源	投入指标	产出指标	方法及效率得分	文献来源
22	2000—2005 年 意大利医院数据	床位数、医生数量、护士数量、其他工作人员数量	出院人数	SFA 公立和非公立医院的平均效率高于经认证的私立医院	Daidone and D'Amico（2009）
23	1997—2004 年 美国 34 个州 543 所医院的数据	劳动力价格、资本价值	门诊人数、住院人数、住院天数	SFA 成本导向 TI：11.53%	Rosko and Mutter（2010）
24	2002—2006 年 美国的健康数据	人数占比：不酗酒、从不吸烟、最近一个月内锻炼过、年龄在 65 岁及以上并接受过流感疫苗注射	住院天数、门诊人数	DEA TE：97.7%	Bates et al.（2010）
25	1999—2007 年 日本 617 家地方公立医院数据	员工收入、床位价值	住院和门诊人数之和、门诊病人数量与住院病人数量的比率	SFA 成本导向 TI：7.4%	Besstremyannaya（2011）
26	2002—2006 年 德国联邦各州统计局的年度医院和病人统计数据	床位数、医生数量、护士数量、其他工作人员的数量	税前营业收入、税后营业收入、调整后的床位成本、调整后的病例成本	SFA 成本导向 TE：94%	Herr et al.（2011）
27	2002—2008 年 中国 30 个省份的面板数据	医生数量、护士数量、其他工作人员数量、床位数、医疗设备价值	门诊和急诊总次数、住院天数、患者死亡率	DEA TE：74.82%	Hu et al.（2012）
28	2000—2007 年 美国各州的卫生保健数据	医生人数、护士人数、床位数	死亡率、残疾受益人人数	DEA TE：75%	Cozad and Wichmann（2013）
29	2000—2008 年 中国山东省潍坊市 24 所乡镇卫生院的数据	卫生人员数量、床位数、医疗设备数量	门诊人数、住院人数	DEA TE：62.2%	Audibert et al.（2013）
30	2002—2009 年 中国台湾卫生部门的年度报告数据	医生人数、护士人数、药师人数、床位数	门诊人数、出院人数、急诊人数、外科患者人数	DEA TE：84.95%	Kreng and Yang（2013）①

① KRENG V B, YANG S. Efficiency of Resource Allocation in the Hospital Sector After Global Budgeting Under National Health Insurance. Chinese Medical Journal, 2013, 126(15): 2900~2906.

续表

序号	数据来源	投入指标	产出指标	方法及效率得分	文献来源
31	2007—2009 年 日本 300 张床位以上市级医院数据	医生人数、护士人数、医疗技术人数	住院人数、门诊人数、急诊病床数	DEA TE： 86.2%~86%	Kawaguchi 等（2014）[①]
32	《2011 年印度家庭福利统计》《2012 年印度卫生概况》	医生数量、护士数量、其他工作人员数量	婴儿存活率、医院分娩占比	DEA 在 27 个州中，只有 6 个州的 TE 为 100%	Tigga and Mishra（2015）[②]
33	2000—2012 年 34 个 OECD 国家的健康数据	医院工作人员数量、床位数、计算机断层扫描仪的数量	出院人数、门诊人数	DEA 经历医疗改革后的国家 TE：90%；未经历医疗改革的国家 TE：95%	Ozcan and Khushalani（2017）
34	2008—2013 年 意大利 Lombardy（伦巴第）的 133 家医院数据	医师年工作时数、护士年工作时数、其他工作人员工作时间	急症出院人数、使用手术室时间	SFA 生产前沿 TI：23%	Colombi et al.（2017）[③]
35	2011—2012 年 意大利威尼托地区 72 家医院数据	运营成本、床位数	住院收入、检查收入、急诊次数	DEA TE：69%	Guerrini et al.（2017）
36	2008—2014 年 中国《卫生统计年鉴》与世界银行开放数据相结合的数据	卫生人员数量、床位数	就诊人数、住院率	DEA TE：49%	Zhang et al.（2017）[④]

① KAWAGUCHI H, et al. Estimation of the Efficiency of Japanese Hospitals Using a Dynamic and Network Data Envelopment Analysis Model. Health Care Management Science, 2014, 17(2): 101~112.

② TIGGA N S, MISHRA U S. On Measuring Technical Efficiency of the Health System in India. Journal of Health Management, 2015, 17(3): 285~298.

③ COLOMBI R, et al. Determinants of Transient and Persistent Hospital Efficiency: The Case of Italy. Health Economics, 2017, 26(Suppl 2): 5~22.

④ ZHANG L, et al. Efficiency Performance of China's Health Care Delivery System. International Journal of Health Planning and Management, 2017, 32(3): 254~263.

续表

序号	数据来源	投入指标	产出指标	方法及效率得分	文献来源
37	2000—2011 年 34 个 OECD 国家的健康数据	医生数量、护士数量、床位数	出生时的预期寿命、老年人预期寿命、婴儿死亡率、出院率、住院人数、就诊人数	DEA TI：3.05%	Bekaroğlu and Heffley（2018）
38	2013 年 墨西哥社会研究所、公共卫生系统等混合数据	医生数量、护士数量、床位数、手术室	外科手术数量、总医疗诊断数量、住院天数、出院人数	DEA TE：86%	Giménez et al.（2019）
39	2008—2016 年 美国卫生保健的混合数据	资本投入、医院工作人员数量、工资、床位数、医院设备	卫生保健质量指标、卫生保健结果指数、医疗保险覆盖人数	SFA TE：81.8%	Kashian et al.（2020）
40	2012 年 中国某一个代表性城市的 149 家公立医院的患者数据	床位数、医生数量、护士数量、其他工作人员数量	就诊人数、出院人数	DEA TE：67.67%	Gao and Wang（2021）

注：表格中 TE 代表技术效率，TI 代表技术无效率

专题五

商业健康保险的经济效益评估 *

为了促进商业健康保险在多层次医疗保障体系建设中发挥更多积极作用，近年来，政府陆续出台了一系列有力的支持性政策，显示出各界对商业健康保险维护社会稳定、改善医疗卫生服务供给、优化医保基金支出、促进经济高质量发展等方面作用的期待。在此背景下，系统评估和测算商业健康保险的经济效益，对指导“十四五”期间乃至中长期内的商业健康保险发展具有非常重要的意义。本专题希望通过相关理论的梳理，探究商业健康保险发展对经济社会影响的内在机理与路径，并结合经验数据，对商业健康保险的经济效益进行评估，系统分析商业健康保险对经济社会的作用，并在此基础上提出相应的政策建议。

一、引言

（一）研究背景和意义

1. 研究背景

伴随全民医疗保障制度改革持续推进，“覆盖全民、城乡统筹、权责清晰、

* 本专题作者为北京大学经济学院锁凌燕、杜霞，西南财经大学中国保险发展研究中心完颜瑞云。

保障适度、可持续”的多层次医疗保障体系建设显得愈发必要和重要，商业健康保险的作用日渐凸显。从多层次医疗保障体系的蓝图和实践发展来看，商业健康险的制度责任已经不限于对基本社会医疗保险的补充，我们越来越期待其在促进社会稳定、提高医疗保障体系可持续性、提升医疗卫生综合治理水平、推动高效的医保支付方式改革及医药服务供给侧改革、促进经济高质量发展等方面发挥独特的功能作用。

事实上，随着社会风险和不确定性的增加，保险在国民经济增长和社会发展中发挥的作用不容忽视。1964 年第一届联合国贸易和发展会议（UNCTAD）上就明确提出“健全的国民保险和再保险市场是经济增长的一个基本特征”[①]。在发展中国家，许多政府还将保险作为一种宏观经济工具，利用保险服务达成政府的社会目标和宏观经济目标（Outreville，1996）。商业健康保险能够通过资金融通、风险管理以及社会管理等功能，从消费、投资、进出口等领域影响国民经济发展（Haiss and Sumegi，2008；Lee，2011；Alizade，2016 等）。同时，商业健康保险在新技术应用、医疗产业布局、提高整体健康水平等方面，与技术、资本和劳动力要素均有紧密联系（王沁、王治军，2016）。

近年来，我国健康保险市场取得了长足发展。“十三五”期间，健康保险新增保单件数超过 16 亿张，保额近 300 万亿元，健康保险赔付量达到 2.5 亿人次[②]。市场规模不断扩大的同时，商业健康保险的发展也呈现出新的特征：一是市场接受度不断提升。伴随着生活水平的提升，人们日益向往美好生活，“更健康地活着”“优雅地老去”等观点逐渐成为人们的现实追求，尤其是新冠肺炎疫情的发生，更加刺激了人们对商业健康保险的需求，市场对商业健康保险的关

① UNCTAD. Proceedings of the United Nations Conference on Trade and Development. First Session, Final Act and Report, United Nations, 1964,vol. 1.

② 数据来源于银保监会官方网站。

注和认可达到新高度。事实上，社会发展本身就是商业健康险的内在发展动力。二是多领域融合发展成为一种趋势。当前商业健康保险市场空间不断扩宽，保险业沿大健康产业链纵深拓展，医疗、医药、健康服务等行业领域纷纷试水健康保险，互联网、大数据、人工智能等新技术不断融合健康保险发展。三是外溢效应显著提升。当前商业健康保险的作用已经不局限于保险市场本身，对经济发展、社会进步的作用也日益凸显。

为了促进商业健康保险发挥更多积极作用，近年来，政府陆续出台了一系列新政策。例如，2019 年颁布并实施的《健康保险管理办法》鼓励保险公司对新药品、新医疗器械和新诊疗方法给予支出保障，支持保险公司开展健康管理服务，推动保险与医疗行业、健康服务合作深化；2020 年 1 月，银保监会等相关部门出台《关于促进社会服务领域商业保险发展的意见》指出，力争到 2025 年，健康险市场规模超过 2 万亿元，支持商业保险机构参与医保服务和医保控费；2020 年 2 月，中共中央、国务院《关于深化医疗保障制度改革的意见》中明确指出要加快发展商业健康保险，丰富健康保险产品供给，扩大保险产品范围；2020 年 12 月国务院常务会议也明确指出要促进人身险扩面提质，加快发展商业健康保险。这些政策的出台，显示了国家对商业健康保险功能作用的充分认可，对商业健康保险的定位不再仅仅是社会医疗保险的补充，而是体现在维护社会稳定、改善医疗卫生服务方式、优化医保基金支出、促进经济高质量发展等方面。

2. 研究意义

在上述背景下，了解和测算作为产业融合结果的商业健康保险在医疗保障、经济发展等领域的作用，了解商业健康保险与医药、医疗、健康服务等产业的融合发展现状，对指导“十四五”期间，乃至中长期内的商业健康保险发展具有非常重要的意义。

首先，从表面上看，商业健康保险快速发展，表明人们风险保障意识的提升，有望提高个人财务安全性，但背后隐藏的深层次机理和实际作用需要进一步明确。其次，实践证明商业健康保险确实会在一定程度上带动经济发展，但其具体的影响路径尚欠缺系统探索和总结，从而缺乏精准化施策的理论基础。再次，虽然认为商业健康保险对经济发展和人民福祉有积极作用，但这种作用有多重要，是否符合政策设计的初衷，等等，也需要运用专业的研究方法去评估。最后，商业健康保险已经被认为是卫生健康领域有效的综合治理工具，这一功能具体如何实现也需要深入论证。

本专题重点对上述问题进行了深入研究，具有明显的理论和现实意义。从理论上来说，能够明确商业健康保险在经济社会领域起作用的理论机理，在一定程度上丰富和完善该领域的研究成果，对后续相关研究起到奠基性作用。从现实中来看，能够深化商业健康保险的功能作用，给相关政策的制定提供依据，也给商业健康保险的发展指明方向。

（二）研究目的和内容

本专题主要对商业健康保险在医疗保障、经济增长方面产生的影响进行深入研究，最终为中国商业健康保险产业发展提出可行性建议，为“十四五”时期中国制定相关规划和政策提供证据支持。研究目的在于：一是通过对相关理论的梳理，探究商业健康保险发展对经济社会影响的内在逻辑；二是通过构建相关理论模型，运用现实中的数据，对商业健康保险的效益进行经济学评估；三是以国际上发达健康险市场作为案例，分析现实中商业健康保险对经济社会的作用。主要研究内容可以概括为以下 4 个方面：

一是商业健康保险发挥经济效益的机理。主要通过分析商业健康保险与居民个人和家庭、与医药及医疗健康行业、与宏观经济等相互联系、相互作用的机制与原理，探讨商业健康保险如何发挥其经济效益。

二是商业健康保险发展水平的度量。结合“效率”“公平”“可持续”3个维度，选取反映中国商业健康险实际发挥作用的健康险深度、密度、专项业务保费收入与地区人口数的比值、总赔付额占总医疗支出的比重，以及长期健康险责任准备金占总资产比重共5个指标构建商业健康保险发展指数，为后续展开商业健康险发展对经济发展影响的研究奠定基础。

三是商业健康保险总体经济效益评估。商业健康保险通过影响经济高质量发展的基本面、提升社会效益和促进医疗卫生体系改革3个方面对经济高质量发展产生影响。从这3个方面出发，构建相关指数，对商业健康保险的经济效益进行了评估。

四是国际商业健康保险发展的经济效益对比。由于商业健康保险潜力的发挥受到许多因素的制约，其经济促进效应在区域间表现出显著的差异性，所以有必要在国际范围内对比考察商业健康保险的发展情况、运行机制和市场现实，研究不同发展程度下商业健康保险将如何影响国民经济效益，寻找商业健康保险作用发挥过程中遇到的障碍与束缚，为我国商业健康保险的发展寻求可供借鉴的路径。

（三）研究思路和方法

1. 研究思路

首先，从制度背景和实践背景对商业健康保险的社会经济效益进行初步预判，并基于文献综述梳理政府、业界及学界的研究观点，以系统性视角全面总结商业健康保险社会经济效益所依托的机制和路径，形成整体概念框架。其次，借鉴相关社会经济效益的评估方法，搭建完善且客观的评估体系，从中国商业健康保险市场的实践结果出发，充分结合宏观统计数据、微观调查数据以及市场调研数据，运用科学严谨的实证研究方法对商业健康保险的社会经济效益进行不同角度的评估，为前文的理论分析提供实践证据。再次，探讨商业健康保险发展的国际经验，研究在不同类型医疗保障体系中，商业健康保险将如何影响国民经济发展、发挥经济效益，以挖掘商业健康保险作用发挥的潜力。最后，积极寻求进一步提高商业健康保险社会经济效益的途径（图 5-1）。

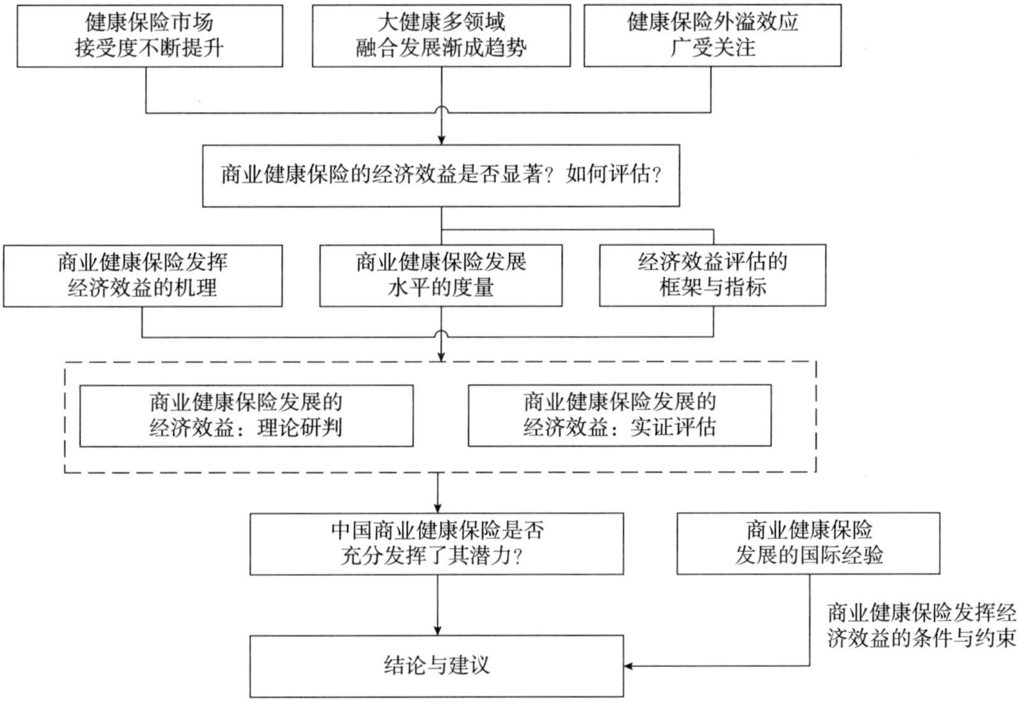

图 5-1　研究思路

资料来源：课题组自行绘制

2. 研究方法

本研究将采用理论分析与实证分析相结合的方法，运用文献研究法、理论分析法、描述性研究法等进行课题研究。首先运用文献研究法，对国内外商业健康保险在国民经济发展中的作用等相关文献进行梳理，为确立研究目标、清晰研究思路以及实证分析方法提供借鉴。其次运用理论分析方法，理顺商业健康保险影响经济发展的内在机理，并结合数据分析当前我国商业健康保险的发展现状及其面临的问题。最后运用实证分析的方法，通过构建评估体系，以计量的方法评估我国商业健康保险的经济效益，为上文的理论分析提供数理支持，并作为为我国商业健康保险的发展、政府政策制定和监管方面提出建议的根据。

3. 研究框架

研究共分为5个部分：第一部分为引言，主要介绍研究背景和意义、研究目的和内容、研究思路和方法。第二部分是对国内外关于商业健康保险与经济发展研究的机理分析。根据研究需要及当前该领域已有文献，对商业健康保险功能、在产业融合发展中发挥的作用及产生的宏观效果等文献做了梳理，总结了国内外部分学者的相关论点，总结了商业健康保险发挥经济效益的机理与路径。第三部分从实证的角度，通过建立评估体系，选取合适的变量，并对变量进行描述性统计，评估商业健康险的经济效益。第四部分主要从国际经验出发，分析不同类型国家商业健康保险的作用，并进行国际比较研究。第五部分则是综合上文的理论及实证分析，做出研究结论，并为我国商业健康保险的发展及相关政策制定提出建议。

二、商业健康保险影响经济发展的机理与路径

通过系统的文献梳理与归纳，本课题组发现商业健康保险在履行其制度责任的同时发挥出显著的经济效益。从直接影响来看，作为风险保障的提供者，商业健康保险可以降低家庭财务脆弱性，释放居民预防性储蓄；作为风险减量管理者，商业健康保险引导居民健康行为，促进医疗费用合理化，推动健康产业融合发展，整体降低健康风险；作为金融服务业的重要组成部分，商业健康

保险通过汇集资金、创造附加值来促进资本积累，进而推动国民收入的增长（Outreville，2013）。进一步地，基于以上功能与作用，商业健康保险可以通过畅通正向发展循环，推动经济高质量发展。

（一）提供风险保障

商业健康保险作为多层次医疗保障体系的组成部分，具有经济补偿和风险转移功能，这可以帮助居民缓减意外医疗支出对个体或家庭经济造成的冲击，稳定居民未来收入预期，减轻家庭应对健康风险的脆弱性，并有助于释放居民预防性储蓄，从而间接发挥促进经济发展的功能。

1. 降低家庭财务脆弱性

商业健康保险作为多层次医疗保障体系的组成部分，其经济补偿和风险转移功能减缓了意外医疗支出对个体或家庭经济造成的冲击，稳定居民未来收入预期，减轻家庭应对健康风险的脆弱性（Feldstein，1996；奎潮，2012）。

首先，从经济补偿角度来看，商业健康保险在积极参与基本医保社会化运作的同时，为个人和家庭健康保障计划提供强有力的补充（冯鹏程，2020）。商业健康保险提供疾病、医疗、护理等多样化的产品和服务，充分满足客户需求，为客户因意外医疗支出导致的损失提供经济补偿，减缓个体或家庭因医保目录外费用支出或大额超报销限额支出带来的经济压力，有效减轻家庭应对风险的脆弱性（Yusof et al., 2015; Brunetti et al., 2016）。

其次，保险保障能够通过物质资本和人力资本积累使得贫困人群的家庭经济更加稳定（Feldstein, 1996；张栋浩等，2020），增加被保险人的受教育机会和非农就业机会（李丽、蔡超，2014），从而达到稳定家庭经济水平，提高家庭收入能力，并产生逐步向上流动的脱贫效应有积极效果（Ikegami et al., 2019）。

最后，市场化运作的商业健康保险以自愿和盈利为基础调节供需双方的关系，在专业化经营、管理效率、创新能力等方面都具有显著的优势（孙祁祥、郑伟等，2010；中国保险行业协会，2015）。因此，在适当监管以解决潜在市场失灵问题（如逆向选择和道德风险）的前提下，商业健康保险可以作为社会医疗保险的有效补充，对社会保障支出起到有效的缓解作用，进而减轻政府财政支出的负担（麦文彬，2019）。同时，商业健康保险能够通过产品和服务的创新，促进多层次体系中卫生服务的可持续性、可及性以及质量和效率的提高（Schanz，2019）。

2. 释放居民预防性储蓄

对于国民经济发展来说，商业健康保险通过经济保障稳定未来收入预期，调整居民储蓄率，释放居民的消费和投资潜力，从而推动国民经济增长。对于居民的个人生活来说，具有准确战略定位的商业健康保险有“修匀”作用，能够解决全生命周期中健康需求的均衡性问题，同时进一步满足居民更高层次的财富保障需求（吴传俭等，2017）。基于预防性储蓄理论，商业健康保险在健康风险的转移和管理过程中将会调整居民的消费储蓄结构，在提高消费水平的同时，把低效率的个体预防性储蓄转化为高效率的集中储蓄，并通过商业健康保险公司的投资管理功能实现资金的跨部门有效配置（Samwick, 1999；甘犁等，2010；Pinilla and López-Valcárcel，2020）。同时，商业健康保险释放的预防性储蓄能够加大对贫困和脆弱家庭的投资激励力度，提高居民资金的利用效率和个体收入的增长率（Janzen et al., 2021）。

相比于公共医疗保障计划，商业健康保险能够提供更为灵活有效的卫生费用融资渠道（Schanz，2019）。一方面，商业健康保险能够减轻政府财政压力，允许政府将资源投入低收入、高风险的社会弱势群体，从而提高资源的利用效率（陈钦等，2019）；另一方面，将设备、系统和人员等刚性投入转移给商业保险公司，能够大幅减少政府在医疗保障方面的支出，进一步提高社会效益，推动社会稳定发展（中国保险行业协会，2015）。

（二）风险减量管理

中国正在经历快速的老龄化，再叠加上伴随现代化和城镇化进程的生活方式的转变，导致疾病谱提前于经济发展阶段升级，卫生健康体系承受的需求压力与支付能力的差距更为突出。所以，健康保险的重要性还体现在通过预防、早诊早治、康复等全链条的健康管理来改善健康投入产出比，进而促进“风险减量”的能力上。保险业不仅可以设定保险补偿标准，引导消费者的健康行为；同时还可以融合包括健康教育、预防保健在内的各类健康管理服务，提升服务质量，扩展服务内容，降低风险水平。

1. 引导居民健康行为

医疗保险能够有效带动健康投资并改善参保个体的健康状况，从而带动社会整体劳动力质量的提升（Sherma and Stiehl，2018）。商业健康保险为被保险人提供全周期的健康保障、全流程的就医服务以及全方位的健康管理，一方面能够提升国民健康水平，有效降低社会医疗负担，实现社会效益的最大化（Ying et al., 2014）；另一方面能够促进家庭人力与物质资本的积累，畅通正向发展循环（张栋浩，2020）。

全流程就医服务。商业健康保险更为灵活的运作方式和服务模式为参保人就医提供了便利。通过定点医院、异地就诊服务、医疗网络、绿色通道等，为参保人就医和结算提供便捷服务（中国保险行业协会，2015）。此外，商业健康保险对特定药品、治疗程序提供的经济补偿，也能够引导参保患者及时合理就医，有效提高参保患者的健康水平。

全方位健康管理。商业健康保险公司与医疗、体检、护理等机构合作，建立专业的健康管理平台，不仅为参保个体提供健康风险评估等健康促进服务，还能够主动干预引导客户健康行为方式，为客户提供全方位的医疗支持和健康管理服务（冯鹏程，2020），从而提高被保险人的健康水平，有效降低相关疾病的发病率和保险的赔付率。研究显示，不良的行为方式不仅与慢性病有关，也是传染病和伤害的重要危险因素。国内外的研究均显示，行为与生活方式因素在疾病的发生发展中占据了突出地位。研究表明，不吸烟、多锻炼身体、适量喝酒、每天吃 5 份蔬果，可以将预期寿命延长 14 年。商业健康保险通过设定赔付标准、引导健康管理行为，改善服务对象人群的健康相关行为。

全周期健康保障。商业健康保险向投保人提供丰富的产品和服务，在疾病预防、医疗服务、生育、护理等多个领域，提供相应的健康风险治理服务（吴传俭等，2017），在保证“病有所医”的同时满足人们多层次、多样化的保险保障需求。

2. 促进医疗费用合理化

以兰德健康保险实验（RAND’s Health Insurance Experiment）为代表的一系列健康保险实验结果表明，健康保险市场上存在广泛的道德风险，是导致社会基本医疗保险不合理医疗支出上涨的主要原因。商业健康保险机构能够以更为灵活的支付方式和合作模式，建立投保人与医疗机构之间的制衡机制，督促医疗机构从供给方控制医疗费用，减少医疗资源的过度消费（Baum et al.，2019；范娟娟，2020），这是深化医疗保障体制改革的重要环节，也是调节医疗服务行为、引导医疗资源重新合理配置、降低不合理医疗支出的重要杠杆。

有经验研究表明，健康保险市场中道德风险的控制能力，主要取决于制度运行中隐藏行为的可观察性，社会医疗保险并不天然具有控制道德风险的优势

（Dionne and St. Michel, 1991）。事实上，在社会医疗保险制度体系中，政府权力的介入容易使医疗保障体系陷入“官设、官办、官管、官督”的高度集权组织管理模式，整套体系运转不透明，监督机制缺失，社会关注度不足，反而削弱其道德风险管理能力（熊志国等，2012）。而相对于公共医疗保障体系而言，商业健康保险市场存在广泛的竞争压力，保险机构有更充足的降低成本的激励机制，从而在促进医疗费用合理化方面发挥更大的作用。事实上，商业健康保险公司也可以利用其市场化运作的效率优势和风险管理的专业优势，以更为灵活的方式协助人力资源和社会保障部门管理社会保险。例如，中国人寿在河南的基本医保经办工作中推行的医保智能监控系统，2017 年仅在开封一市就检查出违规事项近 3 万条，涉及金额达 5492.65 万元。

3. 促进产业融合发展

商业健康保险在卫生服务体系建设中，不仅对社会基本医疗保险起到补充作用，还在推动卫生服务体系建设中发挥了重要的行业价值（孙祁祥、郑伟等，2010），特别是促进了医药、医疗等健康产业融合发展，提升大健康产业运行效率。

资源利用。商业健康保险涉及医疗服务、医药供给、健康管理等领域，是健康产业链的核心和重要资金提供者（孙东雅，2018）；其能够通过将医疗费用控制和健康管理指导结合，进行预防性健康投资，在节约成本的同时实现家庭、险企及卫生部门的多赢（Ying et al., 2014）。一方面，商业健康保险降低了资源跨部门转移的成本，引导资源有序流动，提高了健康产业链的资源利用效率；另一方面，与医疗、体检、护理以及药品流通等企业整合，能够充分发挥保险公司在风险管理方面的技术优势和资金运用方面更为灵活的优势（胡占民，2018）。

服务效率。商业保险机构运用多种方式与医疗机构、医药集团建立合作关系，创新完善产品服务，健全医疗风险管理体系（冯鹏程、陆优优，2018），从信息流通层面共建保险、医疗、医保联通的数据平台，有效提高医疗机构的服务效率（贾宇飞、于保荣，2020）。同时，保险机构通过提供全方位的“健康保障 + 医疗支持服务”，根据客户病情和医疗大健康分析，能够为其选择适合的医院及医生、预约医院、协助提供转诊等相关医疗服务，方便参保客户，并且在“健康中国”建设中发挥行业价值（冯鹏程，2020）。

产业发展。商业健康保险产品涉及医疗服务、医药供给、健康管理等各个领域，是健康产业链的核心。健康保险公司也是健康产业链中的重要投资者，能够为科研机构、制药企业的创新提供资金支持，促进新技术、新药品以及新医疗器械的研发和应用，进一步推动健康产业的创新发展（谢隽，2017；王雅丽，2019；孙东雅，2020）。

（三）促进资本积累

商业健康保险行业是要素市场的重要参与者和建设者，不仅能为要素市场的建设提供专业贡献，更能为自身的发展开拓全新的空间。具体而言，商业健康保险在经营过程中能够从以下方面促进资本的积累与创新。

经济资本。商业健康保险公司在风险管理的过程中积累了大量预付保费。通过投资国债、证券投资基金和同业拆借等活动，商业健康保险公司在金融市场，尤其是资本市场、货币市场中，发挥着越来越特殊的作用（Impavido et al.，2003；Zou et al.，2006；Adams et al.，2009）。Alizade（2016）通过对宏观经济指标的分析，认为保险通过吸引人们购买，收取保费并不断将其应用于金融和投资活动的方式能够促进 GDP 增长，同时作为金融体系的主要组成部分，在为国家提供税收和金融体系稳定方面起到重要的作用。

数据资本。数据资本是商业保险公司应对信息不对称问题、提高经营效率的要素。商业健康保险将数据作为新型生产要素，通过保险科技手段加以分析和应用，实现数据由非结构化向结构化转移，改善传统保险行业的风险选择、承保结构和定价能力，并减缓信息不对称带来的逆向选择和道德风险问题（赵大伟，2016；王海巍，2018；完颜瑞云、锁凌燕，2019；Yi and Huang, 2019）。数据资本还可以通过促进生产要素配置，推动健康管理领域中资源的有效整合和利用，提升健康保险中的风险管理效率（徐翔、赵墨非，2020）。

人力资本。健康险具有服务链条长、产业关联复杂程度高、盈亏平衡周期长等特点，并与医疗、医药、健康管理、社会保障等多个产业相衔接（孙东雅，2018），这种跨行业的特性使得健康险的风险控制难度更高。因此，商业健康保险需要更为精细化的经营管理模式和更为专业化的服务人才。商业健康保险在经营过程中，逐步了解客户健康保险需求的变化，积累产品设计和服务的经验，培养出健康保险和健康管理的专业队伍，促进行业高效发展。

社会信用资本。商业健康保险向客户提供健康监督、健康管理、健康咨询等服务，在培养大众的风险意识、保险意识以及健康意识等方面起到重要作用（Panda et al.，2015；Reshmi et al.，2021）。在协助普及健康风险管理知识，改善健康行为习惯，降低商业健康保险赔付率的同时，也通过保障民众健康等附加服务树立商业健康保险的行业形象，提升商业保险机构的社会认可度，并利用社会信用资本建立稳定的客户来源，提高已有客户黏性，从而提高商业健康保险的经营效率（Schneider, P.，2005）。

（四）小结

总体而言，商业健康保险在履行其制度责任的过程中，帮助居民织牢织密健康保障网，通过降低家庭财务脆弱性、释放居民预防性储蓄、提升居民健康水平、促进健康产业融合、促进资本积累等机制，畅通了正向发展循环，既发挥了直接经济效益，也显著提升了社会效益。特别是在老龄化社会，商业健康保险在减缓社会保障支出压力的同时，也减轻了政府财政支出的负担，而且有助于实现健康、保险、养老等产业内资源的有效整合，促进技术、产品、市场等要素在产业内扩散，构建如“养老社区”等集健康、养老于一体的生态圈，满足人们多层次的健康和养老需求，在积极应对人口老龄化问题的同时，为建立多渠道、可持续发展的健康产业提供了多元服务支持（张可，2019），成为经济高质量发展的重要支撑。图 5-2 对商业健康保险发挥经济效益的机理与路径进行了概括。

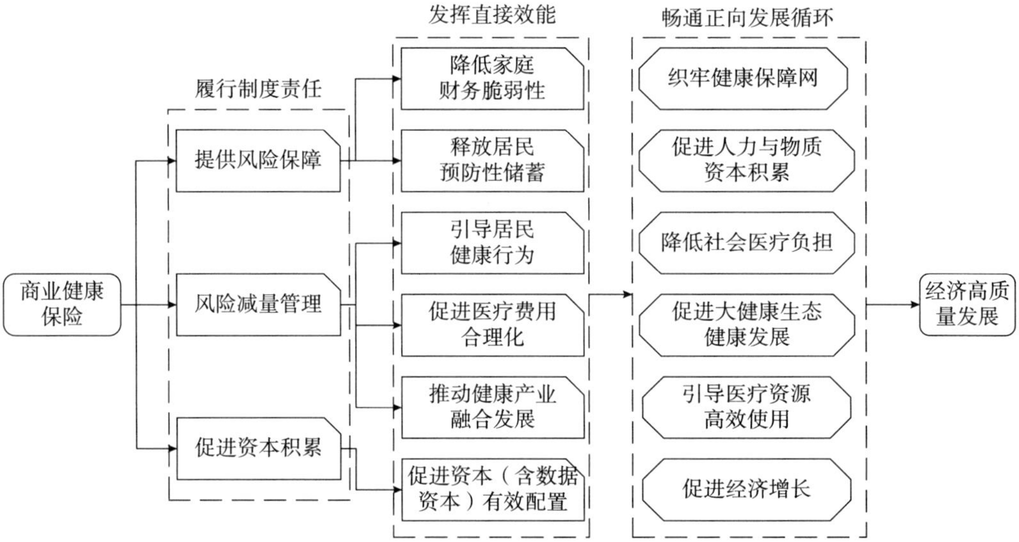

图 5-2　商业健康保险发挥经济效益的机理与路径

资料来源：课题组自行绘制

从图中可以看出，商业健康保险助力经济高质量发展，主要通过三大路径实现：一是通过提升资本配置效率、促进居民人力资本与物质资本积累，影响经济发展基本面；二是通过满足居民的保险需求，改善经济运行的公平性结果，促进居民进入发展的正向循环，以发挥社会效益；三是通过促进大健康产业融合创新发展，推动医疗卫生体系变革，以适应经济高质量发展的要求。商业健康保险能够兼顾经济社会发展中效率与公平的问题，不仅带来了行业自身规模的扩张与产业功能的强化，也能够通过经济外溢效应的影响，推动社会经济发展、经济体系平稳持续运转，在现代化和全面小康社会建设进程中发挥不可替代的作用（周灿、邓超，2013）。

但从目前的发展情况来看，相对于公共医疗保障计划而言，商业健康保险并没有充分发挥上述作用。如何在新时代加快商业健康保险的发展，把商业健康保险融入整个健康产业中，通过打造涵盖健康保险、健康管理、医疗服务的保障体系，为人民群众提供更加全面的健康服务，从而为经济转型注入新活力，是我们需要关注的重点问题。

三、中国商业健康保险经济效益评估：基于经济高质量发展的视角

中国特色社会主义进入了新时代，我国经济发展也进入了新时代，基本特征就是我国经济已由高速增长阶段转向高质量发展阶段。商业健康险能够发挥出的复合作用无疑是对全面发展、重质发展的回应，从产生经济和社会效益、促进行业发展变革等角度助力经济全方位转型升级，改善不平衡不充分的发展现状，为民众提供获得感、幸福感和价值感，满足人民日益增长的美好生活需求。本节希望在深入分析商业健康保险经济效益理论机制的基础上，基于2007—2019年我国31个省（区、市）的面板数据，测度我国商业健康保险当前发展的情况，并通过实证分解其经济效益。

（一）商业健康保险发展水平与测度

为了衡量商业健康保险发展带来的经济效益，我们需要量化我国商业健康保险发展的具体情况。保险市场的发展水平具有多维性的特征，当前的研究大多从保险深度、保险密度和市场结构变量等入手进行观察。这3项指标各有侧重，但同时具有一定的片面性，不能完全概括地区商业健康险的发展情况。本专题尝试编制了商业健康保险发展指数（Private Health Insurance Development Index, PHIDI），以期可以更全面地评估地区商业健康险的发展水平并进行比较。

我们参考锁凌燕等（2015）、杨波和蒋如玥（2018）及高一铭等（2020）的做法，结合“效率、公平和可持续”3个维度，选取健康险深度、健康险密度、专项业务保费收入与地区人口数的比值、商业健康险总赔付额占总医疗费用支出的比重，以及长期健康险责任准备金占总资产比重共5个指标构建商业健康保险发展指数[①]。对于所选取的每个指标，首先进行无量纲化处理，将数据区间化为0 ~ 100的得分，然后将具体指标得分通过熵值法得到该评价对象的最后分值，即各个省份2007—2019年历年的商业健康保险发展指数PHIDI。就专题对PHIDI的定义来看，最终得出的数值得分应位于0 ~ 100的区间内，其数值越大表明该地区的商业健康险发展水平越高。该指标综合考虑了商业健康保险发展的深度、密度、商业健康险赔付效率、公平性和可持续发展程度，从而可以较为全面直观地体现某一地区的商业健康险发展水平。根据构建指数的思路和步骤，本节对我国31个省（区、市）的商业健康险发展指数进行了测算，数据的描述性统计见表5-1。

① 如无特殊说明，数据来源于银保监会。其中，专项业务保费收入是指新农合、新农合补充、城镇职工基本医疗、城镇职工补充医疗、城镇居民基本医疗、城镇居民补充医疗、医疗救助、企事业团体补充医疗等8个专项委托管理业务保费收入；总医疗费用支出的数据来源于历年《中国卫生统计年鉴》；长期健康险责任准备金和总资产均指各个地方的年度数据。

表 5-1　2007—2019 年全国 31 个省（区、市）的 PHIDI 数值描述性统计

省（区、市）	样本量	最小值	最大值	平均值	标准差	中位数
北京	13	29.977	88.852	55.560	22.317	44.480
天津	13	16.218	47.922	24.954	9.745	21.896
河北	13	10.641	45.451	20.504	11.087	15.025
辽宁	13	17.707	54.494	29.623	12.465	22.298
上海	13	21.411	55.900	35.173	11.672	32.310
江苏	13	13.728	52.968	26.433	13.902	19.054
浙江	13	13.090	46.245	23.171	11.198	17.854
福建	13	18.443	47.621	27.672	9.851	23.381
山东	13	16.453	58.733	28.221	12.826	23.569
广东	13	15.205	53.555	27.595	14.276	18.649
海南	13	9.092	38.961	14.720	8.569	11.336
山西	13	8.539	46.183	19.135	11.202	13.398
吉林	13	8.909	51.283	19.567	12.335	14.519
黑龙江	13	10.943	67.116	24.828	18.252	14.662
安徽	13	9.017	38.647	18.135	10.209	12.352
江西	13	6.990	43.607	16.537	10.924	10.610
河南	13	10.507	51.596	21.094	12.485	15.995
湖北	13	11.375	50.105	21.321	12.037	15.756
湖南	13	10.977	41.316	18.810	8.930	14.971
重庆	13	12.892	52.241	24.725	13.424	16.830
四川	13	13.550	49.102	24.766	11.994	18.906
贵州	13	8.237	31.026	13.120	6.430	10.246
云南	13	10.614	38.973	19.607	7.620	16.598
西藏	13	0.039	12.997	6.381	4.703	6.208
陕西	13	9.401	40.274	17.793	9.229	13.642
甘肃	13	8.491	33.370	15.055	7.913	10.836
青海	13	8.139	29.236	13.782	6.116	11.956

续表

省（区、市）	样本量	最小值	最大值	平均值	标准差	中位数
宁夏	13	18.823	45.291	26.778	8.171	25.706
新疆	13	17.071	57.702	28.744	13.185	23.451
内蒙古	13	5.853	40.272	15.819	10.817	11.088
广西	13	8.625	34.843	16.384	7.328	13.311

通过图 5-3 可知，各地区的健康保险发展指数在这 13 年间有较大差异，发展水平最高的是北京市，历年来均值达到 55.56；最低的是西藏，这些年来的均值只有 6.38，区域之间不均衡的现象较为突出，并且区域之间的差异在逐步扩大（图 5-4）。医疗卫生服务可及性较低、经济发展水平相对较低的地区，商业健康保险发展的基础更为薄弱。

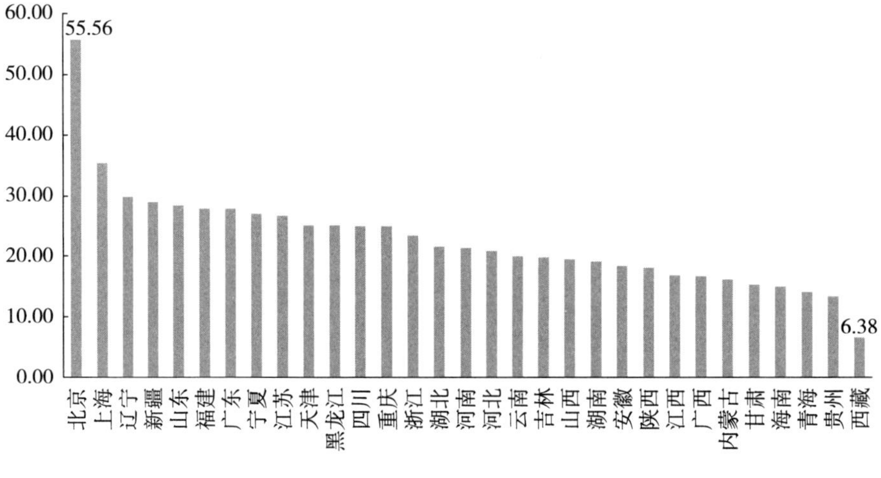

图 5-3　2007—2019 年各省（区、市）PHIDI 平均水平对比

资料来源：课题组自行计算

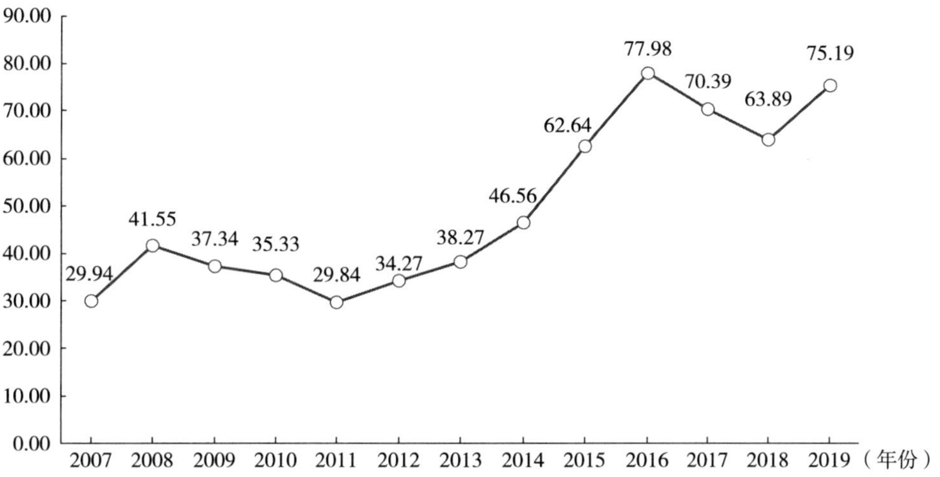

图 5-4　2007—2019 年不同地区之间 PHIDI 的最大差距

注：每年的数据是指当年 PHIDI 最高的地区的分值减去最低的地区的分值。

资料来源：课题组自行计算

图 5-4 进一步佐证了各地区商业健康保险的发展指数差距逐年扩大的趋势。2007 年，PHIDI 最大值与最小值的差异只有约 30 分，而 2017 年差距最高时达到了约 78 分。商业健康保险之所以出现区域失衡且差距不断扩大的情况，从根源上来说，健康保险需求的行为模式与经济社会发展的循环累积是因果现象（锁凌燕等，2015）。这也可能意味着，伴随社会医疗保险制度扩面提质，商业健康保险并未能同步发展。由于商业健康保险起步晚、发展时间短，市场普遍存在产品结构单一、同质化严重、创新不足等问题，这在很大程度上制约了商业健康保险购买意愿向现实购买的转化。

（二）经济高质量发展的内涵与测度

2017 年，党的十九大报告指出，我国经济已由高速增长阶段转向高质量发展阶段。这是根据国际国内环境变化，特别是在我国经济面临结构性矛盾、资源环境遭遇瓶颈等发展条件和发展核心问题变化的背景下，对未来发展道路做出的重大战略选择（马茹等，2019）。

1. 经济高质量发展的内涵界定

关于高质量发展内涵界定，许多研究从发展的总体目标和具体内容层面作出了深入的探讨。金碚（2018）认为，高质量发展是能够更好地满足人民不断增长的物质和精神需要的经济发展方式、结构。高质量发展的本质内涵，是以满足人民日益增长的美好生活需要为目标的高效率、公平和绿色可持续的发展（张军扩，2019），通过对经济社会发展中突出的不平衡、不充分问题的研究，可以更准确地界定高质量发展（赵昌文、朱鸿鸣，2017）。洪银兴（2019）指出，高质量发展的依据是新发展理念，高质量发展是创新和效率提高的发展，也是国民经济比例、结构协调和经济发展方式优化的发展（逄锦聚等，2019）。国家发展改革委经济研究所课题组（2019）指出，高质量发展的核心内涵是供给体系质量高、效率高、稳定性高。广义的高质量发展，应当包括社会、政治、文化、生态等多个方面的影响因素（马晓河，2018），应当通过动力变革的手段，来实现经济发展质量与效率的变革（王东京，2018）。

为了实现从高速增长转向高质量发展的目标，需要从体制和机制的改革转换过程入手，基于新发展理念进行新的制度安排，特别是抓紧进行供给侧结构性改革，以形成相应的体制机制环境适应高质量发展的要求（金碚，2018）。具体的实践路径，可以从供给和需求、投入与产出、政府与市场、公平与效率、国内和国际五大关系入手（安淑新，2018），通过加快实现要素市场化配置，深化“放、管、服”改革（冯俏彬，2018），构建有利于创新的体制机制及进一步扩大开放等方面来实现。

总的来说，高质量发展是在人民日益增长的美好生活需要和不平衡不充分的发展矛盾的背景下，以新发展理念为纲领，通过创新手段实现经济高效高质的稳定发展。

2. 经济高质量发展的测度

对高质量发展水平测度的探讨，受Jorgenson and Griliches（1967）研究中考察的经济模型的影响，许多学者选用全要素生产率来衡量经济发展的水平（刘思明等，2019），也有其他研究利用人均实际GDP（陈诗一、陈登科，2018）、技术进步对经济增长的贡献率等单一指标测度高质量发展水平。就研究的目的和结论来看，这样的指标选取有一定的道理，但单一指标反映出的往往是经济效益、社会效益、生态效益等方面中的某些角度，带有一定的片面性和局限性。更加普遍的认识是，尽管经济发展的高质量概念具有一定的模糊性，但多维性是经济发展质量的基本特征（金碚，2018；滕磊、马德功，2020），对高质量发展水平的评估应当构建起体系化的测度方式进行综合测算。近年来，通过构建全面性评价体系对经济高质量发展水平的测度成为研究热点。聂长飞和简新华（2020）认为，当前的指标构建可以分为3类，但均有其局限性。总结来说，从“创新、协调、绿色、开放、共享”的新发展理念角度（李子联、王爱民，2019；方大春、马为飙，2019）及经济发展的基本面、经济发展的社会效益、经济发展的生态成果角度（师博、任保平，2018；徐盈之、童皓月，2019）入手是指标体系构建的核心思路。

综上，我们认为经济高质量发展的宗旨是满足人民美好生活的需要，依据是“创新、协调、绿色、开放、共享”的新发展理念，落点是“效率”“公平”“可持续”的发展实践，核心要求是彻底改变过去忽视质量效益的粗放式增长，通过提高质量和效益实现经济的良性循环和竞争力提升。在此基础上，我们认为商业健康保险可以通过提高医疗行业服务的质量和效益、创造更高的健康绩效等手段助推经济实现高质量发展。

3. 经济高质量发展指数与模型假设

对于经济高质量发展指数（High-quality Economic Development Index, HEDI）的编制，我们基于前文的结论，从经济发展的基本面、经济发展的社会效益和经济发展带来的行业变革3个角度入手，将商业健康险发展促进经济高质量发展方面的具体影响机制表征为：

经济高质量发展 = δ · 发展基本面 + η · 发展社会效益 + φ · 行业变革

经济发展的基本面 = α_1 · 强度 + α_2 · 稳定性 + α_3 · 开放性

经济发展的社会效益 = β_1 · 收入 + β_2 · 就业水平 + β_3 · 教育水平

经济发展带来的行业变革 = γ_1 · 医疗行业发展水平 + γ_2 · 医保基金发展水平

指标体系构建思路如图5-5所示。

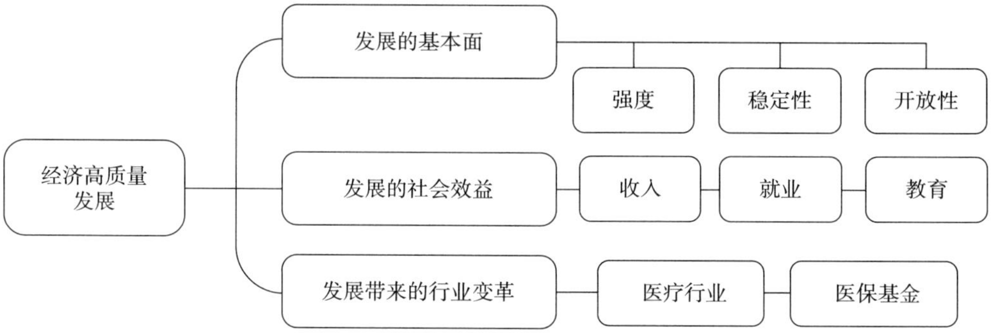

图5-5　经济高质量发展指标体系

资料来源：课题组自行绘制

关于经济高质量发展的基本面概念，本节将其分为经济发展强度、稳定性和开放性3个维度：（1）经济发展的强度能够代表一个地区的经济增长活力，经济活力越高，可以认为相应地区的经济发展更加繁荣，居民生活水平和生活质量更高，经济发展的动能更加充沛（师博、张冰瑶，2019），沿用以往研究的习惯，采用地区生产总值度量。（2）经济发展的稳定性能够代表一个地区发展的可持续程度，采用经济增长率变异系数的倒数换算得到。基于3年期滚动窗口，测算出全国31个省（区、市）经济增长率的变异系数，变异系数越高，表明该地区的经济增长速度越不稳定，其经济发展的持续性难以保证。（3）经济发展的开放性概念与新发展理念中的“开放发展”密切相关，本节以分地区外商投资企业每年底总计投资额测度。开放的经济有助于通过“干中学”、FDI技术外溢等方式提高全要素生产率。基于此，提出研究假设H1a:

H1a：商业健康险的发展能够促进经济基本指标正向增长。

发展的社会效益主要体现在经济发展要“以人民为中心”，居民通过购买商业健康险降低自身家庭脆弱性，减少大病支出，降低因病返贫、因病致贫的风险，家庭可支配收入显著上升，家庭的教育和就业机会也随之增加，实现人力资本积累的增进，全面分享经济发展的福利和成果，并通过高质量的人力资本积累，进一步正向循环，助推家庭远离贫困魔咒。因此，发展的社会效益应当充分体现“以人民为中心”的理念，具体可从收入、教育水平和就业水平3方面进行考虑。本节以人力资本积累水平进行具体度量：（1）居民可支配收入。从财富累积的角度，考察健康险对家庭财务状况改善的直接影响。（2）教育，人力资本在知识和创新角度的具体体现。采用地区普通小学在校学生数作为代理变量。（3）就业，人力资本在社会共享发展角度的体现。以地区失业率作为代理变量。基于此，提出研究假设H1b：

H1b：商业健康险的发展能够带来正面的社会效益。

行业变革角度，商业健康险的作用是显著的。一方面，商业健康险通过专业化的管理和技术手段，减缓医保基金支出压力，优化医保基金分配；另一方面，商业健康险的保障作用带动居民对自身健康情况的关注，对医疗机构服务的利用程度有所提高。本节从医疗服务利用和医保基金压力缓解两方面进行测度：（1）医疗服务利用，使用分地区医疗卫生机构健康检查人数作为代理变量；

（2）医保基金压力缓解，使用人均医疗保险支出作为代理变量。基于此，提出研究假设 H1c：

H1c：商业健康险的发展能够促进医疗卫生行业变革。

基于前文分析，可以进一步提出研究假设 H2：

H2：商业健康险发展能够促进经济高质量发展。

由于经济发展基本面、社会效益和行业变革的各类指标具有异质化属性，需要通过标准化方法将各指标的原始数据换算为无量纲化的指标测度值，以保证测算结果的可比性和客观性。在此基础上，通过设定不同指标的相应权重，加总计算得到经济高质量发展指数。回顾过往文献，学者们大多使用主成分分析法（钞小静、任保平，2011）、因子分析法等手段测算各指标权重，但过多的降维手段可能导致原始指标中的一些信息有所缺失，从而不能全面客观地反映测算结论。为了更好地反映高质量发展的多维属性、强调经济的全面健康发展，本节沿用师博和张冰瑶（2019）的做法，使用简单的均等权重法赋值，对3个一级指标下属的二级指标分别赋以不同权重，之后对“发展的基本面”“发展的社会效益”和“发展带来的行业变革”3个一级指标赋以1/3的等权重，用以表达经济高质量发展进程中全面、协调发展的理念。各地区的 HEDI 指数简单统计分析如表 5-2 所示。

表 5-2　2007—2019 年全国 31 个省（区、市）的 HEDI 数值描述性统计

省（区、市）	样本量	最小值	最大值	平均值	标准差	中位数
北京	13	21.248	66.379	40.978	14.556	41.354
天津	13	16.378	36.605	24.885	6.544	24.097
河北	13	17.267	28.455	22.125	3.640	22.996
山西	13	14.666	23.091	19.023	2.782	19.379
内蒙古	13	13.081	23.090	18.193	3.622	18.939

续表

省（区、市）	样本量	最小值	最大值	平均值	标准差	中位数
辽宁	13	15.795	30.333	23.006	4.998	23.035
吉林	13	11.447	20.675	15.492	3.070	15.568
黑龙江	13	12.441	21.858	16.850	3.293	17.033
上海	13	23.394	63.887	39.105	13.415	36.108
江苏	13	24.894	51.748	36.446	8.993	36.773
浙江	13	20.359	43.041	29.112	6.891	27.630
安徽	13	15.949	26.219	20.519	3.422	19.922
福建	13	16.890	30.019	22.990	4.544	23.006
江西	13	14.519	24.372	18.648	3.109	18.514
山东	13	21.179	38.774	27.150	5.182	26.724
河南	13	21.845	30.077	25.691	2.692	25.715
湖北	13	14.515	27.808	20.328	4.403	20.279
湖南	13	15.613	27.923	20.232	3.835	19.254
广东	13	29.498	68.017	40.346	14.123	34.033
广西	13	15.957	24.937	20.170	3.029	20.457
海南	13	13.148	22.440	17.487	3.195	17.317
重庆	13	13.834	24.644	17.949	3.481	16.835
四川	13	18.223	29.526	22.753	3.363	23.349
贵州	13	15.168	22.972	19.038	2.730	19.819
云南	13	17.549	24.379	21.006	2.088	20.965
西藏	13	9.411	20.838	16.230	3.341	15.890
陕西	13	13.982	25.834	18.960	3.970	18.264
甘肃	13	13.845	21.635	17.768	2.645	18.155
青海	13	15.665	24.926	19.532	3.043	18.824
宁夏	13	11.824	20.314	15.310	2.874	14.423
新疆	13	14.436	26.860	20.660	4.320	20.248

注：测算的数据主要来源于历年《中国统计年鉴》，医疗相关的数据来源于历年《中国卫生统计年鉴》。
资料来源：课题组自行计算

图 5-6 展示了 2007—2019 年不同地区经济发展指数的均值分布情况。

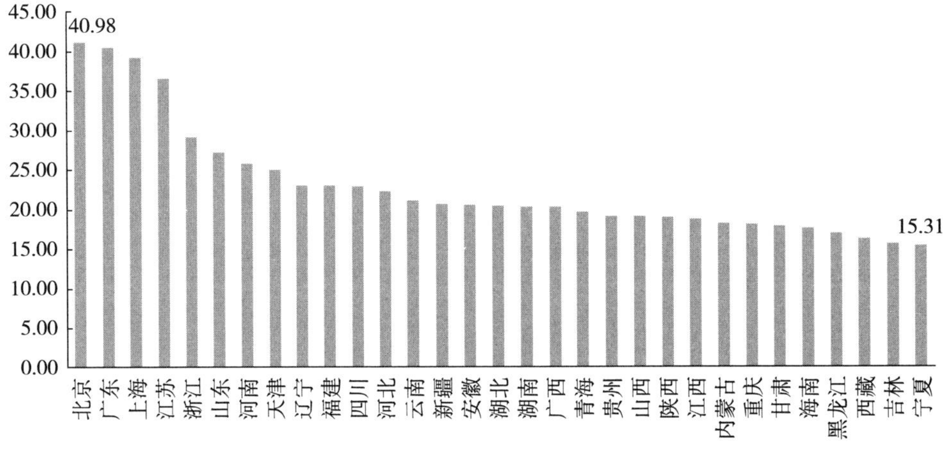

图 5-6 2007—2019 年各地区 HEDI 平均水平对比

资料来源：课题组自行计算

可以发现，不同地区之间的经济发展指数存在一定差异，最高的北京地区分值高达近 41，最低的宁夏地区只有 15 左右。不过和商业健康保险发展指数相比，不同地区之间的差距并不十分明显，说明我国经济发展水平相对健康保险发展水平而言区域间的不均衡现象正在缓解。同样，不同年份之间的区域间差距也有扩大的趋势，不过和商业健康保险发展指数的情况相比有所缓解。图 5-7 表明，2007 年地区间经济发展水平的差异约为 18，到了 2019 年已经增加到 57 左右。

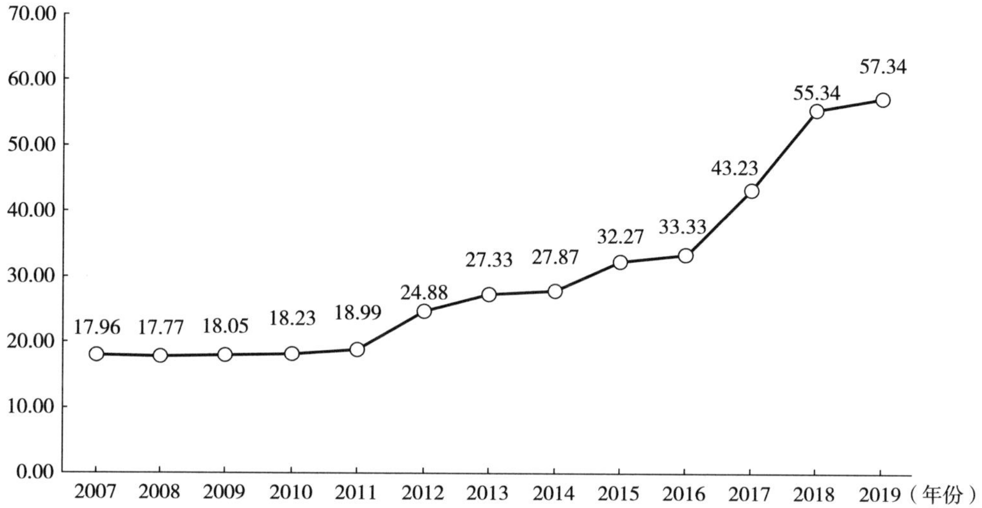

图 5-7　2007—2019 年不同地区之间 HEDI 的最大差距

注：每年的数据是指当年 HEDI 最高的地区的分值减去最低的地区的分值。

资料来源：课题组自行计算

（三）商业健康保险经济效益评估：实证检验

1. 数据来源与描述统计

为了量化商业健康险对经济高质量发展进程产生的影响，我们采用实证分析的方法，对我国 31 个省（区、市）的商业健康险市场进行考察。本节使用的数据来自 2007—2019 年《中国统计年鉴》《中国保险年鉴》《中国卫生统计年鉴》及《中国城市统计年鉴》。用于构建 PHIDI 和 HEDI 的主要变量简要描述统计如表 5-3 所示。

表 5-3　各变量的简要描述统计

变量名称	均值	标准误	中位数	标准差	最小值	最大值	观测数	地区
65 岁及以上老年人口占比（%）	0.0983	0.0011	0.0962	0.0221	0.0482	0.1627	403	31
地方财政支出（亿元）	3830.5	133.44	3312.2	2675.4	241.85	17298	403	31

续表

变量名称	均值	标准误	中位数	标准差	最小值	最大值	观测数	地区
城镇化水平	0.5420	0.0070	0.5318	0.1402	0.2145	0.8961	403	31
地区生产总值（亿元）	19378	900.22	13605	18072	344.10	107986	403	31
地区外商投资总额（亿元）	9539.9	119.42	3312.0	2397.4	34.500	134777	403	31
居民人均可支配收入（元）	26583	527.04	25072	10567	10860	73615	403	31
普通小学在校学生数（万人）	323.00	12.082	261.40	242.23	29.200	1092.9	403	31
失业率（%）	3.3838	0.0325	3.5000	0.6511	1.2000	4.6000	403	31
人均医疗保险支出（元）	1268.4	36.978	1089.4	741.40	292.42	5340.0	403	31
长期健康险责任准备金占总资产（%）	0.0510	0.0010	0.0472	0.0199	0.0000	0.1079	403	31
商业健康保险保费收入占总医疗支出（%）	0.1952	0.0072	0.1488	0.1444	0.0006	0.8122	403	31
业务保费收入占常住人口（%）	13.875	0.9609	7.0490	19.290	0.0000	124.99	403	31
商业健康保险密度（元/人）	170.98	11.160	83.876	224.04	0.3460	1861.7	403	31
商业健康保险深度（%）	0.0031	0.0001	0.0022	0.0024	0.0000	0.0151	403	31

资料来源：课题组自行计算

2. 模型设定与回归分析

基于以上理论分析，为考察商业健康险对经济高质量发展的促进作用，本节建立如下回归模型：

$$HEDI_{it} = \beta_0 + \beta_1 PHIDI_{it} + \beta_2 Control_{it} + \lambda_i + \eta_t + \varepsilon_{it} \quad (1)$$

其中，$HEDI_{it}$ 表示 i 地区在年份 t 时的高质量发展水平，$PHIDI_{it}$ 表示 i 地区在年份 t 时的商业健康险发展水平；$Control_{it}$ 为控制变量，包括城镇化率、地方财政支出及分地区 65 岁以上老年人口占比；λ_i 表示地区固定效应，η_t 表示年份固定效应，ε_{it} 为随机扰动项。

为进一步检验商业健康险促进经济高质量发展的具体路径，同样地，将经济高质量发展的 3 个维度的指标纳入回归模型：

$$\text{index}_{it} = \beta_0 + \beta_1\,\text{PHIDI}_{it} + \beta_2\,\text{Control}_{it} + \lambda_i + \eta_t + \varepsilon_{it} \qquad (2)$$

其中，index_{it} 分别表示 i 地区在年份 t 时的经济发展基本面、社会效益和行业变革水平，其他变量与模型（1）相同。

3. 模型选择与实证结果

基于2007—2019年中国31个省（区、市）的面板数据，我们分别使用最小二乘法、固定效应模型和随机效应模型进行分析，并进行豪斯曼检验（Hausman Test），发现使用固定效应模型最为合适。之后分别将经济高质量发展的3个维度引入模型，使用固定效应模型进行进一步的考察，回归结果如表5-4所示。同时，为了考察本节建立模型的稳健性及构建指数的可靠性，我们分别以商业健康险深度、商业健康险密度和商业健康保险发展指数（PHIDI）为解释变量，见表5-5。

表5-4　PHIDI对经济高质量发展3个维度的影响

被解释变量	基本面	社会效益	行业变革	经济高质量发展
截距	28.007** (13.707)	31.010** (24.751)	18.065** (5.520)	25.694** (17.087)
PHIDI	0.103** (2.979)	0.147** (6.959)	0.331** (5.995)	0.194** (7.632)
老龄化水平	-0.043 (-1.372)	-0.017 (-0.865)	-0.086 (-1.716)	-0.049* (-2.107)
城镇化水平	-0.784** (-15.113)	0.142** (4.466)	-0.270** (-3.251)	-0.304** (-7.964)
地方财政支出	0.782** (22.200)	0.223** (10.319)	0.362** (6.427)	0.456** (17.584)
R^2	0.697	0.793	0.421	0.756
调整 R^2	0.669	0.774	0.367	0.733
样本量	403	403	403	403
F统计量	F(4,367)=211.077 p=0.000	F(4,367)=351.179 p=0.000	F(4,367)=66.583 p=0.000	F(4,367)=284.037 p=0.000

注：* $p < 0.05$，** $p < 0.01$，括号里面为 t 值。

资料来源：课题组自行计算

表 5-5　商业健康险深度、密度和 PHIDI 分别作为解释变量的回归结果

被解释变量	经济高质量发展		
截距	25.694** (17.087)	27.516** (15.971)	24.882** (20.618)
PHIDI	0.194** (7.632)		
商业健康保险深度		0.111** (5.273)	
商业健康保险密度			0.366** (16.388)
老龄化水平	−0.049* (−2.107)	−0.019 (−0.774)	−0.074** (−4.365)
城镇化水平	−0.304** (−7.964)	−0.345** (−8.466)	−0.184** (−5.744)
地方财政支出	0.456** (17.584)	0.497** (19.318)	0.319** (13.582)
R^2	0.756	0.737	0.837
调整 R^2	0.733	0.713	0.822
样本量	403	403	403
F 统计量	$F(4,367)=284.037$ $p=0.000$	$F(4,367)=257.138$ $p=0.000$	$F(4,367)=469.903$ $p=0.000$

注：$*p<0.05$，$**p<0.01$，括号里面为 t 值。
资料来源：课题组自行计算

（四）商业健康保险经济效益评估结果

1. 回归结果分析

从表 5-4 可以看出，回归结果支持本节的假设，商业健康险发展水平对经济高质量发展进程有显著的积极作用。就本节界定的经济高质量发展的 3 个维度而言，均显著受到商业健康险发展的影响。通过替换核心解释变量进行稳健性检验后，本节所构建的商业健康保险发展指数（PHIDI）与商业健康

险深度和密度作为解释变量时得到的模型结果基本一致。就分区域的回归结果来看，商业健康险发展在不同程度上对该区域的经济高质量发展存在正向影响。

第一，商业健康险的合理发展能够促进经济高质量发展。经济的高质量发展是一个过程性的概念，在社会各行业参与结构性转型升级、谋求发展方式转变的同时，人民的美好生活需求需要被满足，“效率、公平、可持续”的发展体系需要被建构，新发展理念应该被体现。结合商业健康险的独特功能和价值，其发展历程体现了经济高质量发展的内涵，对经济高质量发展的进程具有重要的影响：在人口老龄化不断深化发展、人民群众的健康需求持续升级等背景之下，商业健康险依托大健康理念管控健康风险，弥补保障缺口，通过专业化的管理模式推动医保、医疗、医药体系联动改革，未来预期形成以价值创新和市场竞争为依据的医保支付机制（锁凌燕，2019）。

第二，商业健康险的发展影响经济发展的基本水平。一方面，商业健康险帮助保险消费者用确定的少量保费转移未来不确定的经济风险，并结合控制医疗费用增长等管理和技术优势，释放财务储备，带动储蓄向投资转化并进一步实现社会资源的优化配置。另一方面，商业保险机构通过收取保险费的方式集中社会的闲散资金，并通过合理稳健的投资手段既实现了保险行业的自身发展，同时产生了积极的投资溢出效应（周灿、邓超，2013），为资本市场发展优化提供充足的资金保障，从而推动国民经济的发展。

第三，商业健康险的发展能够带来社会效益。经济发展的出发点和最终归宿都是提高居民的生活水平、释放社会效应（刘浩澜，2007）。商业健康险作为基本医保的重要补充，通过帮助个人和家庭最大程度地减少灾难性医疗支出风险（Hong et al., 2013），并增加家庭的可支配收入，缓解家庭的脆弱性，降低家庭因病致贫、因病返贫的风险，进而为家庭提供更多的机会和空间接受更高质量的教育和更好的就业机会。这样，高质量的人力资本积累得以持续，并最终输入到社会中带动经济发展质量的提升。

第四，商业健康险的发展促进医疗卫生行业变革升级。商业健康险是健康服务市场的中间沟通者，连接着健康产业的供需两端，在整合产业链上下游资源方面具有天然的优势。一方面，在我国近年来医疗保障支出压力不断增大、医保基金收支差距增加的背景下，商业健康险通过针对性的费用补偿缓解医保基金压力，同时引入高质量的管理和技术经验助力医保基金可持续发展；另一方面，商业健康险为人民群众提供补充的风险保障机制，满足消费者多样化的健康需求并推动医药、护理等相关产业发展，提高相关产业服务的利用效率和质量。

第五，控制变量方面，老龄化水平与经济高质量发展程度显著负相关，这一结论与邵咪咪等（2020）的结论一致，人口老龄化对工业经济比重具有显著的负向影响。除中部和西部地区外，城镇化水平对经济高质量发展的影响显著为负，考虑到本节考察的样本时间周期较短，且没有考虑城镇化释放影响的滞后性，这种负面影响可能是由于体制弊端和传导机制存在滞后性等复杂因素导致的（程莉等，2017）。地方财政支出能够显著促进经济高质量发展，印证了蒋育燕（2020）针对广东省财政支出展开的研究，即财政支出对经济发展的放大效应是明显的。

2. 异质性分析

为进一步考察不同地区商业健康险发展对经济高质量发展情况的影响，本节将样本分为东部地区、中部地区和西部地区 3 个子样本，以商业健康保险发展指数 PHIDI 为解释变量进行固定效应回归，结果见表 5-6。回归结果与全样本结果基本一致，个别控制变量在不同地区表现出差异。

表 5-6　以 PHIDI 为解释变量的分区域固定效应回归结果

被解释变量	东部地区	中部地区	西部地区
截距	37.594** （8.312）	7.175* （2.637）	10.156** （7.724）
PHIDI	0.275** （6.924）	0.159* （2.231）	0.077* （2.435）
老龄化水平	−0.096** （−2.904）	−0.014 （−0.298）	0.006 （0.176）
城镇化水平	−0.405** （−5.026）	0.267* （2.447）	0.168** （2.929）
地方财政支出	0.503** （13.306）	0.035 （0.436）	0.080 （1.559）
R^2	0.826	0.814	0.645
调整 R^2	0.808	0.772	0.607
样本量	169	78	155
F 统计量	F（4,152）=180.889 p=0.000	F（4,40）=43.762 p=0.000	F（4,139）=63.130 p=0.000

注：$*p<0.05$，$**p<0.01$，括号里面为 t 值。
资料来源：课题组自行计算

通过回归结果可以发现，商业健康保险能显著促进经济高质量发展，不过在不同地区的显著程度有所不同。相对而言，经济越发达的地区商业健康保险所起到的作用越明显，在表中表现为东部地区的显著水平高于中部地区和西部地区。这说明，商业健康保险对经济的影响还受到经济环境本身的制约，经济越发达，这种效应就会越明显。

此外，其他控制变量在不同区域的表现也存在差异。首先，老龄化水平和经济高质量发展之间的关系在东部地区显著为负，在中部地区和西部地区则不显著，这说明人口老龄化会对经济发展产生一定的负面影响，但在经济欠发达地区并不显著。其次，城镇化水平在经济高质量发展不同地区差异明显，在东部地区二者关系显著为负，而中西部地区则显著为正，这说明，经济落后地区推动城镇化建设会带动经济发展，而经济较为成熟的地区这一效应则正好相反。最后，地方财政支出对经济高质量发展的显著正向影响只有在东部地区比较明显，其他地区并不显著。

（五）结论

商业健康保险作为基本医疗保险补充保障的重要价值赋能者，通过市场和技术手段能够助推医疗资源的合理使用、控制医疗成本，同时为患者提供更好的服务体验，为社会发展带来长足的经济效益。在这样的背景下，深入了解商业健康险在促进经济高质量发展过程中的传导路径和作用机制就十分重要。基于这种认识，本节对我国31个省（区、市）2007—2019年商业健康险发展情况与经济高质量发展程度关系进行了实证分析，发现商业健康险的发展能够显著正向促进经济高质量发展，同时在经济基本面、社会效益及行业变革方面发挥着重要的促进作用。根据地域划分进行的分样本回归结果也说明，商业健康险对经济高质量发展的积极作用是普遍的。

商业健康保险的高速增长，不但带来了保险行业自身规模的扩张与产业功能的强化，也形成了强大的经济外溢效应，从多个方面有效促进了经济高质量发展。高质量发展的逻辑起点是社会主要矛盾的变化，而商业健康险的这种独特效应无疑能够回应居民对美好生活的向往和需求。就商业健康保险的发展趋势而言，需要牢牢把握住促进高质量发展的理论核心，加快价值导向发展，从被动的基本医保体系跟随者转向促进行业整合、转型发展的价值提供者：首先，明确补充保障的重要定位，做好本职工作。保险公司可以通过利用市场机制和先进技术，推动数据采集、绩效量化和服务提质等工作，服务基本医保合理持续发展。其次，以创新促经营，成为积极的探索者。未来医疗服务体系评价的主要指标将是人群的健康结果，因此健康保险的工作重点应当体现在健康管理和预防康复等全链条工作、“大健康”生态闭环服务体系的整合构建上。在这种认识下，健康保险机构需要不断开展业务模式创新，通过积极引入各类新型技术手段、与其他各类保障机制加强互动合作等手段，开拓新的业务格局，塑造新的行业生态。最后，利用行业和机构优势构建信息系统，在保障被保险人隐私权的基础上采用商业化的手段整合各类基础数据，为行业提供资源经验。在《医疗保障标准化工作指导意见》等政府文件支持的背景下，在大数据、区块链等数字技术不断发展成熟完善的技术背景下，利用好数据资源这一广阔的要素市场，降低运营成本、提升管理效率、加速资源整合。

应当指出的是，高质量发展是一个全方位的概念，强调经济、政治、社会、文化及生态五位一体的全面发展和进步。然而，受到商业健康险在我国发展进程的限制，许多影响未能得到充分的释放，由此，本节所考察的发展效益仅限于经济、社会和行业方面，对绿色增长、文化发展等角度的观察存在缺失。可以预见的是，随着商业健康保险的不断深化发展，其通过整合要素资源、形成完善的保障互动体系等方式能够促进经济的绿色循环发展，并通过提供更高质量的服务，影响乃至改变居民的固有观念，形成新的社会风潮，对人们的社会生活产生更为广泛而深刻的影响。

四、商业健康保险发展的国际经验

对于中国的经验研究表明，商业健康保险对经济高质量发展具有重要的支撑性作用，但其潜力的发挥也受到许多因素的制约，其经济促进效应在区域间可能表现出显著的差异性。不同的医疗保障体系格局、不同经济发展水平是否会影响商业健康保险发挥经济效益的能力和水平，仍需要进行系统且深入的评估与探讨。基于此，本节在国际范围内对比考察商业健康保险的发展情况、运行机制和市场现实。

（一）商业健康保险的国际发展概览

1. 发展水平不断深化

从国际经验纵向来看，随着经济社会的不断发展，各国政府对商业健康保险市场化竞争的要求和重视程度逐步提高。图 5-8 为部分 OECD 国家 2010 年与 2020 年（或可获得数据的最近年份）的商业健康保险覆盖率[①]。纵向比较发现，除了部分人口覆盖率本身水平就较高的国家（如法国从 95.8% 调整到 95.5%、荷兰从 89% 调整到 83.7%），绝大部分 OECD 国家的商业健康保险覆盖率都呈现出上升趋势。这些数据表明，商业健康保险的发展水平在逐步提高，对于社会经济的重要性也日益凸显。

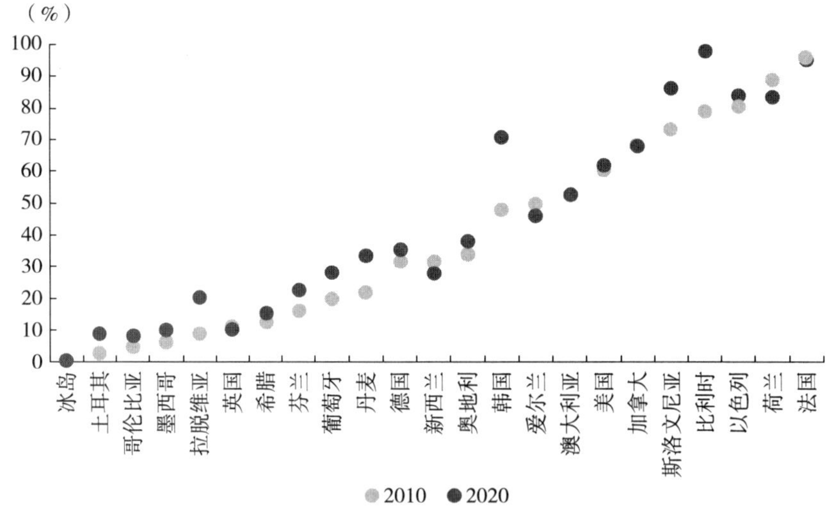

图 5-8　部分 OECD 国家商业健康保险覆盖率变化趋势

资料来源：OECD 数据库

① 根据 OECD 数据统计定义，商业健康保险覆盖率 = 购买商业健康保险总人数 / 国家人口总数。

事实上，随着经济社会不断发展，商业健康保险的发展受到越来越多人的关注。人们已经逐渐认识到，医疗保障体系的构建，关键是利用政府与市场的混合作用，从国际范围来看，“社会保险”与“商业保险”的界限日益模糊。例如，美国本轮医改的主要取向，就是督促人们购买经由政府批准的商业健康保险，借助政府税收政策的强制力扩大健康保险覆盖面，但同时允许个人自行在市场上选购心仪的健康保险产品；荷兰医疗保障体系改革的趋势，也是在全民医保框架中引入有管理的市场竞争机制，以提升医疗保障体系的运行效率。

2. 发展呈现分散化格局

从国际范围内横向来看，商业健康保险的发展程度呈现出明显的分散状态。如图 5-9 所示，横轴为 2019 年 OECD 国家的人均 GDP 值，代表国民经济的发展水平；纵轴分别为当年各国商业健康保险的密度、深度，用以衡量商业健康保险的发展水平。直观来看，由于医疗保险体系的模式和发展路径等存在区别，在高收入国家，商业健康保险的发展程度高低各异，在中等偏下收入的国家，商业健康保险的发展程度也具有分散化的趋势。以美国与英国为例，尽管两国同为高收入国家，但是由于美国至今没有建立全民覆盖的公共医疗保险计划，因此商业健康保险得到了充分发展，人口覆盖率达到 62%；而英国目前已经建立起广覆盖、宽保障的强制医疗保险，其商业健康保险覆盖率仅为 10.3%，能够发挥的作用比较有限。总体来看，商业健康保险的地位和作用一方面与国民经济的发展状况有一定的关联，另一方面则取决于国家的价值观、文化背景和福利国家制度渊源（锁凌燕，2010）。

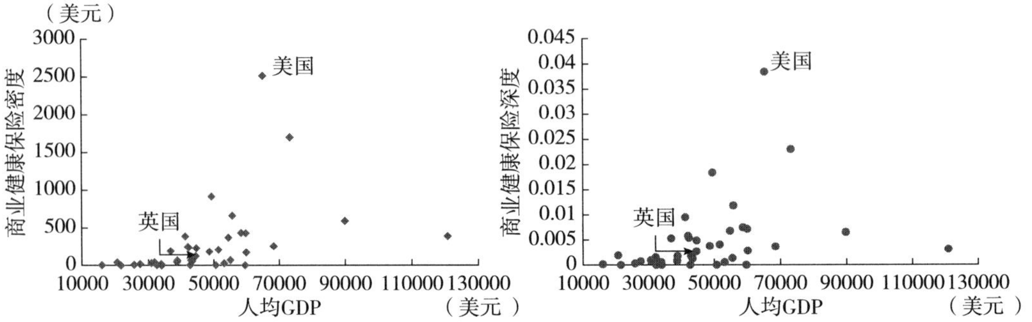

图 5-9 商业健康保险发展程度与经济发展水平的关系（2019）

资料来源：OECD 数据库

整体而言，2019 年 OECD 国家商业健康保险的人口覆盖率在 0.4% ~ 98% 之间，除冰岛、墨西哥及土耳其外，均高于我国（不足 10%）①。从商业健康保险密度来看，OECD 国家 2019 年商业健康保险的密度在 2.8 ~ 2522.2 美元之间，而我国同期商业健康保险的密度仅为 72.64 美元②。从商业健康保险对卫生总费用的筹资水平来看，2019 年 OECD 国家的商业健康保险支付占比介于 0.3% ~ 14.9% 之间，而我国商业健康保险支付占比 3.0%，仅高于捷克、丹麦、卢森堡等 OECD 国家③。可以说，尽管近年来我国商业健康保险的发展速度大幅提升，但总体上发展水平仍然相对较低。

本节选用商业健康保险基准深度比（郑伟、刘永东，2008）来衡量其发展水平，以考察一个国家或地区的保险深度与相同经济发展阶段上（相同人均 GDP 水平）世界平均保险深度的相对关系，观察商业健康保险的相对增长水

① 数据来源：《2018 年中国商业健康保险发展指数报告》，中国保险业协会发布，2018。

② 数据来源：《中国统计年鉴 2020》，中国银保监会网站。2019 年我国人口总数为 14.1008 亿人，商业健康险保费收入为 7065.97 亿元。根据国家统计局数据统计，2019 年美元对人民币的汇率为 6.8985，因此，2019 年我国商业健康保险密度为 72.64 美元 / 人。

③ 数据来源：2020 年《中国卫生健康统计年鉴》，中国银保监会网站。2018 年我国卫生费用总支出为 59121.91 亿元，商业健康险保费赔付支出 1744.34 亿元，商业健康保险支付占比约为 3.0%。

平。表 5-7 为 OECD 国家 2019 年相关可获数据的统计结果。对 OECD 国家的相关可获数据进行分析计算，我们发现智利、哥伦比亚和墨西哥等国家的商业健康保险深度在 0.1% 以下，商业健康保险基准深度比小于 OECD 国家基准深度比的 1/4 位数（2.6%），健康险市场整体发展水平偏低。意大利、丹麦以及芬兰等国家的商业健康保险深度分布于 0.1% ~ 0.5% 之间，商业健康保险基准深度比小于 OECD 国家基准深度比的中位数（7.9%），商业健康保险市场的发展水平中等偏下。英国、挪威、新西兰、葡萄牙等国家的商业健康保险深度小于 1%，商业健康保险基准深度比小于 OECD 国家基准深度比的 3/4 位数（16.8%），商业健康保险发展水平中等偏上。美国、瑞士、德国等国家的商业健康保险深度普遍大于 1%，商业健康保险基准深度比大于 3/4 位数（16.8%），最高达到 133.8%（美国），商业健康保险发展水平较高。

表 5-7　部分 OECD 国家健康险发展水平（2019 年或最近年份）

	国家	商业健康险毛保费（百万美元）	健康险覆盖率[①]（%）	人均国内生产总值（美元）	基准深度比（%）
低健康险发展水平	智利	7	—	25856.99	0.05
	哥伦比亚	19	8.2	16077.32	0.09
	墨西哥	255	9.9	20739.31	0.34
	波兰	205	—	33858.28	0.55
	捷克	141	—	43326.66	1.06
	澳大利亚	710	53.6	53078.97	1.83
	爱沙尼亚	28	—	38880.85	1.89
	土耳其	1384	9	27599.83	2.11

① 健康险覆盖率指标中，“-”表示数据未报告，数据为最近可获得年份的数据。

续表

	国家	商业健康险毛保费（百万美元）	健康险覆盖率（%）	人均国内生产总值（美元）	基准深度比（%）
中健康险发展水平	立陶宛	87	2.7	38765.03	2.79
	希腊	334	15.3	30869.25	3.51
	瑞典	733	—	55337.87	4.48
	拉脱维亚	79	18.9	32013.34	4.49
	意大利	3477	—	44397.56	4.51
	芬兰	433	22.4	51556.59	5.29
	日本	9642	—	42938.82	6.19
	丹麦	695	33.4	59870.03	6.94
	葡萄牙	967	28.1	36871.74	8.86
	卢森堡	195	—	120670.50	9.02
	冰岛	61	0.4	60075.68	9.80
	英国	10505	10.3	48542.09	11.26
高健康险发展水平	挪威	1364	—	68343.74	12.97
	比利时	2556	98	54709.35	14.13
	以色列	1658	84.1	41964.74	15.17
	新西兰	1076	28	44612.28	16.72
	西班牙	9809	16.5	42211.81	17.15
	奥地利	2631	37.8	58664.72	17.55
	爱尔兰	2874	46.3	89680.97	22.60
	斯洛文尼亚	701	88	41181.43	28.32
	德国	45800	35.4	55891.16	34.28
	瑞士	11253	28.5	73114.49	62.38
	法国	61118	95.5	49467.60	63.66
	美国	825173	62	65240.38	133.81

资料来源：课题组基于 OECD 数据库数据计算整理

（二）商业健康保险与经济发展的国际比较

1. 研究方法

不同国家在医疗体系建设和改革过程中所选择的路径各有不同，形成以政府为主导或以市场化为主导的医疗体系。如果抛开制度背景来比较其经济效益，那么势必会造成横向比较研究中的较大偏误。因此，本节借鉴艾斯平·安德森对福利体制的划分方法，按照社会权利的资格条件、收入替代水平以及参与资格 3 个方面将 OECD 国家分为保守主义（包括德国、法国、奥地利等国家）、自由主义（包括美国等国家）以及社会民主主义（包括瑞典、丹麦、芬兰、挪威等国家）3 类[①]，并在同一福利模式、同等发展水平下观察不同国家和地区商业健康保险的经济效益。

限于国际数据的可得性，我们无法按照第三部分的评估框架构建出准确的商业健康保险发展指标和经济高质量发展指标，并以此为基础对商业健康保险的经济促进效应进行评估。因此，我们选取商业健康险毛保费收入、健康保险覆盖率两个指标代表商业健康保险的发展水平，选取国内生产总值（GDP）、卫生费用总支出、预期寿命等指标来衡量商业健康保险在国民经济发展、卫生事业支持以及人民健康等方面的作用效果，并使用 Kendall 系数进行相关性分析，通过相关系数粗略评估各国商业健康保险与经济发展之间的关系。由于篇幅限制，在本节余下部分，我们将选取各福利模式下具有代表性的国家进行例证说明。

2. 保守主义国家

保守主义福利体制（Corporatism）的特点是获取社会福利的资格依赖于就业和工作业绩，奉行强制性国家社会保险，代表国家主要有德国、法国、意大利、奥地利等国家。以德国为例，德国社会保障体系和福利制度的形成与国家

① 哥斯塔·埃斯平－安德森：《福利资本主义的三个世界》，商务印书馆，2010。

工业化进程密切相关。1985 年以来，随着社会保障支出的增加以及财政负担的进一步加重，德国先后颁布了《健康改革法》和《1992 年养老金改革法》，通过完善保险缴费给付制度对社会保障进行改革调整。在医疗保险领域，德国政府强制年收入未达到标准的居民加入法定医疗保险，并鼓励中高收入群体购买商业健康保险作为补充（冯鹏程，2021）。政府对于商业健康保险的支持力度非常大，政府工作人员购买商业健康保险的费用中由政府直接报销的额度高达 70%（Christian et al., 2020）。2019 年，德国法定医疗保险覆盖率达到 89.5%，而商业健康保险的覆盖率为 35.4%，属于高健康保险发展水平。

我们对 2010—2019 年德国商业健康保险毛保费、商业健康保险覆盖率、国内生产总值、卫生费用总支出、预期寿命等指标进行相关性分析，结果如表 5-8 所示。虽然商业健康保险的规模指标与相关经济健康发展指标没有呈现显著的相关关系，但商业健康保险的覆盖率与 GDP、卫生费用总支出、预期寿命等均存在显著的正相关关系（95% 置信水平下显著）。这提示我们，在以社会保险为主体的医疗保障体系中，扩大商业健康保险覆盖面、更有效地发挥商业健康保险的补充作用，有益于促进居民健康改善、助力经济发展。

表 5-8 德国商业健康保险发展与经济指标的相关性分析（2010—2019）

	商业健康险毛保费	商业健康险覆盖率	国内生产总值	卫生费用总支出	预期寿命
商业健康险毛保费	1				
商业健康险覆盖率	−0.115	1			
国内生产总值	−0.143	0.966***	1		
卫生费用总支出	−0.230	0.802***	0.846***	1	
预期寿命	−0.059	0.862***	0.833***	0.718**	1

注：* $p < 0.05$，** $p < 0.01$，*** $p < 0.001$。
资料来源：OECD 数据库

3. 自由主义国家

自由主义福利制度强调市场效率，主张用市场手段解决社会福利问题，并通过划定贫困线的方式为极端贫困者提供兜底的安全网。自由主义福利制度的代表国家主要有美国、澳大利亚、加拿大等国家。以美国为例，在发达国家的医疗保障体系实践中，美国是少有的以商业健康保险为医疗保障主体的国家，其社会医疗保险的覆盖人群始终保持着较低水平（2019 年社会保险覆盖率仅为 37.3%①）。相比之下，商业健康保险的覆盖率较高，自 2010 年起就已经达到 60% 以上。并且，随着大数据技术的发展和应用，美国的健康保险行业进行了新一轮的资源整合。通过数据资本的积累和新技术的运用，健康保险行业进一步提高了美国医疗机构的效率，为患者提供更高质量的医疗服务。

通过对 2010—2019 年美国数据进行分析（表 5-9）发现，健康险覆盖率与经济指标之间的正相关性很强，商业健康保险与卫生行业的发展之间也具有显著的正相关关系。从美国经验来看，其商业健康保险费与覆盖率的增加，并没有显著地改善居民的预期寿命，这在很大程度上与美国自由主义体系下低收入群体保险保障不充分的现象有关。在商业健康保险为主导的医疗保障体系中，要有效配置资源，必须有充分的竞争，而激烈的市场竞争一方面会促使费率降低，另一方面也会导致严重的逆选择，并将支付能力过低的人口排除在外，从而必然会有大量的无医疗保险的人口存在，这显然不利于居民整体健康水平的改善。事实上，在美国，建立某种全民医疗保险体系的呼声一直未曾绝迹；“奥巴马医改”虽然在一定程度上改善了保险覆盖率低的状况，但市场导向的体系仍然难以很好地解决支付能力不足的问题。在发达国家中，美国花费了更多的医疗费用，但卫生绩效并不能与之匹配。

---

① 数据来源：OECD 数据库。

表 5-9　美国商业健康保险发展与经济指标的相关性分析（2010—2019）

	商业健康险毛保费	商业健康险覆盖率	国内生产总值	卫生费用总支出	预期寿命
商业健康险毛保费	1				
商业健康险覆盖率	0.828***	1			
国内生产总值	0.994***	0.768***	1		
卫生费用总支出	0.907***	0.883***	0.868***	1	
预期寿命	0.141	−0.225	0.196	−0.175	1

注：* $p < 0.05$，** $p < 0.01$，*** $p < 0.001$。
资料来源：OECD 数据库

4. 社会民主主义国家

社会民主主义福利制度以普遍主义（Universalism）为特征，追求以最高水平实现平等。社会福利的服务能够平等地满足工人和中产阶级的需求，从而有效地阻止了市场力量的进入。社会民主主义福利制度的代表国家主要有瑞典、丹麦、芬兰、挪威等国家。以芬兰为例，芬兰基于政府补贴建立社会福利和卫生保健体系，由国家财政通过税收进行公共卫生筹资（周一思，2020）。政府注重基层医疗体系的建设发展，并重点培养家庭医师，在慢性病防治和公共卫生安全等方面起到了重要作用。目前，芬兰法定健康保险已经达到全覆盖水平，而商业健康保险的覆盖率仅为 22.4%，处于中等发展水平。事实上，采用社会民主主义福利体制的国家，其商业健康保险水平大多处于中等或中等偏上发展水平。

我们对芬兰的相关数据使用 Kendall 系数进行相关性检验分析（表 5-10）。芬兰商业健康保险的发展与 GDP（1% 显著性水平下显著）、卫生费用总支出和预期寿命之间具有显著的相关关系。从芬兰的数据上看，在普遍主义福利体系下，商业健康保险的覆盖率并不会显著促进卫生费用总支出的增长，商业健康保险发展规模却会显著提高卫生总费用，这可能暗示着在政府主导型的医疗保障体系中，居民购买商业健康保险更多是服务于改善型的健康服务需求，正因为此，商业健康保险发展规模并没有显示出与预期寿命的显著正向关联。

表 5-10　芬兰商业健康保险发展与经济指标的相关性分析（2010—2019）

	商业健康险毛保费	商业健康险覆盖率	国内生产总值	卫生费用总支出	预期寿命
商业健康险毛保费	1				
商业健康险覆盖率	-0.355	1			
国内生产总值	-0.392	0.782***	1		
卫生费用总支出	0.643**	-0.300	-0.681**	1	
预期寿命	-0.154	0.959***	0.701**	-0.097	1

注：* $p < 0.05$，** $p < 0.01$，*** $p < 0.001$。
资料来源：OECD 数据库

（三）国际经验的启示

整体来看，不同福利制度国家社会保障和商业健康保险发展的重要性与侧重各不相同，对国际经验的梳理和比较可以给我们提供如下启示：

第一，商业健康保险发展整体上与经济发展互相促进。从对 OECD 国家健康保险发展基准深度比的研究结果来看，虽然经济发展水平与商业健康保险发展水平并不是一一对应的，但经济发展水平相对较低的国家，更容易出现在低商业健康保险发展水平组；而高商业健康保险发展水平组主要包括高经济发展水平的国家。可以说，经济发展水平决定了国民的支付能力，更好的经济发展会支撑更高水平的商业健康保险市场。

第二，一国医疗保障体系的“顶层设计”决定了商业健康保险的定位和发展空间。自由主义的医疗保障体系，无疑会成就发达的商业健康保险市场，但也会诱发逆选择，导致低收入、高风险个体难以获得恰当的医疗保障，继而导致健康绩效不佳；社会民主主义的制度导向可能会抑制商业健康保险市场发展，居民购买商业健康保险主要是希望满足改善型需求，这可能也会抑制商业健康保险积极作用的发挥；而保守主义的福利体制，实际是鼓励社会医疗保险与商业健康保险协同发展。

第三，注重商业健康保险的发展并不意味着要削弱社会医疗保障。政府主导的公共医疗保障制度是实现公平的基本手段。虽然商业健康保险有助于提高医疗保障体系运行效率，也有助于推动经济发展，但也极易引发逆选择，并不利于居民总体健康水平的改善。而且，从政治伦理的角度看，建立覆盖全民的基本医疗保险制度是政府的基本职责，为全体公民提供基本医疗保险是政府义不容辞的责任。事实上，公共医疗保障制度与商业健康保险的协调发展，是充分发挥商业健康保险潜力的重要制度保证。

第四，商业健康保险的经济效益支撑了行业发展的正当性，福利体制的特性界定了商业健康保险发展的空间，但其发展水平的提升更多来自市场机制的作用。在既有的政策环境下，保险公司不能因既定政策止步不前，而应该分析市场找准目标群，找出适合自己的发展道路。比如，英国政府并没有积极引导居民购买商业健康保险，甚至还对购买商业健康保险的居民征收保费税，但英国的商业健康保险仍然取得了较大的发展，其根本原因在于英国健康保险公司在市场定位和产品服务方面独到的眼光，这很值得我们思考借鉴。只有充分发挥其专业化优势，商业健康保险才能发挥其理想作用，并取得自身的长足发展。

总体而言，商业健康保险作为一种市场化的风险保障制度安排，其发展有增进医疗行业乃至宏观经济高质量发展的潜力，这种作用的发挥一方面受限于其医疗保障体系的取向与性质，另一方面则依赖于其自身发展的质量。

五、结论与政策建议

（一）研究结论

总体而言，在现代医疗保障体系的建设中，商业健康保险已经成为不可或缺的制度安排。从国际经验来看，商业健康保险在各个国家和地区发挥的作用，远远超过一些公开的讨论和宣传给我们留下的印象。本专题的研究表明，商业健康保险的发展，至少可以在以下几个层面发挥积极作用：

第一，完善多层次医疗保障体系，满足居民保障需求。面临老龄化背景下日益增大的财政收支平衡压力，政府的重要任务是保证社保投入，而提升社保运行效率，推动市场发展提供补充保障，以满足群众多层次、多样化、个性化需求，更是题中应有之义。商业健康保险的良性发展，不仅是个人健康风险的"保护伞"，还为医疗保障体系的完善和可持续发展提供了一套市场化的、有效率的解决方案，是政府改进公共服务、提升社会风险管理效率的"好搭档"。

第二，赋能医疗卫生系统，提升医疗体系运行效率。商业健康保险作为医疗卫生费用支付方的"购买"功能出于对自身效用和经济利益的追求，会根据其分工定位和供需关系决定的价格变动做出创新性购买决策，推动各相关方相互配合、相互协作、良性互动，制订有效的健康风险管理计划，从而有效地控制风险成本，提升大健康产业效率，改善风险成本分担。基于这种作用，商业健康保险的健康发展，可以引导资源向最有效率的方面配置，进而影响一国卫生健康体系的成本分布、质量水平，甚至国际竞争力。从这个意义上讲，商业健康保险业是推动医疗体系高质量发展的"链接者"和"活化酶"。事实上，中国健康产业正处于高速发展阶段，显现出与相关产业融合加速、新兴产业不断涌现、集聚发展态势明显等阶段性特征；面向未来，健康产业需要实现从

“大”到“强”的转变，商业健康保险业的支撑不可或缺。

第三，助推经济高质量发展，增进经济效益。从微观层面看，商业健康保险制度的有效发展，可以减少居民低效率的预防性储蓄，降低家庭脆弱性，促进居民消费增长和收入增长，从而推动经济发展；从中观层面看，商业健康保险行业本身是金融业的组成部分，其发展会促进资本积累，推动金融市场发展，有助于提升经济发展质量与效益；从宏观角度看，商业健康保险积极发挥其作用，可以促进医疗保健服务的有效使用，推动医疗卫生体系的创新发展，避免稀缺资源的错配与浪费，提高居民健康水平，进而助推经济的高质量发展。

本专题的研究为以上结论提供了理论与经验上的证据，同时也发现，虽然商业健康保险发展有增进医疗行业乃至宏观经济高质量发展的潜力，但从现实来看，考虑到中国保险业目前的发展水平，其潜力尚未充分发挥。本专题通过对国际经验的比较研究发现，商业健康保险的发展程度，与经济社会发展水平及医疗卫生体系的发展程度正相关；而对中国的经验研究进一步表明，在经济更发达、保险业发展程度更高的东部地区，商业健康保险的经济效益发挥更为明显。从某种意义上说，商业健康保险与经济发展之间具有一种正向反馈关系；要让商业健康保险充分发挥其作用，必须畅通这种正反馈循环。

（二）政策建议

伴随多层次医疗保障体系架构的日益明确和商业健康保险的逐步发展，各界对商业健康保险经济效益的认识也逐步明晰。不可否认的是，在经过多年的发展之后，中国的健康保险业仍然不够发达，在中国融资体系中医疗保障体系的实际地位与其潜能并不相称。未来仍需在完善多层次医疗保障体系的总体布局中，进一步促进商业健康保险与经济发展之间正向反馈效应的发挥。具体建议如下：

第一，正确认识商业健康保险的功能与效益，对行业价值“有信心”。从理论分析和实践经验来看，商业健康保险参与国家医疗保障体系建设，不是简单的“提供补充”，也不只是“经办基本”和做简单的加减法，更不是扮演“分一杯羹者”，完全可以通过商业健康保险实现多方共赢，真正起到“价值创造者”的作用，为提升医疗保障体系对整个经济社会发展的价值作出应有贡献。从这个意义上讲，在我国多层次医疗保障制度的完善过程中，要着眼长远，坚持政府作用与市场机制作用相结合，充分利用好政府财政资源和市场机制的优势，努力构建商业健康保险与社会医疗保险相互补充、相互配合、共同发展的医疗保障新模式，不能因为商业健康保险“暂时没有”充分彰显其经济效益就忽视它。

第二，深刻意识到我国商业健康保险发展所处阶段的特殊性，对行业发展“有耐心”。需要特别强调的是，限于保险业在中国的发展历史和发展水平，商业健康保险发展并不完善，其积极作用既没有得到广泛而全面的认识和理解，也没有得到充分的展现和发挥。因此，保险理论界和实务界应一起用理论和实践证据，适时阐释、论证商业健康保险业发展对经济社会的必要性和重要性，以逐步获得社会的关注、了解、理解与接受。同时，对商业健康保险发展的阶段性应有足够的耐心。由于健康保险市场中充斥着信息不对称导致的逆选择和道德风险，其经营管理高度复杂，高度专业化；而专业化要求不断总结经营规律、积累经营经验、完善基础数据库、提升风险管控水平，并与医疗机构建立“风险共担、利益共享”的有效合作机制。这个过程显然不是一蹴而就的，不仅需要各方合作、协同推进，而且需要较长时期的探索发展，需要循序渐进。

第三，促进大健康生态体系和谐发展，对融合发展“有诚心”。消费者的需求从来不是孤立的、单一的。健康保险的消费者，不仅需要医疗保障，更需要合意的医疗服务，还需要包含护理服务在内的各种养老服务。所以，商业健康保险的发展一定不能是“自我循环”式的，而是必须与大健康生态体系和谐发展，与其他服务领域、机构形成有效互动，“诚心正意”地推动产业融合发展。例如，可以根据“人本位”的价值取向，结合养老、医疗、护理、康复等服务资源，在机构养老、社区养老及居家养老服务体系中嵌入健康服务模块，以服务对象为核心配置资源，才可以更有效地满足消费者需求。保险业在这方面有优势，也应该发挥好这种优势。

第四，积极推进商业健康保险的供给侧改革，对模式转换“有决心”。商业健康保险之所以有可能发挥突出的经济效益，不光在于能够为民众提供多样化、个性化的健康保障产品与服务，还在于能够调动市场力量，推动创新、融合健康管理服务，促进产业运行效率的提高。因此，商业健康保险积极作用的发挥，归根结底还需要行业练好“内功”、切实提升自己的业务能力和创新能力，要更多通过健康教育、预防保健、早诊早治、康复医疗等全链条的健康管理，引导消费者的健康行为，改善健康投入产出比。从这个意义上讲，健康保险业需要不断丰富自身内涵，积极引进新技术，更多向“保险保障＋健康管理”的复合型经营模式演化，从而释放出更大效能。

第五，持续探索商业健康保险发展新模式，对创新发展“有恒心”。老龄化趋势下，健康风险正系统性地增加，我们乃至国际社会都缺乏相应的风险管理经验。面对这种局面，个别保险公司固然可以因为经营风险难以管控而退出市场，但对于全行业而言，“回避”或“退出”一定意味着行业的失能与缺位。健康保险业要获得更大发展，势必也应该更高度重视健康风险的变化趋势，从更大的格局和视野来思考未来的战略方向。健康保险一路走来，就是顺应健康风险的时代趋势，不断丰富自身内涵的过程。目前，行业向“保险保障＋健康服务”的模式演化，这是时代大势，也是创新健康发展的逻辑方向。商业健康保险在国民经济中的重要性，必然建立在其创新发展能力的基础上；持之以恒、因时应势推动行业创新发展，是商业健康保险发挥其经济社会效益的基础前提。

参考文献

REFERENCE

[1] 王雅丽 . 商业保险参与“医养结合”养老模式发展——以江苏省健康保险综合保障创意产品为例 [J]. 社会科学家，2019（9）：69–75.

[2] 王安鹏 . 我国商业医疗保险向健康管理转型的必要性及实施路径研究 [D]. 西南财经大学，2019.

[3] 朱敏，孙梦楠 . “保险 + 健康管理服务”模式及发展路径研究 [J]. 企业管理，2020（11）：116–119.

[4] 朱铭来，王恩楠 . 商业健康保险与医药产业协作发展的分析与展望 [J]. 中国医疗保险，2021（8）：71–74.

[5] 裴晨阳，龚韩湘，肖瑶，周梅芳，郝子雯 . 美国管理型医疗模式对中国健康维护组织发展的启示 [J]. 医学与哲学（A），2018，39（7）：56–59.

[6] 周博闻 . 美国健康服务业发展研究 [D]. 吉林大学，2018.

[7] 廖生武，朱宏，谭碧慧 . 社区老年慢性病人群“互联网 + 医养结合”健康管理服务的困境及对策 [J]. 中国全科医学，2019，22（7）：770–776.

[8] 黄功凤 . 中国商业健康保险开展健康管理研究 [D]. 西南财经大学，2019.

[9] 宋占军，董李娜 . 分级诊疗体系如何引入相互保险 [J]. 中国卫生，2021（8）：91–92

[10] 薛寒冰 . 我国健康管理与健康保险相结合的发展趋势探析 [J]. 中国保险，2020（3）：41–46.

[11] 姜浩 . 纵、横、捭阖：保险企业构建健康管理生态探讨 [J]. 中国保险，2021（9）：44–46.

[12] 段紫欣 . 健康管理在我国健康保险发展中的应用研究 [D]. 河北经贸大学，2021.

[13] 程显扬 . 中国健康服务业发展研究 [D]. 辽宁大学，2020.

[14] 哥斯塔・埃斯平 – 安德森 . 福利资本主义的三个世界 [M]. 北京：商务印书馆，2010.

[15] 安淑新 . 促进经济高质量发展的路径研究：一个文献综述 [J]. 当代经济管理，2018，40（9）：11–17.

[16] 钞小静，任保平 . 中国经济增长质量的时序变化与地区差异分析 [J]. 经济研究，2011，46（4）：26–40.

[17] 陈钦，张秋兰，刘佳慧 . 老龄化背景下中国商业健康保险的社会保障作用研究 [J]. 科技和产业，2019（9）：150–155.

[18] 陈诗一，陈登科 . 雾霾污染，政府治理与经济高质量发展 [J]. 经济研究，2018，053（2）：20–34.

[19] 程莉，滕祥河，文传浩 . 人口城镇化质量对经济增长影响的实证分析 [J]. 统计与决策，2017（2）：136–139.

[20] 范娟娟 . 在“中等收入陷阱”跨越期实现商业健康保险的历史价值 [J]. 中国医疗保险，2020（5）：73–75.

[21] 方大春，马为彪 . 中国省际高质量发展的测度及时空特征 [J]. 区域经济评论，2019（2）：61–70.

[22] 冯鹏程 . 商业健康保险新时代、新作为、新价值 [J]. 中国医院院长，2020（8）：54–56.

[23] 冯鹏程 . 国外商业健康险经验借鉴 [J]. 金融博览（财富），2021（7）：57–61.

[24] 冯鹏程，陆优优 . 保险公司参与健康服务业动因、路径及经验借鉴 [J]. 中国保险，2018，369（9）：13–16.

[25] 冯俏彬 . 我国经济高质量发展的五大特征与五大途径 [J]. 中国党政干部论坛，2018（1）：59–61.

[26] 甘犁，刘国恩，马双 . 基本医疗保险对促进家庭消费的影响 [J]. 经济研究，2010，45（S1）：30–38.

[27] 高一铭，徐映梅，季传凤，钟宇平 . 我国金融业高质量发展水平测度及时空分布特征研究 [J]. 数量经济技术经济研究，2020，37（10）：63–82.

[28] 国家发展改革委经济研究所课题组 . 推动经济高质量发展研究 [J]. 宏观经济研究，2019（2）.

[29] 洪银兴 . 改革开放以来发展理念和相应的经济发展理论的演进——兼论高质量发展的理论渊源 [J]. 经济学动态，2019（8）：10–20.

[30] 胡占民 . 加快构建健康险主导的医疗健康资源整合机制 [J]. 保险理论与实践，2018（1）：43–47.

[31] 贾宇飞，于保荣 . 商业健康保险在医药费用支付中的作用及国际经验 [J]. 卫生经济研究，2020（5）：8–12.

[32] 蒋育燕 . 广东财政支出的经济增长效应 [J]. 华南农业大学学报（社会科学版），2020，19（3）：105–114.

[33] 金碚．关于“高质量发展”的经济学研究 [J]. 中国工业经济，2018（4）：5–18.

[34] 奎潮．医疗保险制度的经济社会效应和结构优化研究 [D]. 南开大学，2012.

[35] 李丽，蔡超．基于贫困脆弱性视角的农村公共产品供给研究 [J]. 财政研究，2014（1）：25–28.

[36] 李子联，王爱民．江苏高质量发展：测度评价与推进路径 [J]. 江苏社会科学，2019（1）：247–256+260.

[37] 刘浩澜．农民对经济增长成果分享的实证——基于社会效益层面的分析 [J]. 安徽农业科学，2007（30）：9788–9789.

[38] 刘思明，张世瑾，朱惠东．国家创新驱动力测度及其经济高质量发展效应研究 [J]. 数量经济技术经济研究，2019，36（4）：4–24.

[39] 马茹，罗晖，王宏伟等．中国区域经济高质量发展评价指标体系及测度研究 [J]. 中国软科学，2019（7）：60–67.

[40] 马晓河．推进供给侧结构性改革若干问题思考 [J]. 中国特色社会主义研究，2018.

[41] 麦文彬．浅谈老龄化背景下中国商业健康保险的社会保障作用 [J]. 消费导刊，2019（34）：108.

[42] 聂长飞，简新华．中国高质量发展的测度及省际现状的分析比较 [J]. 数量经济技术经济研究，2020，37（2）：26–47.

[43] 逄锦聚，林岗，杨瑞龙，黄泰岩．促进经济高质量发展笔谈 [J]. 经济学动态，2019（7）：3–19.

[44] 邵咪咪，郭凯明，杨丽珊．人口老龄化、经济高质量发展与产业结构转型 [J]. 产经评论，2020，11（4）：76–92.

[45] 师博，任保平．中国省际经济高质量发展的测度与分析 [J]. 经济问题，

2018（4）：1–6.

[46] 师博，张冰瑶 . 全国地级以上城市经济高质量发展测度与分析 [J]. 社会科学研究，2019，000（03）：19–27.

[47] 孙东雅 . 发展商业健康保险 助力健康中国建设 [J]. 中国医疗保险，2020（12）：27–29.

[48] 孙东雅 . 以商业健康保险推动健康产业升级 [J]. 中国改革，2018（6）：74–76.

[49] 孙祁祥，郑伟，锁凌燕，何小伟 . 市场经济对保险业发展的影响：理论分析与经验证据 [J]. 金融研究，2010（2）：158–172.

[50] 孙祁祥，郑伟 . 商业健康保险与中国医改：理论探讨、国际借鉴与战略构想 [M]. 北京：经济科学出版社，2010.

[51] 锁凌燕，完颜瑞云 . 国际商业健康保险发展与医疗体系绩效研究 [J]. 保险研究，2013（2）：61–68.

[52] 锁凌燕 . 求解健康保险难题 [N]. 中国保险报，2010–07–22（02）.

[53] 锁凌燕 . 可穿戴时代的健康保险 [J]. 中国保险，2015（9）：15–19.

[54] 锁凌燕 . 寻求价值导向：健康保险发展之魂 [N]. 中国银行保险报，2019–12–06（06）.

[55] 锁凌燕，完颜瑞云，陈滔 . 我国商业健康保险地区发展失衡现状及原因研究 [J]. 保险研究，2015（1）：42–53.

[56] 滕磊，马德功 . 数字金融能够促进高质量发展吗 ?[J]. 统计研究，2020，37（11）：80–92.

[57] 完颜瑞云，锁凌燕 . 保险科技对保险业的影响研究 [J]. 保险研究，2019（10）：35–46.

[58] 王东京 . 中国经济体制改革的理论逻辑与实践逻辑 [J]. 管理世界，2018，

34（4）：1–7.

[59] 王海巍 . 区块链视角下的保险架构研究：基于自适应神经网络算法优化分析 [J]. 东北财经大学学报，2018（1）：77–83.

[60] 王雅丽 . 商业保险参与“医养结合”养老模式发展——以江苏省健康保险综合保障创意产品为例 [J]. 社会科学家，2019（9）：69–75.

[61] 王沁，王治军 . 医疗保障制度与经济增长的关系研究 [J]. 保险研究，2016（9）：89–102.

[62] 吴传俭，朱友艳，丁雨 . 商业健康保险在健康中国建设中的战略地位与激励政策 [J]. 商业保险，2017（3）：73–75.

[63] 谢隽 . 商业健康保险与医疗行业的融合问题研究 [J]. 现代经济信息，2017（1）：59–61.

[64] 熊志国，阎波，锁凌燕 . 中国商业健康保险发展模式探索：兼论医疗保障体系发展的价值与取向 [M]. 北京：北京大学出版社，2012.

[65] 徐翔，赵墨非 . 数据资本与经济增长路径 [J]. 经济研究，2020，55（10）：38–54.

[66] 徐盈之，童皓月 . 金融包容性、资本效率与经济高质量发展 [J]. 宏观质量研究，2019，7（2）：114–130.

[67] 杨波，蒋如玥 . 商业健康保险地区发展差异及其影响因素研究——基于需求视角的分析 [J]. 东南大学学报（哲学社会科学版），2018，20（3）：60–68+147.

[68] 张栋浩，尹志超，隋钰冰 . 金融普惠可以提高减贫质量吗？——基于多维贫困的分析 [J]. 南方经济，2020（10）：56–75.

[69] 张军扩，侯永志，刘培林，何建武，卓贤 . 高质量发展的目标要求和战略路径 [J]. 管理世界，2019，35（7）：1–7.

[70] 张可 . 保险与健康中国 [M]. 上海：复旦大学出版社，2019.

[71] 赵昌文，朱鸿鸣 . 如何建立一个创新导向型的经济结构 ?[J]. 财经问题研究，2017（3）：3–10.

[72] 赵大伟 . 区块链技术在互联网保险行业的应用探讨 [J]. 金融发展研究，2016（12）：35–38.

[73] 郑伟，刘永东 . 中国保险业区域发展比较研究——基于“保险基准深度比”的分析 [J]. 经济科学，2008（5）：96–109.

[74] 周灿，邓超 . 我国保险业经济外溢效应研究 [J]. 求索，2013（12）：30，37–39.

[75] 周一思 . 国外卫生体系的特色及启示 [J]. 中国医药导报，2020，17（20）：194–197.

[76] 朱进元，中国保险行业协会 . 商业健康保险国别研究报告 [M]. 北京：中国金融出版社，2015.

[77] A.C. Enthoven, L.A. Tollen. Competition in health care: It takes systems to pursue quality and efficiency[J].Health Affairs, 2005, 24(5):W 5420–W 5433.

[78] Adams, M., Andersson, J., Andersson, L., & Lindmark, M. Commercial Banking, Insurance and Economic Growth in Sweden Between 1830 to 1998[J]. Accounting, Business and Financial History, 2009, 19(1): 21–38.

[79] Alizade S. The Role of Insurance in the World Economy and its Effect to Macroeconomic Indicators[J]. Eurasian Union of Scientists, 2016, 12(33).

[80] Baum, A., Song, Z., Landon, B. E., Phillips, R. S., Bitton, A., & Basu, S. Health Care Spending Slowed After Rhode Island Applied Affordability Standards to Commercial Insurers[J]. Health Affairs Web Exclusive, 2019, 38(2): 237–245.

[81] Brunetti M., E. Giarda, C. Torricelli. Is Financial Fragility a Matter of Illiquidity?

An Appraisal for Italian Households[J]. Review of Income and Wealth, 2016, 62(4) : 628 – 649.

[82] Dionne, G., & St–Michel, P. Workers' Compensation and Moral Hazard[J]. Review of Economics and Statistics, 1991, 73(2): 236–244.

[83] Feldstein M. Social Security and Saving: New Time Series Evidence[J]. NBER Working Papers, 1996, 49(2): 151–164.

[84] Haiss, P., and S ü megi, K. The Relationship Between Insurance and Economic Growth in Europe: A Theoretical and Empirical Analysis[J]. Empirica, 2008, 35(4): 405–431.

[85] Hong L., Liu G G., Glaetzer C. Financing Innovative Medicines in Mainland China: The Role of Commercial Health Insurance[J]. Chinese Studies, 2013, 2(3): 128–133.

[86] Ikegami, M., Carter, M. R., Barrett, C. B., and Janzen, S. A. Poverty Traps and the Social Protection Paradox. In C. B. Barrett, M. R. Carter & J. - P. Chavas (Eds.), The economics of poverty traps. Chicago: University of Chicago Press, 2019: 223–256.

[87] Impavido, G., Musalem, A. R., & Tressel, T. The Impact of Contractual Savings Institutions on Securities Markets[C]. World Bank Policy Research Working Paper No. 2948., 2003.

[88] Janzen, S. A., Carter, M. R., and Ikegami, M. Can Insurance Alter Poverty Dynamics and Reduce the Cost of Social Protection in Developing Countries?[J]. The Journal of Risk and Insurance, 2021, 88(2): 293–324.

[89] J.C. Robinson, P.B. Ginsburg. Consumer–Driven Health Care: Promise And Performance[J].Health Affairs, 2009, 28(2):W 272–W 281.

[90] Jorgenson D. W., Griliches Z. The Explanation of Productivity Change[J]. Review of Economic Studies, 1967, 34(3): 249 –283.

[91] Lee, C. C. Does Insurance Matter for Growth: Empirical Evidence from OECD Countries[J]. B.E. Journal of Macroeconomics, 2011, 11(1).

[92] L. Kauer. Long –term Effects of Managed Care[J].Health Economi cs,2017,26(10):1210–1223.

[93] Low, M et al. 2017. Evolution, Revolution, Devolution and Volution of Singapore's Healthcare System. International Journal of Integrated Care, 17(5): A500, pp. 1–8, DOI: dx.doi.org/10.5334/ijic.3820

[94] Outreville, J. F. Life Insurance Markets in Developing Countries[J]. Journal of Risk and Insurance, 1996, 63(2): 263–278.

[95] Outreville, J. F. The Relationship Between Insurance and Economic Development: 85 Empirical Papers for a Review of the Literature[J]. Risk Management and Insurance Review, 2013, 16(1): 71–122.

[96] Panda, P., Chakraborty, A., & Dror, D. M. Building Awareness to Health Insurance among the Target Population of community - based Health Insurance Schemes in Rural India[J]. Tropical Medicine & International Health, 2015, 20(8): 1093–1107.

[97] Pinilla J., BG L ó pez–Valc á rcel. Income and Wealth as Determinants of Voluntary Private Health Insurance: Empirical Evidence in Spain, 2008—2014[J]. BMC Public Health, 2020, 20: 1262.

[98] Reshmi, B., Unnikrishnan, B., Parsekar, S. S., Rajwar, E., Vijayamma, R., & Venkatesh, B. T. Health Insurance Awareness and its Uptake in India: A Systematic Review Protocol[J]. BMJ Open, 2021, 11(4).

[99] Samwick, Andrew A. Is Pension Reform Conducive to Higher Saving?[J]. Review of Economics and Stats, 2000, 82(2): 264–272.

[100] Sarah Thomson, Anna Sagan, Private Health Insurance History, Politics and Performance, August 2021.

[101] Schanz, K. U. Beyond Compulsion: Towards a Bigger Role for Private Voluntary Health Insurance[J]. MiddleEast Insurance Review, 2019(4): 62–63.

[102] Schneider, P. Trust in Micro-health Insurance: An Exploratory Study in Rwanda[J]. Social Science & Medicine (1982), 2005, 61(7): 1430–1438.

[103] UNCTAD. Proceedings of the United Nations Conference on Trade and Development[R]. First Session, Final Act and Report, United Nations, 1964,vol. 1.

[104] Yi, R. and Huang, S. China's Commercial Health Insurance Market[J]. Asia Insurance Review, 2019.

[105] Ying H., Shen T., Gu W. R., et al. The Role of Health Management in Commercial Medical Insurance Cost Control[J]. Advanced Materials Research, 2014: 955–959, 1078–1081.

[106] Yusof S. A., R. A. Rokis, W. J. W. Jusoh. Financial Fragility of Urban Households in Malaysia[J]. Journal Ekonomi Malaysia, 2015, 49(1): 15–24.

[107] Zou, H., Adams, M. B., & Buckle, M. J. Corporate Risks and Property Insurance: Evidence From the People's Republic of China[J]. Journal of Risk and Insurance, 2003, 70(2):289–314.